高校形势与政策课程教学案例丛书

总主编　吴增礼　邬　彬

U0454933

高校形势与政策课程教学案例

第一辑

主　编 / 吴增礼　邬　彬

副主编 / 朱国玮　陈　勇

湖南大学出版社

·长沙·

图书在版编目（CIP）数据

高校形势与政策课程教学案例. 第一辑／吴增礼，
邬彬主编. -- 长沙：湖南大学出版社，2024. 8.

ISBN 978-7-5667-3623-9

Ⅰ. G641.41

中国国家版本馆 CIP 数据核字第 2024S59H45 号

高校形势与政策课程教学案例（第一辑）

GAOXIAO XINGSHI YU ZHENGCE KECHENG JIAOXUE ANLI（DI-YI JI）

主　　编：吴增礼　邬　彬
责任编辑：周文娟
印　　装：长沙创峰印务有限公司
开　　本：710 mm×1000 mm　1/16　　印　　张：19.25　字　　数：274 千字
版　　次：2024 年 8 月第 1 版　　　　印　　次：2024 年 8 月第 1 次印刷
书　　号：ISBN 978-7-5667-3623-9
定　　价：78.00 元

出 版 人：李文邦
出版发行：湖南大学出版社
社　　址：湖南·长沙·岳麓山　　　　邮　　编：410082
电　　话：0731-88822559（营销部），88649149（编辑室），88821006（出版部）
传　　真：0731-88822264（总编室）
网　　址：http://press.hnu.edu.cn
电子邮箱：158854174@qq.com

总 序
General preface

在中国特色社会主义进入新时代的历史方位下，形势与政策教育对于培养担当民族复兴大任的时代新人具有重要而深远的意义。党的二十大报告强调，要"落实立德树人根本任务，培养德智体美劳全面发展的社会主义建设者和接班人"。形势与政策课作为高校思想政治理论课的重要组成部分，肩负着帮助青年学生准确认识国内外形势、正确理解党和国家方针政策、坚定"四个自信"、增强"四个意识"、做到"两个维护"的重要使命。

为深入贯彻习近平新时代中国特色社会主义思想，全面落实立德树人根本任务，推动形势与政策课教学改革创新，提高教学实效，我们编写了这套"高校形势与政策课程教学案例丛书"。本丛书旨在为高校形势与政策课教学提供丰富的案例资源，为教师开展案例教学提供有益参考，同时也为学生提供了解国情、把握形势、明确方向的生动教材。

当前，世界正经历百年未有之大变局，我国正处于实现中华民族伟大复兴的关键时期。国际形势复杂多变，全球治理体系和国际秩序变革加速推进，世界进入新的动荡变革期。国内发展环境也发生深刻变化，我国经济社会已转向高质量发展阶段，正在加快构建新发展格局，推动高质量发展。在这样的大背景下，青年学生如何正确认识国内国际形势，如何准确理解党和国家的方针政策，如何在纷繁复杂的信息中明辨是非、坚定信念，成为形势与政策教育面临的重要课题。

案例教学作为一种重要的教学方法，能够将抽象的理论具象化、生动化，有利于增强教学的吸引力和感染力，提高学生学习的主动性和参与度。通过对典型案例的分析讨论，可以引导学生深入思考重大理论和现实问题，培养学生的问题意识、创新思维和实践能力。本丛书的编写正是基于这一理念，旨在为形势与政策课案例教学提供优质的教学资源。

本丛书秉持"理论联系实际"的马克思主义学风，立足中国特色社会主义伟大实践，聚焦经济建设、清廉中国建设、社会建设、生态文明建设、文化建设等重点领域，精心遴选具有典型性、代表性的鲜活案例。这些案例既包括国家层面的重大战略决策和政策实施，也包括地方和基层的创新实践；既有彰显中国特色社会主义制度优势的成功经验，也有直面挑战、攻坚克难的探索过程。

本丛书的编写遵循以下原则：

一是坚持正确政治方向。全面贯彻党的教育方针，以习近平新时代中国特色社会主义思想为指导，紧密结合党中央重大决策部署，引导学生坚定"四个自信"、增强"四个意识"、做到"两个维护"。通过案例教学，帮助学生深刻理解中国共产党为什么能、马克思主义为什么行、中国特色社会主义为什么好。

二是突出时代特征。精选反映新时代中国特色社会主义建设生动实践的典型案例，展现党和国家事业取得的历史性成就、发生的历史性变革，彰显中国特色社会主义制度优势。重点关注新发展理念的贯彻落实、高质量发展的推进过程、全面深化改革的重大举措、全面依法治国的实践探索、全面从严治党的制度创新等方面的案例。

三是注重地方特色。立足地方实际，挖掘各地在贯彻新发展理念、推动高质量发展过程中的先进经验和创新做法，展示不同地区在践行国家战略、落实中央决策部署中的生动实践。这些富有地方特色的案例，既让学生了解国家宏观政策在地方的具体落实，也使学生对家乡的发展有更深入的认识。

四是强化问题导向。聚焦经济社会发展中的热点难点问题，通过案例分析引导学生认识问题、分析问题、解决问题，培养学生的批判性思维和创新能力。案例既包括成功经验，也包括在实践中遇到的挑战和困难，引导学生全面、辩证地看待问题，提高分析和解决复杂问题的能力。

五是体现学科融合。注重多学科知识的交叉融合，培养学生运用多学科知识分析解决复杂问题的能力，提升学生的综合素质。案例涉及经济学、政治学、社会学、文化学、生态学等多个学科领域，引导学生用系统的、多维的视角看待问题。

本丛书的编写得到了众多专家学者和一线教师的支持。在案例选取、内容编写和教学设计等方面，我们广泛听取了各方面的意见建议，力求使案例具有较强的典型性、代表性和教学适用性。每个案例都配有比较详细的案例说明书，包括课前准备、适用对象、教学目标、教学内容及要点分析、教学安排等，以便教师根据实际情况灵活运用。

需要说明的是，形势与政策课是一门紧跟时代步伐、与时俱进的课程。本丛书所选案例虽然力求反映当前形势与政策的最新发展，但难免有滞后之处。教师在使用本丛书时，应注意结合最新的时事政策和社会热点，对案例进行适当补充和更新，使教学内容更加鲜活生动、贴近实际。同时，也要注意引导学生辩证地看待问题，既要看到成绩和机遇，也要认识到挑战和问题，培养学生全面、客观、理性的思维方式。

我们希望，本丛书能够为高校形势与政策课教学提供有益参考，激发教师的教学热情和创新精神，提高学生学习的积极性和主动性，推动形势与政策课教学质量的整体提升。同时，我们也真诚地希望广大读者对本丛书提出宝贵意见和建议，以便我们在今后的修订中不断完善。

在新时代新征程上，青年大学生肩负着实现中华民族伟大复兴的历史使命。通过形势与政策教育，引导他们深刻认识世界百年未有之大变局，准确把握中国式现代化的本质特征和重大原则，坚定不移听党话、跟党走，为全面建设社会主义现代化国家、实现第二个百年奋斗目标贡献青春力量。让我们携手努力，为培养德智体美劳全面发展的社会主义建设者和接班人作出新的更大贡献！

吴增礼

教育部青年长江学者

湖南大学马克思主义学院院长

2024 年 6 月 18 日

目 录
CONTENTS

大力发展新质生产力

——景嘉微的"芯"探索

周春敏　邬　彬

▶ **作者信息：**

周春敏，湖南大学马克思主义学院硕士研究生。

邬彬，湖南大学政府绩效第三方评估研究中心主任，副教授，硕士生导师，湖南大学马克思主义学院形势与政策教研部部长，党支部书记。美国乔治梅森大学访问学者，加拿大里贾纳大学访问学者。研究方向：数字政府，廉政建设，思想政治教育。主编《形势与政策课程教学改革与创新研究》，译著有《回扣：揭露全球公司贿赂网》《直面挑战：香港反腐之路》等。

摘要：芯片被誉为"工业粮食"。芯片产业在现代经济和技术发展中占据着至关重要的地位，其发展状况是衡量一个国家科学技术水平、发展潜力和综合实力的重要标志之一。作为国内芯片研发的龙头企业，长沙景嘉微电子股份有限公司（后简称景嘉微）通过整整8年艰苦奋斗，实现了国产芯片从"0"到"1"的突破。面对西方国家技术封锁，景嘉微坚持核心技术必须牢牢掌握在自己手上的信念，不断加大科研投入。目前，景嘉微已经完成了多轮技术迭代升级，实现了JM5400等多款芯片的量产应用，其产品具有自主知识产权，打破了国外产品长期垄断我国GPU市场的局面，推动了我国计算机和信息技术行业发展。新质生产力是符合新发展理念的先进生产力质态，具有高科技、高效能、高质量的特征。景嘉微坚持将创新作为第一动力，体现着新质生产力的发展要求，是新质生产力在芯片研发领域的具体实例。景嘉微的发展和壮大不仅推动了相关技术的进步，也为我国经济高质量发展注入了新动力。

关键词：景嘉微；新质生产力；芯片；教学案例；科技自立自强

理论政策

1. 高质量发展与新质生产力

高质量发展是新时代的硬道理，需要新的生产力理论来指导。习近平总书记在中共中央政治局第十一次集体学习时强调："发展新质生产力是推动高质量发展的内在要求和重要着力点"，"新质生产力已经在实践中形成并展示出对高质量发展的强劲推动力、支撑力"。习近平总书记的重要论述，丰富发展了马克思主义生产力理论，深化了对生产力发展规律的认识，进一步丰富了习近平经济思想的内涵，为开辟发展新领域新赛道、塑造发展新动能新优势提供了科学指引。加快发展新质生产力，是新时代新征程解放和发展生产力的客观要求，是推动生产力迭代升级、实现现代化的必然选择。①

2. 科技强国与科技自立自强

习近平在中国科学院第二十次院士大会、中国工程院第十五次院士大会和中国科学技术协会第十次全国代表大会上指出：党的十九大确立了到 2035 年跻身创新型国家前列的战略目标，党的十九届五中全会提出了坚持创新在我国现代化建设全局中的核心地位，把科技自立自强作为国家发展的战略支撑。立足新发展阶段、贯彻新发展理念、构建新发展格局、推动高质量发展，必须深入实施科教兴国战略、人才强国战略、创新驱动发展战略，完善国家创新体系，加快建设科技强国，实现高水平科技自立自强。②

（在案例写作期间，笔者于 2024 年 3 月 25 日对长沙景嘉微电子股份有限公司进行了实地参访。感谢长沙景嘉微公司党委副书记向华女士对案例写作的支持。本案例仅供课堂讨论，不作为对企业发展绩效进行评估的依据。西南大学全慧阳对本案例也有贡献。）

---

① 习近平经济思想研究中心. 新质生产力的内涵特征和发展重点（深入学习贯彻习近平新时代中国特色社会主义思想）［EB/OL］. （2013-03-01）［2024-03-28］. http：//paper. people. com. cn/rmrb/html/2024-03/01/nw. D110000renmrb_20240301_1-09. htm.

② 习近平. 加快建设科技强国　实现高水平科技自立自强［EB/OL］. （2022-04-30）［2024-03-27］. http：//www. qstheory. cn/dukan/qs/2022-04/30/c_1128607366. htm.

当前，全球新一轮科技革命和产业变革与我国加快转变经济发展方式形成历史性交汇①，加快形成新质生产力，既是发展命题，也是改革命题。党的十八大以来，长沙先进制造业锚定新方向，坚持以智能制造为统领，以产业链建设为抓手，以"三智一芯"为主攻方向，奋力推进先进制造业高质量发展，②努力打造新质生产力新形势，新业态。企业是科技创新的主体，作为湖南发展新质生产力的代表企业，景嘉微向下扎根、向上生长，自主研发了三代 GPU（图形处理器）产品（JM54系列、JM72 系列、JM92 系列），也是国内唯一具备完全自主研发独立GPU 能力并使之产业化的 A 股上市公司。景嘉微为湖南省实现"三高四新"美好蓝图，大力发展新质生产力提供了范本。

一、拳拳报国志，一腔爱国"芯"

景嘉微是在国外芯片产业欣欣向荣，而国产芯片寥寥无几的情况下，由一群爱国企业家为实现中国芯片研发技术自立自强而创立的。

1. 国家需要：中国芯片，内外交困

芯片被誉为工业的"粮食"、信息产业的基石，而芯片的国产化之路却走得异常艰难。事实上，我国芯片研制起步较早，在二十世纪五六十年代，我国就开始研发国防领域的芯片。由于中华人民共和国刚刚成

---

① 经济日报. 打通束缚新质生产力发展的堵点卡点 ［EB/OL］.（2024－03－15）［2024－03－26］. https：//news. cctv. com/2024/03/15/ARTIBrnhsT3FZtvOJ8Ks8LHs240315. shtml.

② 张颐佳，黄一鸣.【长沙市】五大千亿级产业集群强健"立市之基"［EB/OL］.（2022－09－16）［2024－04－04］. http：//www. hunan. gov. cn/hnszf/hnyw/szdt/202209/t20220916_ 28887878. html.

立，我国的科技实力，尤其在新兴高科技领域与国外存在较大差距，加之我国当时正处于研制"两弹一星"的特殊时期，芯片技术被视为国家机密，其发展受到很大限制。改革开放后，西方国家的芯片研发进度至少超中国 30 年，当我国准备向西方学习先进技术时，新的障碍出现了。以西方国家为主的 33 个国家为了保持对技术的垄断，签订了《瓦森纳协定》，对我国实行严格的技术封锁，限制对我国出口最先进的半导体技术。与此同时，高性能且廉价的芯片大量涌入我国，国人产生了"造不如买"的思想，国产芯片自足之路荆棘丛生。

21 世纪以来，我国芯片产业面临着一系列挑战和问题，主要体现在以下几个方面：首先，自主研发能力欠缺。我国在芯片领域过于依赖国外技术，导致自主创新能力不强。尽管政府和企业加大了研发投入，但与国际先进技术相比，我国芯片产业的自主研发能力仍有待提升。芯片产业是一个高度复杂且技术密集的领域，涉及设计、制造、封装等多个环节，各个环节都离不开高新技术的研发。其次，芯片自给率低，高端芯片缺乏。我国芯片市场的大部分份额一直被国外企业占据，国内企业在高端芯片领域的话语权较弱。这不仅影响了我国芯片产业的国际竞争力，也制约了相关产业的发展。当然，仅仅依靠引进技术并不能解决根本问题，市场换不来核心技术，有钱也买不来核心技术。我国芯片领域迫切需要勇担大任的企业和企业家，正是在这样的背景下，曾万辉等一群有志之士站出来了，成立了中国芯片制造企业——景嘉微（见图 1-1）。

2. 个人理想：家国情怀，艰苦创业

曾万辉是一个地地道道的湖南人，也是一名具有代表性的 70 后。他于 1970 年出生在湖南省娄底市新化县的一个农民家庭，从幼年时就一边努力读书，一边帮家里分担农务。刻苦学习的曾万辉，在高考时一

　　　　　　　　大力发展新质生产力——景嘉微的"芯"探索

图 1-1　长沙景嘉微电子股份有限公司

（图片来源：央视网-湖南频道）

鸣惊人，成功进入重点大学攻读微波与毫米波技术专业。本科毕业后，他选择继续深造。研究生毕业后，曾万辉被分配到北京的一家事业单位。这份工作不仅薪水丰厚，还是"铁饭碗"。① 然而当时，国外企业在 GPU 领域对我们实行技术封锁，使我国信息化建设步履维艰，这让怀着满腔热情的曾万辉感到忧虑和愤慨，于是决定投身到这一领域的研究当中。

2006 年，曾万辉辞去北京的稳定工作回到湖南，和同窗好友一起创办了长沙景嘉微电子股份有限公司。在公司高管团队里，董事长兼总裁曾万辉、高级副总裁余圣发、副总裁胡亚华，均为硕士学历，如今三人年龄均超过 50 岁，是从年轻时一路走到今天的创业搭档。曾万辉也逐渐成长为国内 GPU 行业的领军人物（见图 1-2）。曾万辉曾在接受采访时说："从第一代到第三代，景嘉微这三代的产品，在某些关键领域

---

① 投资家网. 长沙夫妻放大招，狂砸 42 亿搞芯片［EB/OL］.（2023-06-12）［2024-04-04］. http：//news. sohu. com/a/684785264_ 532789.

（指航空航天领域，笔者注），都起到了重要的作用。我们觉得最自豪的就是真正地解决这些问题。尽管效益少，但是责任重大，能够做服务国家的事业是景嘉微的骄傲。"①

图 1-2　曾万辉在 2018 年集微峰会写下的嘉宾寄语

（图片来源：集微网）

3. 时代机遇：朝阳产业，前景广阔

在中国发展芯片产业具有"天时""地利""人和"的巨大优势。首先说"天时"，2006 年，信息化的浪潮席卷全球，尤其在计算机领域，生产具有自主知识产权的芯片已成为客观需要。我国的芯片产业起步很早，历经波折，经过"初创期""波折期""追赶期""突破期"等发展阶段，也在 21 世纪走上了持续追赶的快车道。② 再谈"地利"，我国各行各业的信息化发展离不开芯片，而国产成熟芯片较少，巨大的芯片需求缺口蕴藏着巨大的商机，等待有识之士大展拳脚。根据半导体行业协会（SIA）的数据，2022 年中国的半导体采购额为 1925 亿美元，占全球 5559 亿美元总额的三分之一以上，是最大的单一市场。因为中

---

① 证券时报. 景嘉微董事长曾万辉：梦始航天，GPU 芯片从 0 到 1 ［EB/OL］. （2023-10-11）［2024-03-26］. http：//www. stcn. com/article/detail/999717. html.

② 杨莹，张志娟，芦娜. 中国芯片产业发展路径选择研究 ［J］. 现代雷达，2021，43（11）：96-97.

国有全球最大的芯片市场，所以与中国合作早已成为全球芯片企业的共识，可以说，中国的芯片市场是中国的一大利器。[①] 最后说"人和"，建立一支庞大专业的芯片研发队伍绝非易事，但中国人自古以来就有攻坚克难、自立自强的民族品性，加之国家对芯片研发的大力支持，特别是政策上的倾斜，2000 年以来，我国芯片产业突破了产业瓶颈，提高了在全球产业链中的地位。正是在这样的背景下，景嘉微乘时代之春风，应运而生。

二、初创企业，景嘉微"芯"病难医

现如今景嘉微已成为国产 GPU 的龙头企业，其产品主要涵盖图形图像处理系统、小型雷达系统和 GPU 芯片等。景嘉微致力于为客户提供高可靠性、高品质的解决方案和配套服务，正逐步迈向世界一流企业行列。然而景嘉微从"小"到"大"的发展历史，却是一部艰苦卓绝的奋斗史。

1. 起步艰难，技术遭"卡脖子"

以美国为代表的西方国家对中国实行"小院高墙"[②] 的封锁政策，对"小院"内的核心技术，美国采取更严密、更强力的封锁措施，而对于"小院"之外的其他高科技领域，美国可以重新对中国开放。例如，2022 年 9 月 1 日，美国实施了对华芯片出口的新的许可要求，禁止

---

① 金投网. 芯片需求量最大的 5 个市场! 美国第 2，中国第 1，国产芯片正在崛起 [EB/OL]. (2023-10-09) [2024-03-26]. https：//www. sohu. com/a/726707403_115589.

② "新美国"智库的高级研究员萨姆·萨克斯首次提出了"小院高墙"这种对华科技防御新策略。"小院"指的是关系到美国国家安全的特定技术和研究领域，而"高墙"则代表围绕着这些领域划定的策略边界。参考：中国日报. "小院高墙"是什么意思? 这得从美国对华政策说起…… [EB/OL]. (2023-07-25) [2024-04-06]. https：//view. inews. qq. com/k/20230725A03LCA00? no-redirect = 1&web_ channel = wap&open App=false.

美国芯片公司如英伟达（NVIDIA）等向中国出口两种高端的 GPU，这是美国政府基于"小院高墙"策略进行出口管控的经典例子。景嘉微的主营业务集中在高可靠性的电子产品的研发、生产和销售，主要产品覆盖图形显控、小型专用化电子产品领域的核心模块产品及系统级产品。其中，GPU 的研发和生产是极其重要的一个环节，没有 GPU 就无法生产电子产品，但当时国产 GPU 的研发几乎是空白的。桌面端 GPU 由于历史相对悠久，存在大量复杂算法和各种专利壁垒，同时它包含多种专用的硬件单元，如光栅单元、纹理单元和光线追踪核心技术等，硬件结构复杂，这也使得图像渲染 GPU 自研难度非常大。尽管景嘉微的 JM9 系列表现不俗，能够满足目标识别等部分人工智能领域的需求，但它在 AI 计算、ChatGPT 等领域的应用上仍显不足。因此景嘉微研发高水平的 GPU 之路"道阻且长"。

2. 竞争激烈，市场缺失"先机"

GPU 市场，仍上演着巨大的"落差"情节。在独立 GPU 领域，基本是英伟达和 AMD 占据主导地位，前者市场份额超出 2/3；在集成 GPU 市场，英特尔（Intel）、英伟达、AMD 三分天下。[①]（见图 1-3）当英特尔、英伟达和 AMD 通过并购或整合，在 GPU+CPU（中央处理器）+DPU（数据处理器）时代全面布局并掌控话语权的当下，国内 GPU 厂商生存空间大大受限。景嘉微作为后来者，面临着激烈的市场竞争。尽管景嘉微在国内 GPU 企业中处于领先地位，但与国际芯片巨头相比，技术上仍有很大差距，且由于国内 GPU 起步较晚，尚未在市场上建立品牌声誉，品牌市场认可度不高。虽然景嘉微明确了自己的市场定位，专注于高可靠性的电子产品的研发、生产和销售，但景嘉微生

---

① 集微网.「芯视野」补位 GPU 禁运"缺口"难在哪？[EB/OL].（2022-09-27）[2024-04-06]. https：//baijiahao. baidu. com/s? id=1745048621738237666&wfr=spider&for=pc.

产所需的核心部件，仍需要从国外特定厂商进口。然而，国际政治局势的复杂性，如美国商务部的实体清单发布，使景嘉微的国外合作伙伴数量进一步压缩，外部压力进一步加大。

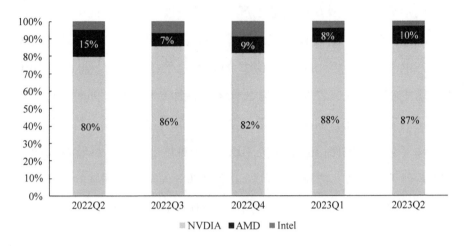

图 1-3 2022—2023 年全球 GPU 市场份额

（图片来源：JCR，国金证券研究所）

3. 客户集中，依赖风险高

景嘉微成立之初，恰逢我国飞机图形显控系统由 DSP 与 FPGA 向 GPU 升级阶段，公司准确把握机遇，将大量资源投入飞机图形显控领域的研究①。也正因如此，景嘉微最初是靠制作显控产品起家的。景嘉微的主要客户为国有某集团下属单位，尤其是航空工业，通过对景嘉微年报的分析，可以知道其存在客户集中度高的风险（见表 1-1）。虽然公司已经与主要客户建立了战略合作伙伴关系，并不断开发新产品，开拓新客户，但是若公司在新业务领域开拓、新产品研发等方面拓展不

---

① 芯榜科技的财富号. 中国"英伟达"诞生！景嘉微募资不超 42.01 亿，押宝 GPU 能否破茧成蝶？［EB/OL］.（2023-06-12）［2024-04-07］. https：//caifuhao. eastmoney. com/news/202306121444428130995080.

力，或公司与航空工业下属单位的合作发生重大变化，将会影响公司的正常经营和盈利状况。在 2016 年上市之前，景嘉微因股权单一和市场化程度不高而面临核心竞争力不强且创新活力不足的问题，企业迫切需要提高运行效率和增强可持续竞争力。

表 1-1　景嘉微 2022 年公司前 5 大客户

序号	客户名称	销售额（元）	占年度销售总额比例
1	第一名	355 379 248.88	30.80%
2	第二名	145 030 380.65	12.57%
3	第三名	85 019 515.82	7.37%
4	第四名	84 203 579.75	7.29%
5	第五名	84 126 681.83	7.29%
合计		753 759 406.93	65.32%

资料来源：景嘉微 2022 年年报。

注：客户名称已省去，以"第一名"等代之。

4. 外部制裁，"芯片法案"持续影响

自 2018 年中美贸易战以来，美国商务部工业和安全局（BIS）运用《出口管理条例》（EAR），对包括中国在内的多个国家的实体企业进行管制。时任总统特朗普将美国的衰落归因于"制造业的衰落"，将美国问题的根源指向中国，称"中国夺走了美国科技和就业机会"，在这种思想驱动下，特朗普政府制定了打击中国的政策，在科技领域发动了"全政府"对华遏制战略。[①] 现任美国总统拜登签署了《芯片和科学法案》，该法案对美国本土芯片产业提供巨额补贴，并要求任何接受美方补贴的公司必须在美国本土制造芯片。[②] 景嘉微作为国产 GPU 的龙头企

---

① 万喆.《芯片法案》标志着美国的没落［EB/OL］.（2022-08-15）［2024-03-26］. http：//world. people. com. cn/n1/2022/0815/c1002-32502907. html.

② 中国新闻网. 拜登签署《芯片和科学法案》［EB/OL］.（2022-08-10）［2024-03-26］. http：//usa. people. com. cn/n1/2022/0810/c241376-32499195. html.

业，在 2021 年遭遇了美国制裁，被限制获取关键技术、知识产权许可和研发合作的机会。这一制裁影响了景嘉微生产和供应链的稳定性，损害了景嘉微的国际声誉，还影响了其与全球合作伙伴的关系，进而影响到其在全球市场的竞争力。目前，世界主要芯片研发国家为了占据芯片发展高地而颁布了芯片行业促进法案（见表 1-2）。景嘉微面临着严峻的国际环境。

表 1-2　世界部分国家和地区颁布的芯片发展促进法案（部分）

序号	年份	颁布国家和地区	文件	主要内容
1	2022	美国	《芯片与科学法案》	美国政府提出了一项旨在支持国内半导体产业的法案，提供约 527 亿美元的资金支持，并为企业提供价值 240 亿美元的投资税抵免，以鼓励企业在美国研发和制造芯片。法案还包括未来几年约 2000 亿美元的科研经费支持。此外，法案包含"中国护栏"条款，限制接受联邦资金的公司在中国增产先进芯片
2	2022	欧盟	《欧洲芯片法案》	欧盟计划向半导体行业投入超过 430 亿欧元的公共和私有资金，其中 110 亿欧元将用于加强现有研究、开发和创新，以确保部署先进的半导体工具和试验生产线等。旨在使欧盟在 2030 年将欧洲半导体市场份额从当前的 10% 提升至 20%
3	2021	韩国	《K-半导体战略》	韩国政府和企业计划在未来十年内投入 510 万亿韩元（约 4500 亿美元）用于本土半导体业务的发展。这些资金将来自政府支持的一揽子计划、税收优惠和企业投资承诺的组合。韩国的目标是在 2030 年成为综合实力领先全球的半导体强国，主导全球半导体供应链
4	2022	日本	《半导体援助法》	日本政府提供补助金支持半导体产业，最高可获得设备费用"半额"的补助。日本 2021 财年预算修正案显示，约在半导体行业投入 7740 亿日元。日本的目标是利用约 5 年时间赶上新一代产品的尖端制造技术

资料来源：笔者自制。

5. 研发周期长，芯片行业人才短缺

芯片量产之前，必须经历漫长的设计和测试。通常一款高端芯片前端和后端设计要耗费1~3年时间，设计完成后流片环节需要3~6个月，其间还会存在流片失败，只能一切重来的风险。流片成功后，还需3~12个月的产品测试调优，才能开始量产。漫长的研发周期，让很多投资人望而却步。中科院计算技术研究所副所长、国防科技大学计算机科学与技术学院教授包云岗强调："'缺芯'的一个重要原因，就是缺乏芯片的设计和制造人才。作为芯片产业'皇冠上的明珠'，处理器芯片因设计复杂度高、难度大，相关设计人才面临巨大缺口。"[1] 景嘉微作为一家起步不久的企业，对人才的吸引力远远不如其他传统巨头企业，而公司的技术创新和产品开发又离不开高层次的研发人才。

三、齐发力，景嘉微开启"芯"征程

芯片问题一直是全球关注的焦点。随着国际竞争日趋激烈，芯片已经不再是简单的商品，而成为国家之间科技实力较量的重要工具。对于中国而言，高性能GPU市场被国外公司垄断，核心算力芯片受制于人，会使国家安全存在巨大的不可控风险，因此国产高端芯片研发势在必行。风口之下，景嘉微"芯"病如何医治呢？

1. 国家各项政策鼎力相助

政策对于芯片行业的发展十分重要，景嘉微在政府出台的各项优惠政策帮助下（见表1-3），一步步发展壮大。

---

[1]　光明日报. 破解芯片人才培养"卡脖子"难题［EB/OL］.（2024-01-01）［2024-01-01］. https：//sgzy. 1633. com/qyyw/qyyw3a069ffb-8959-b27c-0846-1d1756bc2a44. html.

表 1-3　近 20 年国家支持芯片行业发展的政策文件（部分）

序号	年份	政策文件	主要内容
1	2000	《国务院关于印发鼓励软件产业和集成电路产业发展若干政策的通知》（国发〔2000〕18 号）	这是中国政府较早颁布的关于软件企业和集成电路企业的政策文件，旨在鼓励软件产业和集成电路产业的发展，提供一系列税收优惠、投融资支持等政策
2	2011	《国务院关于印发进一步鼓励软件产业和集成电路产业发展若干政策的通知》（国发〔2011〕4 号）	进一步明确了对软件产业和集成电路产业的鼓励措施，包括财税优惠、技术创新支持、市场准入便利化等
3	2020	《国务院关于印发新时期促进集成电路产业和软件产业高质量发展的若干政策的通知》（国发〔2020〕8 号）	提出了新时期促进集成电路产业和软件产业高质量发展的多项措施，包括财税政策、投融资政策、研究开发政策、人才政策等，旨在进一步优化产业发展环境，提升产业创新能力和发展质量
4	2021	《"十四五"国家信息化规划》	该规划明确指出加快集成电路关键技术攻关，推动计算芯片、存储芯片等创新，加快集成电路设计工具、重点装备和高纯靶材等关键材料研发，推动 IGBT、MEMS 等特色工艺的突破
5	2021	《中华人民共和国国民经济和社会发展第十四个五年规划和 2035 年远景目标纲要》	提出了打好关键核心技术攻坚战的主张，推进科研院所、高校、企业科研力量优化配置和资源共享，其中包括集成电路产业的发展
6	2023	《电子信息制造业 2023—2024 年稳增长行动方案》	该方案旨在促进电子信息制造业的稳步增长，提出了一系列措施，包括扩大内需、加大投资改造力度、稳住外贸基本盘、深化供给侧结构性改革等，以支持电子信息制造业的发展

资料来源：笔者自制。

　　第一，财税政策支持。芯片研发制造企业的发展需要长期的投入和雄厚的资金支持。起初，景嘉微作为小微企业，财力有限，若没有国家资金税收支持很难走远。根据《新时期促进集成电路产业和软件产业高质量发展的若干政策》，国家对集成电路生产企业实施所得税优惠政策。例如，对于线宽小于 28 纳米（含），且经营期在 15 年以上的集成电路生产企业或项目，第一年至第十年免征企业所得税。对于线宽小于 65 纳米（含）的且经营期在 15 年以上的集成电路生产企业或项目，第一年至第五年免征企业所得税，第六年至第十年按照 25% 的法定税率减半征收企业所得税。近年来，财政部坚持把科技创新作为重点领域给予优先保障，在财政资金的引导带动下，全社会研发经费稳居世界第 2 位，年均增幅超 10%。财政部下一步将强化政策集成，加大支持创新发展力度，推动高水平科技自立自强，统筹推进传统产业升级、新兴产业壮大、未来产业培育，因地制宜地发展新质生产力，塑造发展新动能新优势。[1]

第二，投融资政策助力。近年来，我国不断加大对芯片行业的金融支持力度。国务院在《国家集成电路产业发展推进纲要》中指出，要积极发挥政策性和商业性金融的互补优势，支持中国进出口银行在业务范围内加大对集成电路企业服务力度，鼓励和引导国家开发银行及商业银行继续加大对集成电路产业的信贷支持力度，创新符合集成电路产业需求特点的信贷产品和业务。支持集成电路企业在境内外上市融资、发行各类债务融资工具以及依托全国中小企业股份转让系统加快发展。鼓励发展贷款保证保险和信用保险业务，探索开发适合集成电路产业发展的保险产品和服务。国家鼓励集成电路企业和软件企业加强资源整合，支持企业按照市场化原则进行的重组并购。同时，鼓励地方政府建立贷款风险补偿机制，支持企业通过多种融资手段获得商业贷款。鼓励国内企业与国际企业开展合作，深度参与国际市场分工协作和国际标准制

---

[1] 新华网. 财政如何支持高质量发展？蓝佛安介绍五方面重点工作 [EB/OL]. (2024-01-01) [2024-01-01]. http：//sd. ifeng. com/c/8YEPhbO42tP.

定。景嘉微通过上市等手段筹集资金，渡过了经济难关，各项发展持续向好。

第三，研究开发政策倾斜。习近平总书记在出席十四届全国人大二次解放军和武警部队代表团全体会议时指出，新兴领域发展从根本上说源于科技的创新和应用，要增强创新自信，坚持以我为主，从实际出发，大力推进自主创新、原始创新，打造新质生产力和新质战斗力增长极。① 核心技术买不来，必须加大新兴领域技术研发力度。但是目前，我国很多企业已经习惯性地依赖于进口芯片，缺乏自主研发意识，原因在于自主研发风险极大，投入资金极多。因此国家需聚焦高端芯片、集成电路装备和工艺技术等关键核心技术研发，通过国家重点研发计划、国家科技重大专项等给予支持。此外，GPU 的成功不仅取决于硬件性能的完善，还需要强大的软件生态支持。国产 GPU 在构建和完善自己的软件生态系统方面面临很多挑战，包括驱动程序、开发工具和应用程序的兼容性等。国家还需鼓励软件企业执行软件质量、信息安全、开发管理等国家标准，加强集成电路标准化建设。通过优化软件生态环境，打通 GPU 研发和使用之间的堵点，促进景嘉微等一众企业的发展。

第四，人才政策优化。在中国科学院第二十次院士大会、中国工程院第十五次院士大会、中国科协第十次全国代表大会上，习近平总书记说："我们着力实施人才强国战略，营造良好人才创新生态环境，聚天下英才而用之，充分激发广大科技人员积极性、主动性、创造性。"②

---

① 金正波. 全面提升新兴领域战略能力（我和总书记面对面）［EB/OL］.（2024-01-01）［2024-01-01］. https：//news. cri. cn/20240310/b3749ad7-d116-8432-2904-281393ced2f5. html.

② 人民网. 在中国科学院第二十次院士大会、中国工程院第十五次院士大会、中国科协第十次全国代表大会上的讲话［EB/OL］.（2024-01-01）［2024-01-01］. https：//www. 360kuai. com/pc/976fd3a0576d5fb91？cota＝3&kuai_ so＝1&tj_ url＝so_ vip&sign＝360_ 57c3bbd1&refer_ scene＝so_ 1.

专业人员对于企业研发高端芯片非常重要，因为高端芯片制造的整个过程，尤其是第一步集成电路的设计，对技术和知识水平要求很高。据统计，未来我国至少需要 70 万的芯片专业人员，但目前我们的芯片专业人员未达 30 万。党的二十大报告将教育、科技、人才"三位一体"视为全面建设社会主义现代化国家的基础性、战略性支撑；2024 年政府工作报告也对加快建设中国特色、世界一流的大学和优势学科作出了部署：要加强高校集成电路和软件专业建设，推进集成电路一级学科设置工作，培养高水平人才，鼓励有条件的高校与集成电路企业合作，加快示范性微电子学院建设，优先建设培育集成电路领域产教融合型企业。为了吸引和保留高层次的研发人才，景嘉微实施了股票期权激励计划，通过股权激励等方式，激发员工的积极性和创造力，同时，与高校一同建立实践基地，促进产学研相结合。如在 2021 年，景嘉微董事长曾万辉和湖南大学校长段献忠就产学研用合作内容和方式进行了深入的探讨（图 1-4）。

图 1-4　景嘉微董事长（左）和湖南大学校长（右）交流

（图片来源：景嘉微微信公众号）

　　　　　　　大力发展新质生产力——景嘉微的"芯"探索

第五，知识产权政策不断完善。科技自立自强才能赢得发展主动权，在芯片领域更是如此。而拥有自主知识产权，芯片产业才能自立自强。全国政协委员谢商华在 2023 年全国两会中说："加快持续性投入，推动开展关键核心技术联合攻关，是芯片产业自立自强的必由之路。"谢商华建议，应以国家芯片战略需求为导向，制定政府未来五年支持芯片及集成电路与软件高质量发展相适应的合理规划，提高研发强度，重点要成立芯片及集成电路研发基金，引导中央和符合条件的地方政府加大财政支持力度。同时，应加强芯片知识产权全链条保护，支持高校院所、企业在芯片核心技术、EDA 软件等通用技术及基础软件方面，加大创新研发力度，实现有关"根技术"颠覆性突破。从设计、封测、制程和供应链等方面，强化上中下游产业链协同配合，加强芯片自主知识产权成果转化运用。[①] 我国政府鼓励企业进行集成电路布图设计专有权、软件著作权登记，支持企业依法申请知识产权；严格落实集成电路和软件知识产权保护制度，加大知识产权侵权违法行为惩治力度；通过政策引导，加大对集成电路和软件创新产品的推广力度，带动技术和产业不断升级；支持信息技术服务产业集群、集成电路产业集群建设，推动产业集聚发展。

2. 企业锐意进取开拓创新[②]

第一，加大研发投入，增强核心技术优势。芯片行业对技术的要求很高。然而，技术不像商品可以在市场上自由流通，它具有低流通性和高模仿成本。一旦某些企业研发出新的先进技术，为了维护自身的核心竞争力，企业就会加大对该技术的保护，使得短时间内其他企业难以学

---

① 知识产权报. 谢商华：加快立法促进芯片产业自立自强［EB/OL］.（2023-03-09）［2024-03-27］. https：//www. cnipa. gov. cn/art/2023/3/9/art_ 3184_ 182627. html.

② 本部分内容主要参考长沙景嘉微电子股份有限公司 2022 年和 2023 年度报告全文。

习相应技术。因此，技术研发能力是景嘉微经营的有力保障。长期以来，景嘉微持续投资关键技术，加强研发管理，优化产品开发流程，提升研发效率。依托多年的技术经验、优秀的研发团队和高效的研发能力，及时跟踪前沿技术动态，准确把握产业发展的方向，深入布局图形处理芯片的产业化应用，不断加强公司的技术储备与领先优势。仅2023年上半年，景嘉微研发投入 16 649 万元，同比增长 23.77%，占公司营业收入的 48.25%。

第二，优化公司治理，全面提高管理水平。景嘉微始终坚持"以客户为中心"的战略发展宗旨，积极推动组织变革、管理变革，强化组织内部经营理念和绩效评价应用，推动流程管理体系和绩效管理体系建设，拓展高潜人才发展通道，实现了管理能力和经营效率的持续提升。景嘉微进一步完善了公司组织机构和流程化管理体系，通过经营量化管理，激发组织活力，培养和增强管理人员的经营意识，提升企业运作效率和盈利能力，实现企业持续有效的发展。比如为了提升管理效率、加强内控管理，公司采取了一系列措施不断完善内控体系：①自上而下开展流程管理体系建设工作，通过流程管理提升管理效率和研发效率，降低流程损耗，充分发挥各部门能动性，进一步推动公司战略目标的实现；②对各部门、各岗位的职责权限进行了系统梳理和优化，提高公司整体运营效率，便于各系统业务的统筹管理；③全面贯彻实施精细化管理，完善绩效考核和目标责任管理工作，加强战略目标分解和部门间协作，提升公司总体执行能力等。

第三，实施股权激励计划，加强公司凝聚力。景嘉微一直坚持"以奋斗者为本"的人才发展理念，重视人才建设，高学历员工占比不断增加（见表1-4）。为不断加强公司内部凝聚力，2023年上半年景嘉微实施了2021年股票期权激励计划首次授予部分第一个行权期、第二个行权期行权工作及预留授予部分第一个行权期行权工作。仅2023年上半年，公司新增股本共 2 418 417 股，其中首次授予部分第一个行权期新增 512 495 股，首次授予部分第二个行权期新增 1 619 337 股，预留授予部分第一个行权期新增 286 585 股。股权激励的实施，有利于提高员工的积极性，有利于增强团队的凝聚力，有效地将股东利益、公司利益和核心团队个人利益结合在一起，使各方共同关注公司的长远发展。

表 1-4　景嘉微 2021、2022 年团队成员构成情况

	2022 年	2021 年	变动比例
研发人员数量（人）	896	834	7.43%
研发人员数量占比	68.50%	68.87%	-0.37%
研发人员学历			
本科	454	434	4.61%
硕士	383	332	15.36%
博士及以上	28	28	0.00%
大专	26	37	-29.73%
中专/高中	5	3	66.67%
研发人员年龄构成			
30 岁以下	457	427	7.03%
30-40 岁	377	355	6.20%
41-50 岁	56	46	21.74%
大于 50 岁	6	6	0.00%

资料来源：景嘉微 2022 年年度报告。

综上所述，芯片行业正处于快速发展阶段，技术创新和市场需求推动了行业的繁荣。同时，国产 GPU 企业虽然起步较晚，但在国家政策和市场需求的双重推动下，正逐步缩小与国际巨头的差距，如景嘉微等高科技企业不断提升产业创新能力和发展质量，展现出良好的发展势头。

四、突出重围，景嘉微闪耀中国"芯"光

历经近 20 年的辛勤耕耘，景嘉微取得了丰硕的成果，为国家 GPU

研发做出了突出贡献，使我国在芯片领域实现了初步自主自立自强。

1. 专精特新，景嘉微成为高端芯片领域的"小巨人"

景嘉微在技术方面实现了突破，是国内 GPU 行业的领军企业。景嘉微于 2015 年年底成功研制出的第一款国产 GPU——JM5400，成为国内第一款自主研发且具有自主知识产权的 GPU，彻底打破了国外 GPU 的垄断。景嘉微掌握了关键技术，如芯片底层逻辑/物理设计、超大规模电路集成验证、模拟接口设计、GPU 驱动程序设计等，并在 GPU 体系结构、图形绘制高效处理算法、高速浮点运算器设计等方面有深厚的技术积累。景嘉微已成功研制 JM5 系列、JM7 系列、JM9 系列等具有自主知识产权的高性能 GPU，为国内 GPU 的发展做出了重要贡献。公司拥有多项专利与知识产权：截至 2022 年，公司共申请了 238 项专利，其中包括 193 项国家发明专利、31 项实用新型专利、10 项国际专利和 4 项外观专利。此外，公司还登记了 119 项软件著作权和 2 项集成电路布图。

公司不仅在技术研发上取得了突破，还成功地将这些 GPU 产业化，与国内主要的 CPU、整机厂商、操作系统、行业应用厂商等开展适配与调试工作，共同构建国产化计算机应用生态。如 JM7 系列图形处理芯片已在通用领域实现了广泛应用，JM9 系列图形处理芯片已逐步实现在政务、电信、电力、能源、金融、轨交等多领域的试点应用。

2. 自主可控，景嘉微打造国家科技发展的"大舞台"

景嘉微成功研发了具有自主知识产权的 GPU 并使之产业化，这有助于我国减少对外部芯片技术的依赖，提高国家在关键技术领域的自主可控能力，对于保障国家安全和推动科技进步具有重要作用，特别是可以确保关键信息系统的安全可靠。

GPU 是数字经济和信息化建设的重要支撑及关键组件，景嘉微在高端芯片领域的成功有助于推动相关产业的数字化转型，提高社会信息化水平，为各行各业提供强大的计算支持；有助于提升中国在全球半导体产业中的地位，也为中国企业在国际市场上参与竞争提供了有力支撑；有助于改变全球半导体产业的竞争格局，增强中国企业的国际竞争力。

除了集成电路，景嘉微还致力于显示控制及信号处理方向的研究，并在高性能、高可靠性计算和固态存储关键技术研究方面有所建树。其产品和解决方案广泛应用于航空、航天、航海、车载、工控等高可靠性要求的专业领域。此外景嘉微还针对复杂电磁环境构建需求，研制了一系列整机、系统与配套应用软件等产品，其产品可模拟真实场景的复杂电磁环境。

结　语

景嘉微作为发展新质生产力的代表企业，在国家各项政策的支持下，在爱国强"芯"理念的引领下，不断由弱小走向强大，书写了芯片领域的传奇故事。2024 年 3 月 21 日，习近平总书记再次考察湖南时指出，科技创新是发展新质生产力的核心要素，要强化企业科技创新主体地位，促进创新链、产业链、资金链、人才链深度融合，推动科技成果加快转化为现实生产力。湖南是习近平新时代中国特色社会主义思想的重要实践地，湖南充分发挥科教大省优势，深入实施科教兴湘、人才强省、创新驱动发展战略，把握新发展阶段、贯彻新发展理念、构建新发展格局，着力打造具有核心竞争力的科技创新高地。

一、课前准备

学生提前阅读案例，并思考案例后的问题，教师提前在雨课堂、学习通等平台组织学生进行线上分组，发布课堂讨论议题。

二、适用对象

适用于形势与政策等课的思政课教师；本专科大学生

三、教学目标

◉**知识目标**：帮助学生及时了解和掌握国内外政治、经济、文化、科技等领域的重大发展和变化，增强对国内外芯片等高科技行业形势的认识和理解。深入解读国家颁发的促进芯片产业发展的重大政策和战略部署，帮助学生理解政策背后的理论依据和实践意义，增强政策意识和全球化观念。

◉**能力目标**：培养学生运用马克思主义立场、观点和方法分析时事问题的能力，提高批判性思维和独立思考的能力。拓宽学生的国际视野，帮助学生从全球视角理解芯片发展对国家民族安身立命的重要作用，增强国际竞争和合作的意识。鼓励学生将理论知识与国家发展实际相结合，积极参与社会实践活动，提高解决实际问题的能力。

◉**情感目标**：引导学生正确看到当前芯片等高科技行业发展现状，通过介绍景嘉微研发芯片艰难之路，突出国产芯片自给自足之不易，帮助学生认识到芯片在维护国家安全、实现科技自立自强方面的重要作用，引导学生坚定理想信念，鼓励学生心系国家前途命运，能够有志气、有骨气、有底气地从容应对国家科技领域"卡脖子"难题。

四、教学内容及要点分析

教学内容	要点分析	类型
第一部分：拳拳报国志，一腔爱国"芯"。讲清楚在我国芯片内外交困的局面下，一群有识之士为了国家科技自立自强创办芯片企业的故事	发掘企业家积极向上的信念以及爱国情怀，培养学生勇于创新、敢于突破的科研精神，学习曾万辉等企业家不怕艰难与失败、百折不挠的创业精神	人物故事
第二部分：初创企业，景嘉微"芯"病难医。讲清楚景嘉微从"0"到"1"艰难创业的故事，讲清楚景嘉微面临的外部危机与挑战及应对方法	分析景嘉微在研发 GPU 过程中采用的关键技术和面临的技术挑战。探讨如何通过研发投入和技术合作来克服这些挑战	企业故事
第三部分：齐发力，景嘉微开启"芯"征程。讲清楚我国为促进芯片行业发展而实施的政策，比较中外芯片促进法案的不同之处（见表1-2和表1-3）	研究国家政策如何支持高科技企业发展，特别是芯片产业。分析政策变化对景嘉微等企业战略调整的影响	时事政策
第四部分：突出重围，景嘉微闪耀中国"芯"光。讲清楚景嘉微等芯片行业的安全问题	强调芯片产业对国家安全的重要性，以及如何在保护国家安全的前提下推动产业发展	人文素养

五、教学安排

导入（10分钟）：话题导入，和学生讨论当前芯片发展形势以及美国芯片法案对中国的影响，学生自由讨论，师生交换想法。

教学内容讲授（80分钟）

1."学"（10分钟）

在教学中，老师带领学生学"理论"、学"政策"。学习习近平总书记在中共中央政治局第十一次集体学习时的讲话精神，了解高质量发展与新质生产力的内涵。

2. "思"（20分钟）

阅读案例，组织学生分组进行头脑风暴，开展议题式教学，提高学生思考和分析问题的能力。

◉议题一：对应案例第一部分，发掘企业家积极向上的信念以及爱国情怀，培养学生敢于创新、敢于突破的科研精神，学习曾万辉等企业家不怕艰难与失败、百折不挠的创业精神。

◉议题二：对应案例第二部分，分析景嘉微在研发GPU过程中采用的关键技术和面临的技术挑战，探讨如何通过研发投入和技术合作来克服这些挑战。

◉议题三：对应案例第三部分，讲清楚我国为促进芯片行业发展而实施的政策，比较中外芯片促进法案的不同之处；研究国家政策如何支持高科技企业发展，特别是芯片产业；分析政策变化对景嘉微等企业战略调整的影响。

◉议题四：对应案例第四部分，讨论在芯片制造过程中应遵守的科技伦理原则，强调芯片产业对国家安全的重要性，以及如何在保护国家安全的前提下推动产业发展。

3. "践"（30分钟）

组织学生进行情景剧、演讲、辩论、微电影等"沉浸式"课堂活动，增强学生体验感和参与感。以下活动任选其一。

◉活动一：问题讨论

（1）自主创新在芯片产业中的重要性。

（2）分析国内外芯片产业的竞争态势。

（3）探讨政策对高科技企业发展的影响。

（4）探讨青年学生如何培养科技伦理意识和国家安全观念。

◉活动二：角色扮演

学生扮演政府官员、企业家、工程师等角色，讨论如何推动芯片产业的发展。

◉活动三：政策模拟

设计一个模拟政策制定的活动，让学生团队提出国家支持芯片产业发展的政策建议。

◉活动四：分组讨论

（1）景嘉微的发展历程和成功因素。

（2）分析景嘉微如何应对技术挑战和市场竞争。

4.“悟”（20分钟）

科学技术是第一生产力，中华民族的伟大复兴在很大程度上依赖了核心技术。而核心技术讨不来、要不来、买不来，温室里面也结不出科技自立自强的果子。景嘉微的发展历程生动诠释着，唯有持之以恒的自主创新才能实现科技自立自强。而科技创新关键在人才，只有一批批富有丰富学识和创新精神的青年人才不断涌现，中国高新技术领域才有源源不断的活水出来。正如总书记告诫青年的："创新人才犹如优秀种子，很是难得，要大力培养。年轻一代要有历史机遇感、责任感、使命感，努力在创新上脱颖而出。"[①]

通过本案例的学习，学生能够认识到科技创新在国家发展中的核心地位，以及政策对高科技产业的重要作用。同时，学生将更加关注科技伦理和国家安全，为成为负责任的科技领域人才打下基础。

问题设计：

1. 结合案例，回答景嘉微是如何发展新质生产力的？

2. 结合景嘉微案例，分析中国GPU行业发展的困境和机遇。

---

① 欧顺清.重庆年鉴2017·习近平在重庆调研［M］.重庆：重庆年鉴社，2017：3.

3. 景嘉微的"芯"探索对中国实现高水平的科技自立自强有何启发？

4. 景嘉微创办者的成功对当代青年择业、就业有何启示？

六、其他教学资源推荐

（一）视频类

1. 极客队长 Geek Lead. 中国芯片最大痛点：光刻机咋就这么难？硬核科普！［EB/OL］. https：//www. bilibili. com/video/BV1uT4y1J72t/？spm_ id_ from = 333. 337. search-card. all. click&vd_ source = e1cd9528840a9de8feb0249d7605be05.

2. 曾万辉. 聚焦图片芯片领域，坚持科技创新［EB/OL］. https：//haokan. baidu. com/v？pd = wisenatural&vid = 12558655924371187058.

3. ［面对面］国之重器·总师访谈录② 胡伟武：研制自己的芯片［EB/OL］. https：//tv. cctv. com/2022/09/19/VIDEfqpEWBdlU8cBwUDdfPW0220919. shtml.

4. GPU 比 CPU 还重要，是真正的高科技，景嘉微才是真正的国产之光［EB/OL］. https：//www. zhihu. com/zvideo/1418130519419252736.

5. 中国加快实现高水平科技自立自强 科技自立自强是立国之本［EB/OL］. http：//tv. cctv. com/2023/03/10/VIDE0qMtdeeBq2cae6b1vqhb230310. shtml.

6. 新质生产力 增长新动能 代表团热议因地制宜发展新质生产力［EB/OL］. https：//tv. cctv. com/2024/03/08/VIDEIVxafwskc4p64BAVxmNh240308. shtml.

（二）书籍类

1. 习近平. 论科技自立自强［M］. 北京：中央文献出版社，2023.

2. 迈克尔·斯韦因，保罗·弗赖伯格. 硅谷之火　个人计算机的诞生与衰落 [M]. 第3版. 北京：人民邮电出版社，2019.

3. 汪波. 芯片简史　芯片是如何诞生并改造世界的 [M]. 浙江：浙江教育出版社，2023.

告别"夜太黑"

——长沙夜经济如何迎来"第二春"

余珊珊　向　杨

▶ **作者信息：**

余珊珊，湖南涉外经济学院马克思主义学院讲师。研究方向：思政课教学。

向杨，湖南大学马克思主义学院助理教授、硕士生导师，研究方向：党的领导和党的建设。

摘要：2019 年 8 月国务院出台政策鼓励地方发展夜经济，以更好发挥消费对经济发展的基础性作用。随后，各地纷纷响应，制定针对夜经济发展的专门政策，掀起了中国城市夜经济发展的新高潮。素以夜经济闻名的长沙市，迅速做出反应，采取了一系列措施推动城市夜经济的高质量发展。然而 2020 年初爆发的新冠疫情以及随后三年的疫情防控，对长沙夜经济发展带来了极大的挑战。面对突如其来的疫情，长沙市政府一手抓疫情防控，一手抓经济社会发展，不仅高效应对了数轮疫情的冲击，最大限度地保护了市民的生命健康与安全，还将疫情对城市夜经济发展的不利影响降到了最低。从 2023 年开始，长沙夜经济展现出强劲的复苏态势，虽然曾一度受到一些负面舆情的影响，但也因政府的及时处置而化"危"为"机"。从长沙夜经济发展的过程中，能够清晰地看到当地政府的"有为"，而这或许能为其他城市在发展夜经济时如何做到"有为政府"提供镜鉴。

关键词：夜经济；经济发展；疫情防控；有为政府

理论政策：

1. 2019 年 8 月 23 日，国务院办公厅印发《关于进一步激发文化和旅游消费潜力的意见》，提出"发展假日和夜间经济……大力发展夜间文旅经济。鼓励有条件的旅游景区在保证安全、避免扰民的情况下开展夜间游览服务。丰富夜间文化演出市场，优化文化和旅游场所的夜间餐饮、购物、演艺等服务，鼓励建设 24 小时书店。到 2022 年，建设 200 个以上国家级夜间文旅消费集聚区，夜间文旅消费规模持续扩大"。

2. 2020 年党的十九届五中全会提出"坚持和完善社会主义基本经济制度，充分发挥市场在资源配置中的决定性作用，更好发挥政府作用，推动有效市场和有为政府更好结合"。

3. 2022 年党的二十大提出"充分发挥市场在资源配置中的决定性作用,更好发挥政府作用……着力扩大内需,增强消费对经济发展的基础性作用和投资对优化供给结构的关键作用"。

夜经济，又称夜间经济，是指发生于城市当日下午6点到早上6点的经济文化活动，包括夜购、夜食、夜游、夜宿、夜演、夜娱、夜读、夜健等等。由于夜经济具有扩大内需、刺激消费、活跃市场、增加就业，以及促进经济结构调整、加快经济发展方式转变、助推城市管理水平升级、提升国民文化生活品质等作用，因而夜经济长期以来是世界各国主要城市大力发展的一种重要经济形态，其繁荣程度也成为城市经济发展活力和潜力的风向标、晴雨表。

当前，夜经济已逐渐成为推动我国城市经济发展的新引擎。2021年，根据商务部关于城市居民消费习惯的调查，60%的消费发生在夜间，一些大型商场每晚6点至10点的销售额占比超过全天的50%。① 湖南省会长沙市素有"不夜之城"和"星城"的美誉，是全国闻名的"网红城市"，有着发展夜经济得天独厚的优势和条件。关于长沙的夜经济，网络上一直流传着"解放西凌晨两三点还在堵车，叫滴滴要排到一百多号"的说法，其火爆程度可见一斑，长沙因而也被网友戏称为"最晚熄灯的城市"。然而，2020年初爆发的新冠疫情，以及随之而来的三年疫情防控，使得长沙夜经济遭受了极大的冲击。那么时至今日，长沙夜经济是否已经全面复苏并有了新的发展？长沙市政府又在这一过程中扮演了怎样的角色呢？

一、中央发令

在经济学中，消费被视为拉动经济发展的"三驾马车"之一，由

---

① 林丽鹏，周海翔. 发展夜间经济　增添消费活力［N］. 人民日报，2021-09-08（19）.

于中国人口众多以及居民人均收入不断增长，因而蕴含着巨大的消费潜力。为了进一步发挥消费对经济发展的基础性作用，2018 年 9 月 20 日中共中央和国务院联合出台《关于完善促进消费体制机制　进一步激发居民消费潜力的若干意见》。而为了落实这一政策，2019 年 8 月 23 日国务院办公厅印发《关于进一步激发文化和旅游消费潜力的意见》，首次提出"发展假日和夜间经济"①，2019 年 8 月 27 日国务院办公厅又印发《关于加快发展流通促进商业消费的意见》，要求"活跃夜间商业和市场。鼓励主要商圈和特色商业街与文化、旅游、休闲等紧密结合，适当延长营业时间，开设深夜营业专区、24 小时便利店和'深夜食堂'等特色餐饮街区。有条件的地方可加大投入，打造夜间消费场景和集聚区，完善夜间交通、安全、环境等配套措施，提高夜间消费便利度和活跃度"②，为中国发展夜经济提供了政策指引，之后各地纷纷出台政策措施，掀起了中国城市夜经济发展的新一轮高潮。

发展城市夜经济，除了需要"有效市场"，也需要"有为政府"。在此背景下，长沙市迅速行动起来。2019 年 9 月 7 日晚 8 点，湖南省首个"夜间经济服务中心"在长沙市天心区黄兴广场正式启动运行，该中心每晚 8 点至凌晨 2 点，都将有专人值班，通过部门轮班驻点、巡查办公，设立服务热线等方式，及时协调处理各类问题，为长沙市夜经济最为繁荣的区域保驾护航（见图 2-1）。2019 年 11 月 17 日，长沙市政府办公厅印发《关于加快推进夜间经济发展的实施意见》，提出"到2022 年，全市总共建成 10 个市级、30 个区县（市）级夜间经济示范街

---

① 中华人民共和国中央人民政府. 国务院办公厅关于进一步激发文化和旅游消费潜力的意见［EB/OL］.（2019-08-23）［2024-03-13］. https：//www. gov. cn/zhengce/content/2019-08/23/content_ 5423809. htm.

② 中华人民共和国中央人民政府. 国务院办公厅关于加快发展流通促进商业消费的意见［EB/OL］.（2019-08-27）［2024-03-13］. https：//www. gov. cn/zhengce/content/2019-08/27/content_ 5424989. htm.

区和200个夜间经济示范门店；打造50个具有全国知名度、100个具有全省知名度的夜消费名片；夜经济零售总额占社会消费品零售总额比重达到20%以上，新增社会消费品零售总额600亿元以上，创造就业岗位10万个以上"①，并由此制定了一整套推动长沙夜经济高质量发展的行动方案。

图 2-1　长沙市天心区的夜间经济服务中心

（图片来源：红网时刻）

在"市场主导、政府引导、多元包容、彰显特色"的发展理念指导下，长沙市夜经济取得了可喜的成绩。根据长沙市商务局的数据：2019年，长沙市有特色商业街30条，就业人数1万余人，日均到场消费顾客5万人次；夜购商场、超市4192家，就业人数近7万人，日均到场消费顾客高达44.2万人次；2019年上半年，全市夜购营业额达

---

① 长沙市人民政府. 长沙市人民政府办公厅关于加快推进夜间经济发展的实施意见 [EB/OL].（2019-11-18）[2024-03-13]. http://www. changsha. gov. cn/szf/zfgb/201901255/201912266/202001/t20200114_ 6193583. html.

136 亿多元。①虽然社会消费品零售总额并不等于夜经济营收总额，但由于人们的消费更多发生在夜间，因而 2019 年长沙市社会消费品零售总额的快速增长，也能够反映其夜经济的活跃程度。长沙也由此入选 2019 年腾讯公司和新华社瞭望智库联合发布的"中国十大夜经济影响力城市"，位列第三，仅次于重庆和北京。

二、风雨袭来

2020 年初，新冠肺炎疫情暴发，2020 年 1 月 21 日，长沙市报告了首个输入性新冠肺炎确诊病例，之后，面对严峻的疫情防控形势，长沙市很快启动重大突发公共卫生事件一级响应，长沙市新型冠状病毒肺炎防控指挥部发布《致长沙市民的公开信》，全市景区暂时关闭，所有文旅活动取消或推迟，娱乐演艺场所、网吧停止对外营业，各商业影院宣告歇业。这意味着此刻长沙夜经济被按下了"暂停键"，直到 2 月中旬长沙开始逐步复工复业，长沙夜经济才开始复苏。不过，从 2020 年初到 2022 年底，长沙市经历了几波新冠疫情，虽然其间没有实行全城封闭，但市内部分区域也被严格管控，包括昔日最繁华的五一商圈，这对长沙夜经济的发展造成了不小冲击。可以说，那时的长沙夜经济一直是在夹缝中生存与发展的（见图 2-2）。

受到新冠疫情的影响，长沙的经济增长速度明显放缓（见图 2-3），即使是到了 2023 年，GDP 增长率也未恢复到 2019 年的水平。在疫情期间，长沙的整体经济发展受到冲击，夜经济自然也不例外。与夜经济发展最相关的统计指标是社会消费品零售总额。从这一指标看，自 2019 年以来长沙市社会消费品零售总额的增长波动很大，新冠疫情发生前，

---

① 辜鹏博．"夜长沙"｜点亮生活的魔力经济［N］．人民摄影，2019-10-16（03）．

图 2-2　2021 年 8 月 1 日晚间的长沙黄兴广场

（图片来源：《三湘都市报》）

2019 年长沙市社会消费品零售总额保持了两位数增长，为 10.1%；疫情发生后，2020 年出现负增长，尽管 2021 年曾有过强力反弹，但之后两年增速下跌，也未能恢复到疫情暴发前的水平（见图 2-4）。

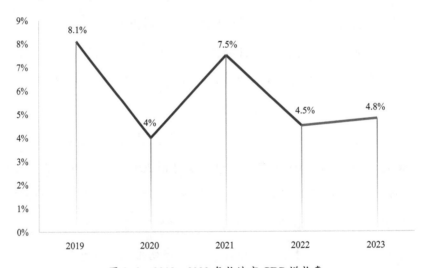

图 2-3　2019—2023 年长沙市 GDP 增长率

（图片来源：笔者根据长沙市统计年鉴、国民经济和社会发展统计公报制作）

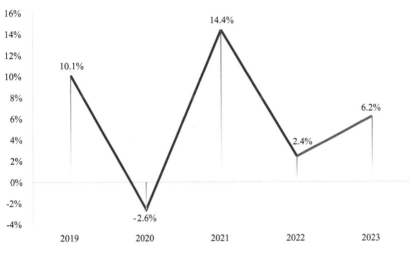

图 2-4　2019—2023 年长沙市社会消费品零售总额增长率

（图片来源：笔者根据长沙市统计年鉴制作）

从产业形态来看，夜经济是第三产业的重要组成部分，主要包括餐饮业、住宿业、旅游业、娱乐业、交通运输业等，而这些产业也最容易受到疫情的影响。新冠疫情的反复，导致了长沙昔日夜经济中最火爆的餐饮业、住宿业面临着较大的困难，复苏的进程也比较缓慢。例如，2021 年 11 月长沙市统计局对全市 30 家重点住宿和餐饮企业开展问卷调查，结果显示：近六成企业经营未恢复至疫情前正常水平，近五成企业预计全年盈利为负增长[①]。2020 年 10 月，长沙市数据资源管理局牵头制作了首份有关长沙夜经济发展情况的报告——《长沙城市夜经济数据分析报告》。该报告显示：在夜食、夜游、夜娱和夜宿四大消费中，2020 年上半年的夜食、夜游、夜宿消费占比均低于 2019 年上半年，而只有夜娱消费占比略微超过了 2019 年同期（见图 2-5）。这足以见疫情

---

① 长沙市人民政府. 长沙住宿和餐饮业市场受疫情影响复苏放缓 [EB/OL]. (2021-12-14) [2024-03-16]. http：//www. changsha. gov. cn/szf/ztzl/sjfb/tjfx/201112/t20211214_ 10393117. html.

对长沙夜经济的干扰之大。

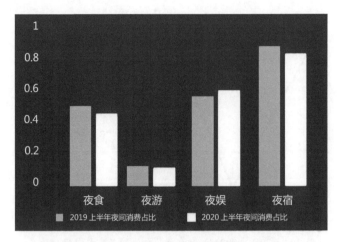

图 2-5 2019 年和 2020 年上半年的夜间经济消费占比

（图片来源：《长沙晚报》；笔者稍有改动）

三、攻坚克难

疫情的爆发与反复，给城市治理者提出了新的难题。一方面，病毒具有很强的传染性、致病性，若不进行严格管控，则会对人的生命健康造成威胁；另一方面，严格管控尤其是封城、静默、隔离、全员核酸检测等举措又会极大地妨碍经济社会的正常发展。换句话说，如何更好统筹疫情防控和经济社会发展，是疫情期间摆在城市治理者面前的一大难题。2020 年 2 月 12 日，中央政治局常务委员会召开会议，分析新冠肺炎疫情形势研究加强防控工作，强调"统筹做好疫情防控和经济社会发展，既是一次大战，也是一次大考"①。这为当时各地处理好疫情防控与经济社会发展之间的关系提供了明确指引。

---

① 中华人民共和国中央人民政府.习近平主持中央政治局常委会会议 分析新冠肺炎疫情形势研究加强防控工作［EB/OL］.（2020-02-12）［2024-03-17］.https：//www.gov.cn/xinwen/2020-02/12/content_5477883.htm.

长沙市委、市政府深入贯彻落实习近平总书记关于疫情防控工作的重要指示精神，坚持一手抓疫情防控，一手抓经济社会发展。在 2020 年初那波来势汹涌的疫情中，长沙以坚决果敢的行动，创造了疫情防控的"长沙速度"。与此同时，长沙的复工复业也在紧锣密鼓地推进。

与长沙夜经济息息相关的行业领域，其复工复业也得到了长沙市委市政府的高度重视。2020 年 2 月 17 日，长沙市新型冠状病毒肺炎防控指挥部专门针对理发店、商场超市、餐饮门店，分别发布《关于加强理发场所新冠肺炎疫情防控工作的通知》《关于转发新型冠状病毒肺炎流行期间商场和超市卫生防护指南的通知》《关于餐饮门店复工复业有关事项的通知》，支持和引导这些行业有序复工复业。3 月 13 日，长沙市新型冠状病毒肺炎防控指挥部再次发布《关于餐饮业复工复产和疫情防控有关事项的通知》，要求全面推进餐饮业复产复工，不得采取审批、备案、检查检测等方式延缓开工，并允许顾客就餐时围桌而坐，只要保持适当间距即可。伴随着以上这些政策的实施，以及 3 月 14 日长沙住院确诊病例全部清零，长沙市民开始走出家门，夜晚到实体店进行购物和消费的人群明显增多，长沙夜经济也悄然复苏。（见图 2-6）

图 2-6　2020 年 3 月 14 日晚间的长沙五一广场商圈

（图片来源：新湖南）

　　　　告别"夜太黑"——长沙夜经济如何迎来"第二春"

尽管长沙在随后的 2021 年和 2022 年又经历了几波疫情，但当地政府一直秉持"疫情要防住、经济要稳住、发展要安全"的理念，尽可能地将疫情防控对经济社会发展造成的不利影响减到最小，虽然也曾对市内部分区域进行过封控，但封控时间均较短，且从未实行全城封控。同时，长沙市委、市政府勇于担当、善于作为，积极运用各种政策工具，助力企业、商家摆脱困境，如 2020 年出台的《长沙市夜市街区改造提升工作实施方案》，旨在为长沙夜市经济发展打造更好的街区环境；2021 年出台《关于进一步降低疫情影响稳定经济运行的实施意见》，提出二十二条措施扶持企业发展；2022 年又出台《关于进一步纾解市场主体困难稳定经济运行的若干政策》，提出帮助企业纾困的、具有普惠性和针对性的一揽子措施，其中专门性纾困政策就覆盖了餐饮业、批发零售业、文化旅游业、交通运输及物流业等城市夜经济发展中的支柱行业。这些举措不仅促进了长沙夜经济的复苏与发展，也在很大程度上为包括长沙夜经济在内的整个经济发展赢得了良好的声誉。

四、曙光初现

尽管新冠疫情一度使得长沙夜经济活力降至冰点，但在政府的积极作为之下，长沙夜经济经受住了疫情的考验。

2020 年 10 月，在长沙举行的中国城市夜间经济发展峰会上，时任长沙市副市长朱东铁指出，长沙夜经济呈现出四个特征：（1）需求旺盛，是全国最吸引年轻人生活的十个城市之一，夜消费人数年增幅高达 49% 以上；（2）业态丰富，从单一的餐饮、购物等消费活动，发展到酒吧、夜游、演艺体验、灯光夜景等多元业态；（3）潜力巨大，拥有涵盖购、食、游、娱、展、演等领域的丰富资源，长沙商户 9% 以上夜间营业，其中 47% 营业到晚上 10 点以后；（4）品牌彰显，成功培育出文和友、火宫殿、茶颜悦色等 40 多个享誉全国的网红品牌，先后被评为十大夜经济影响城市、十大美好生活城市、夜间经济十强城市。① 实际上，这四个方面不仅是长沙夜经济的发展特征，也是长沙夜经济发展成就的反映。

2022 年，长沙夜经济零售总额达 5000 亿元，占全市社会消费品零售总额的 60%；夜经济从业人员达 100 万人，为长沙夜间的 30 多个特色商业街区和 4000 多个夜间商场、超市提供服务。② 2023 年是疫情防控转段后的第一年，长沙夜经济也迎来了全面的复苏。有购票平台数据显示，2023 年以来，长沙夜游订单同比增长 104%，环比增长 332%，成为全国夜游前十的目的地之一；而据长沙新消费研究院统计，2023 年"五一"期间，长沙夜间消费占到全天消费总额的近七成。③ 美团、大众点评的数据显示，2023 年"十一"假期，长沙的夜间到店消费规模占比超 64%，"夜间游玩"搜索量环比节前增长 228%；长沙 21 时之后的"深夜时段"消费相比 2022 年增长 104%。④

长沙夜经济的快速复苏和人气飙升，也为其赢得了大量荣誉，这些荣誉既是长沙夜经济发展成就的见证，也是对其未来获得更大发展的勉励。2020 年，长沙继 2019 年后再次入选新华社瞭望智库联合腾讯发布的"中国城市夜经济十大影响力城市"，位列第三，仅次于重庆和成都。各城市夜经济影响力的分数由传播力、创新力、产业规模和商圈流量这四项按照加权计算而得。其中，在城市夜经济传播力方面，长沙与

① 吴颖姝. 大数据"剧透"长沙夜经济，深夜党大多"30 而已"［EB/OL］.（2020-10-28）［2024-03-11］. https：//www. icswb. com/h/103502/20201028/682252. html.

② 王健，胡润峰. 低房价成就长沙新消费：中国经济转型样本［EB/OL］.（2023-09-27）［2024-03-11］. https：//www. tmtpost. com/6722344. html.

③ 之江轩. 越夜越长沙的启示［EB/OL］.（2023-05-26）［2024-03-11］. https：//mp. weixin. qq. com/s/APNPB9lfb_ EM5CLjfnFuHg.

④ 长沙市商务局. 长沙夜经济，全国前 5！［EB/OL］.（2023-10-06）［2024-03-11］. http：//swt. changsha. gov. cn/zfxxgk/zxzx_ 35631/WXZX/202310/t20231007_ 11241124. html.

重庆并列第一；在城市夜经济商圈流量方面，长沙位列第二；在城市夜经济创新力方面，长沙也位列第二。2021 年，长沙已升至"中国城市夜经济十大影响力城市"的第二名，其下辖的天心区入选夜经济影响力区县 20 强。2022 年，长沙市黄兴南路步行街入选中国城市夜经济评价活动组委会发布的"2022 夜间消费示范场景"。2023 年 7 月，第四届中国（重庆）夜间经济发展高峰论坛上，艾媒咨询发布《2023 年中国夜间经济城市发展指数排行榜》，长沙又一次进入前三。

长沙夜经济不仅在全国打响了名气，也获得了中央和上级部门的认可。从 2021 年至 2024 年，文化和旅游部连续公布了三批国家级夜间文化和旅游消费集聚区名单，长沙市的五一商圈、阳光壹佰凤凰街、梅溪湖·梅澜坊街区、红星街区位列其中（见表 2-1）。2023 年 4 月，中央广播电视总台财经节目中心在长沙首设"夜经济观察点"，共设置了潮宗街、太平街、白果园、新消费研究院等四处长沙夜经济观察点（见图 2-7）。2023 年 8 月 11 日，湖南省商务厅公布了首批 50 家湖南省夜间消费聚集示范区名单，长沙市入选的有 9 家，分别为长沙市黄兴南路步行商业街、长沙国金中心、北辰三角洲 A1D1 滨江区、长沙砂之船·奥莱商业综合体夜间消费集聚区、长沙百联奥特莱斯广场、渔人码头商业广场、德思勤城市广场、君悦商圈、九龙仓时代奥特莱斯。2023 年 12 月 4 日，湖南省文化和旅游厅也公布了首批 20 家省级夜间文化和旅游消费集聚区名单，其中，长沙市的北辰滨江文化商业区、浏阳市"焰遇浏阳河"文旅消费集聚区成功入选。

表 2-1　长沙市入选国家级夜间文化和旅游消费集聚区的街区

入选批次	入选时间	入选街区	数量
第一批	2021 年 11 月 5 日	长沙市五一商圈、长沙市阳光壹佰凤凰街	2
第二批	2022 年 8 月 16 日	长沙市梅溪湖·梅澜坊街区、长沙市红星街区	2

资料来源：笔者根据文旅部公布的名单制作而成。

图 2-7　央视财经在长沙太平街设置的"夜经济观察点"

（图片来源：掌上长沙）

五、又起波澜

2022 年 12 月 26 日，国务院联防联控机制综合组印发《关于对新型冠状病毒感染实施"乙类乙管"的总体方案》，规定"2023 年 1 月 8 日起，对新型冠状病毒感染实施'乙类乙管'。依据传染病防治法，对新冠病毒感染者不再实行隔离措施，不再判定密切接触者；不再划定高低风险区；对新冠病毒感染者实施分级分类收治并适时调整医疗保障政策；检测策略调整为'愿检尽检'；调整疫情信息发布频次和内容。依据国境卫生检疫法，不再对入境人员和货物等采取检疫传染病管理措施"①。这标志着我国新冠疫情防控政策的重大调整，长沙夜经济也由此迎来了新一轮发展高潮。

事实上，在互联网催生的信息爆炸时代，夜间的经济活动不仅出现

---

① 中华人民共和国中央人民政府. 关于印发对新型冠状病毒感染实施"乙类乙管"总体方案的通知［EB/OL］.（2022-12-27）［2024-03-18］. https：//www. gov. cn/xinwen/2022-12-27/content_ 5733739. htm.

在城市的街区、商场、店铺中（线下），也以图文声像的形式在各种社交媒体上传播（线上）。这也会对城市夜经济的发展产生重要影响，而且这种影响在当前已变得愈发明显。例如，2023 年上半年，山东淄博烧烤这种夜经济活动能够火速出圈，很大程度上就得益于大学生群体在社交媒体上的传播，使得淄博这座城市在短时间内获得了巨大的流量。而"星城"长沙拥有发达的媒体娱乐产业，创造出湖南卫视、芒果 TV 等蜚声海内外的"广电湘军"品牌，因此长沙夜经济在信息传播方面有着得天独厚的优势。2019 年由长沙市公安局与中广天择传媒股份有限公司、长沙电视台政法频道，联合制作的警务纪实观察类真人秀节目《守护解放西》，生动展现了长沙市坡子街派出所民警的日常工作情况，其工作实际上就是维持长沙市夜经济最繁华地带——解放西的治安秩序，为长沙解放西的夜经济发展保驾护航。该节目一经 B 站推出，就受到大量年轻网友的热捧，前后四季在 B 站上的播放量都破亿，而解放西坡子街派出所门口也新晋为长沙的网红打卡点。2023 年 4 月，长沙夜生活被搬上荧幕、拍成电影，即由张冀编剧执导，尹昉、张婧仪、苏岩、吴昊宸、白宇帆、周思羽、吴军、罗钢主演，张艺兴特别出演，廖凡、周冬雨、王栎鑫友情出演的电影《长沙夜生活》，使得长沙的夜经济再次名噪一时。

然而，网络媒体是把双刃剑，它既可以传播真实信息，也可以传播虚假信息；既可以传播正面信息，也可以传播负面信息；既可以传播完整信息，也可以传播片段信息。尤其是随着我国智能手机的普及和移动网络的高速发展，人人都可以成为媒体人，自媒体逐渐成为现代社会最普遍、最广泛、最频繁、最快速的信息传播渠道。2023 年，是长沙夜经济全面复苏并走向繁荣的一年，而在这一过程中，也出现了一些不利于长沙夜经济发展的负面舆情。这些负面舆情均由自媒体发布的信息所引发，主要针对的是长沙夜经济中夜市价格虚高、欺诈消费者等问题，相关事件包括"水果捞缺斤少两"事件、"极限鱿鱼签"事件、"花115元买8根炸串被骂穷"事件、"86元麻辣烫"事件等等。这些事件大多发生于2023年"五一"假期前后，正是长沙游客人数最多，也是淄博烧烤火遍全国的时期。一些自媒体或网络大V借机将长沙夜市与淄博烧烤进行对比制造话题，使长沙夜经济在当时遭受了一定的负面影响。而2023年12月31日长沙跨年夜发生的"106元麻辣烫"事件又在半年后使得长沙夜市价格虚高的相关话题再次刷爆网络。

事件的经过是这样的：2023年12月31日晚，两名女生在长沙黄兴路步行街附近某流动摊贩处点了一份麻辣烫，结账时被告知需要支付106元，两人当时没多想就向店家支付了106元。但很快两人觉得不对劲，认为这个价格有点过高，于是找店家理论，要求清点所购食物，并逐一统计单价，却遭店家拒绝，且店家声称两名女生已吃了部分食物，无法统计单价以计算总价。双方的争执引来不少路人围观，其中有人拍下视频，并将其上传到社交媒体，从而引起大量网民的关注和讨论，瞬时成为热点话题。2024年1月1日，关于该事件的原初视频被上传至B站，截至7月29日已累计获得48万的播放量，而对原初视频进行剪辑、加工和转发的视频最高播放量更是达到61.1万；《半岛都市报》在抖音的官方账号最早转发了该视频，截至7月29日已累计获得20.8万的播放量，63.3万的转发量，8.3万条评论。虽然这些数据并不能完全反映事发当天或一周之内该事件的热度，但是根据信息传播的规律，可以推断这些短视频单日的最大播放量、转发量应产生于该事件发生的数日之内。另外，这还只是两三条视频呈现出的热度，如果对所有相关的视频都进行统计，以及将统计平台扩大到所有的社交媒体，如微信、微博、快手、小红书、知乎、西瓜视频等等，那么该事件的传播范围应十分广泛。例如，作为官方主办的新闻网站，光明网也在2024年1月2

　　　　告别"夜太黑"——长沙夜经济如何迎来"第二春"

日转发了有关"长沙106元麻辣烫"事件的报道。①

面对持续发酵的舆情，长沙市天心区有关部门及时做出回应，以尽可能减少负面舆情对长沙城市形象及夜经济活动的影响。2024年1月2日，长沙市天心区市场监督管理局和城市管理综合执法大队联合发布一则情况通报，该通报全文如下：

近日，有网民反映人民西路与黄兴路步行街中心广场西侧交汇处有顾客与一售卖麻辣烫的流动摊贩因价格问题发生争执。天心区市场监督管理局、天心区城市管理综合执法大队获悉情况后高度重视，立即依法开展调查，发现该摊贩存在非法从事设摊经营、未明码标价等违法行为；同时了解其已于当场全额退还顾客购买麻辣烫的106元。目前，已依法依规对其违法行为进行处理，并将进一步加强对辖区流动摊贩的管理。②

从这份通报中，可以发现一条很重要的信息，而这条信息恰恰是在几乎所有传播该事件的短视频中遗漏的，那就是：在没有执法部门介入的情况下，事件中的摊主已当场全额退还顾客购买麻辣烫的106元。各大社交媒体上传播的有关该事件的视频只呈现了双方的争执过程，并未呈现该事件的结局。该事件是以摊主的妥协与让步作为结束的，无论摊主的这种妥协与让步是出于自愿，还是被逼无奈。当然，尽管这起事件对长沙夜经济的声誉造成了一定的不利影响，但也为政府加强对城市夜经济市场活动的管理，整顿各种乱象，以促进长沙夜经济高质量发展，提供了契机。

---

① 光明网．"天价麻辣烫"106元一份，官方通报［EB/OL］．（2024-01-02）［2024-03-19］．https：//m. gmw. cn/2024-01/02/content_ 1303618920. htm.
② 长沙市天心区人民政府. 关于一流动摊贩与顾客产生消费纠纷的情况通报［EB/OL］．（2024-01-02）［2024-03-19］．http：//www. tianxin. gov. cn/zwgk8/czszgld wxxgkml/664536/664546/202401/t20240102_ 11335628. html.

结　语

党的二十大报告指出：“充分发挥市场在资源配置中的决定性作用，更好发挥政府作用。”① 习近平总书记也曾指出：“努力形成市场作用与政府作用有机统一、相互补充、相互协调、相互促进的格局，推动经济社会持续健康发展。”② 同样，城市夜经济的高质量发展，也需要“有效市场”与“有为政府”的更好结合。而长沙夜经济的发展，一方面在于长沙所拥有的深厚的历史文化底蕴，如马王堆汉墓和走马楼简牍等重要文物反映出的楚文化和湖湘文化，以及长沙人民和商家企业所具有的创新、包容、实干精神，使长沙得以创造出一个又一个远近闻名的夜经济品牌，如火宫殿、文和友、冬瓜山、扬帆夜市、渔人码头、黑色经典、茶颜悦色、盐津铺子、野肆月球等等。另一方面，也是极为重要的，便是政府的积极作为，也正是因为政府的有为，才进一步激发了市场和社会的活力，促进了长沙夜经济的迅猛发展。那么，长沙市政府在发展夜经济中的“有为”，能够为其他城市发展夜经济提供哪些启示和借鉴？

1. 有所为，有所不为

在长沙夜经济的发展过程中，长沙市各级政府并没有无所不管，而是充分尊重和发挥市场主体的积极性、主动性和创造性。举一个很小的例子，比起有些城市招牌的整齐划一、含蓄，长沙市在这方面要宽松许多，“只要在‘安全’范围内，商户招牌想怎么悬挂就怎么悬挂，想怎

---

①　习近平. 高举中国特色社会主义伟大旗帜　为全面建设社会主义现代化国家而团结奋斗 [N]. 人民日报，2022-10-26（01）.

②　习近平. 习近平谈治国理政 [M]. 北京：外文出版社，2014：116.

告别“夜太黑”——长沙夜经济如何迎来“第二春”

么有个性就怎么有个性"①，而这些个性十足的店家招牌在夜晚闪闪发光，不仅增添了城市的美感，也营造了市民和游客们夜间消费的氛围感。同时，政府也积极作为，主要体现在制度供给和服务保障上。长沙市政府很早就制定了促进夜经济发展的专门政策，还保持了政策支持的延续性，尤其是在疫情期间，陆续出台帮扶中小企业、餐饮住宿业发展的政策，积极优化营商环境，并始终坚持"随叫随到、不叫不到、服务周到、说到做到"的服务理念，如设立中部地区首个"夜间经济服务中心"；搭建 24 小时自助服务厅；开展"15 分钟政务服务圈"建设；推出 86 项高频自助服务事项和"立等可取""容缺受理""凡有先例皆可为"等系列举措；设立政务服务"全岗通"窗口，实现"服务不停歇，全年不打烊"②。

2. 要勤为，更要善为

"有为政府"不仅要求政府勤为，不尸位素餐，更要求政府善为而不乱为，这自然是对政府的治理水平和能力提出了更高的要求。长沙市在三年的疫情中，始终秉持科学精准防控的原则，没有采取全城封闭、静默的措施，最大限度地减少了疫情对经济发展的影响，使得长沙夜经济虽然受到疫情的极大冲击，但并未元气大伤，这也为后来长沙能够在全国众多城市中率先复苏夜经济奠定了重要基础。此外，长沙市政府在发展夜经济中的善为，还体现在创新城市治理机制上，如创新推出街头艺人"持证上岗"模式；推行"四容许""五统一"夜市管理模式，实

---

① 之江轩. 越夜越长沙的启示 [EB/OL]. （2023 - 05 - 26） ［2024 - 03 - 20］. https：//mp. weixin. qq. com/s/APNPB9lfb_ EM5CLjfnFuHg.

② 长沙市人民政府. 以主动服务促进夜间经济发展，星城创新举措及经验获全国推介 [EB/OL]. （2021 - 03 - 04） ［2024 - 03 - 20］. http：//www. changsha. gov. cn/szf/ywdt/zwdt/202103/t20210304_ 9808627. html.

高校形势与政策课程教学案例（第一辑）   048

行柔性执法和审慎包容监管，带动商家入市、群众逛市。① 正基于此，2021年，"长沙市以主动服务促进夜间经济发展"入选国务院《优化营商环境条例》实施情况第三方评估创新举措，成为"国家经验"。

3. 为民为，久久为功

城市夜经济，是整个城市经济社会发展的子集，它不只是受到夜经济自身发展基础、条件的影响，还受到整个城市经济社会发展状况的影响。可以说，如果没有后者的支撑和托底，城市夜经济的发展不可能长久，即使短期火爆，终究也不过昙花一现。因此，从政府有为的角度来说，发展城市夜经济，不只是对城市政府发展夜经济能力的考验，更是对政府治理整个城市的水平与能力的考验。对于长沙来说，有两件事特别值得一提：一是长沙市连续16年（2008—2023年）获评"中国最具幸福感城市"，二是2022年长沙成为万亿GDP城市中人口净增长排名第一的城市。这实际上也是长沙发展夜经济的重要底气和优势，但这两者都与长沙的低房价有很大关系。有数据显示，2022年长沙房价收入比保持在7以下，长沙的房价位于30个省会城市及直辖市中的第22位；② 而这又是长沙实施最严房地产调控政策的结果。所以说，发展城市夜经济，既需要政府在"场内"发力，也需要政府在"场外"发力。只有牢固树立"以人民为中心"的发展思想，不断满足人民对美好生活的需要，才能真正吸引人、留住人，才能使城市夜经济的发展获得源源不断的活力和动力。

---

① 长沙市人民政府. 以主动服务促进夜间经济发展，星城创新举措及经验获全国推介［EB/OL］.（2021-03-04）［2024-03-20］. http：//www. changsha. gov. cn/szf/ywdt/zwdt/202103/t20210304_ 9808627. html.

② 潇湘晨报. 长沙，是星城亦是青年之城［EB/OL］.（2023-04-26）［2024-03-21］. https：//mp. weixin. qq. com/s/5J1aJ7RkH2dwIkVRAF13Hg.

案 例 说 明 书

一、课前准备

1. 要求学生按照 5~8 人的规模自由组建团队。

2. 至少提前一周将案例电子文档发送给学生，并要求学生认真阅读。

二、适用对象

1. 使用对象

从事形势与政策、习近平新时代中国特色社会主义思想概论等课程教学与研究的思想政治理论课教师。

2. 教学对象

专科生、本科生和研究生

三、教学目标

党的二十大报告提出："着力扩大内需，增强消费对经济发展的基础性作用。"发展夜经济正是扩大内需、增强消费，促进经济高质量发展的有效途径之一。教学中，让学生充分认识发展夜经济在新冠肺炎疫情之后的重要意义，深入了解各地发展夜经济的政策举措和现实状况；帮助学生辩证地看待城市夜经济发展过程中可能存在的问题与风险；使学生充分认识到当前我国经济恢复仍处在关键阶段，其回升向好、长期向好的基本趋势没有改变，推动高质量发展前景光明。本案例拟解决的关键问题如下：

1. 城市夜经济的作用有哪些？当下中国为什么如此重视发展夜经济？

2. 长沙市在发展夜经济过程中经历了怎样的曲折？又是如何渡过难关的？

3. 短视频社交平台的兴起会对夜经济发展产生哪些影响？

4. 为推动夜经济的高质量发展，地方政府应该扮演怎样的角色？

四、教学内容及要点分析

1. 讲清楚当前我国发展夜经济的背景和意义。从夜经济自身角度看，夜经济具有扩大内需、刺激消费、活跃市场、增加就业等作用。从当前我国经济发展形势看，发展夜经济是实现经济结构调整、经济发展方式转变、经济高质量发展，满足人民日益增长的美好生活需要，以及应对全球经济和贸易增速放缓、少数国家对我国打压遏制的重要政策选项。

2. 讲清楚 2019 年之后长沙夜经济发展所经历的过程、遭遇的困难、应对的举措和取得的成绩。长沙市政府秉持"有效市场+有为政府"的经济发展理念，无论是在新冠肺炎疫情期间还是疫情之后，都及时出台政策举措帮助商家企业复工复产和发展壮大，同时充分发挥市场主体的积极性、主动性和创造性，这是长沙夜经济经历新冠肺炎疫情冲击而不垮，并在新冠肺炎疫情防控转段之后迅速复苏的重要原因。

3. 讲清楚新时代地方政府在发展夜经济过程中应扮演的角色。讨论长沙市政府在发展夜经济中的所作所为，能给其他城市提供哪些经验和启示。为什么一些城市的夜经济只能昙花一现，而长沙的夜经济却能长盛不衰？罗马不是一天建成的。这与长沙市政府长期的"有为"自然有很大关系，而长沙市政府的"有为"主要表现在"有所为，有所不为""要勤为，更要善为""为民为，久久为功"这三个方面。

　告别"夜太黑"——长沙夜经济如何迎来"第二春"

五、教学安排

教学安排以 90 分钟的课堂（两课时）为例

1. 教学导入

以反映 2023 年长沙跨年夜人气火爆的视频作为教学导入，引出本堂课的教学主题。（2 分钟以内）

2. 教学第一环节

（1）要求学生阅读案例的第一部分——"中央发令"，并思考：当前我国为什么如此重视发展夜经济？（3 分钟）

（2）小组成员交流想法与观点，以形成小组统一意见。（5 分钟）

（3）每小组派出一人分享观点。（5 分钟）

（4）教师放映 PPT，PPT 中罗列反对发展夜经济的理由，包括环境污染、资源浪费、噪声扰民、增加城市管理成本、陷入消费主义等。请学生进一步思考：在知晓发展夜经济可能产生负面影响后，你是否还支持发展夜经济？（3 分钟）

（5）学生自由发言。（5 分钟）

（6）教师总结，肯定发展夜经济利大于弊。（3 分钟）

3. 教学第二环节

（1）要求学生阅读案例的第二、三和四部分，即"风雨袭来""攻坚克难""曙光初现"，并思考：长沙夜经济能够迅速走出新冠肺炎疫情阴霾的原因有哪些？（5 分钟）

（2）小组成员就以上问题进行交流、讨论，以形成小组统一意见。（5 分钟）

（3）每小组派出一人分享观点。（5 分钟）

（4）教师总结，提出"有效市场+有为政府"这一分析问题的理论

视角。（4分钟）

4. 教学第三环节

（1）要求学生阅读案例的第五部分——"又起波澜"。（3分钟）

（2）将各小组分成两大阵营A和B，A阵营一方的观点是"短视频对夜经济发展的影响利大于弊"，而B阵营一方的观点是"短视频对夜经济发展的影响弊大于利"。各方围绕各自支持的观点，在小组和阵营内进行交流、讨论。（5分钟）

（3）先由A阵营中各小组的代表陈述观点，然后由B阵营中各小组的代表陈述观点。（5分钟）

（4）先由A阵营学生自由发言反驳对方观点，再由B阵营学生自由发言反驳对方观点。（5分钟）

（5）要求学生再阅读一遍关于"长沙106元麻辣烫"事件的段落，并要求不同阵营的学生站在对方角度再次思考：短视频对夜经济发展有怎样的影响？（5分钟）

（6）教师总结发言，强调短视频对夜经济的发展是把双刃剑，关键是如何应对负面信息的传播，化不利为有利。（2分钟）

（7）要求学生进一步思考：政府如何应对夜经济活动中的负面舆情？（2分钟）

（8）学生就以上问题自由发言。（3分钟）

（9）教师总结发言，强调政府应及时公布真相和处理结果，回应公众关切。（2分钟）

5. 教学第四环节

（1）要求学生阅读案例的最后一部分——"结语"（注：发给学生的文本中先去掉结语部分的小标题）。（3分钟）

（2）各小组成员就"地方政府在夜经济发展中应扮演怎样的角

色?"这一问题展开讨论与交流。(3分钟)

(3)每小组派出一人分享观点。(5分钟)

(4)教师总结发言,将地方政府在夜经济发展中应扮演的角色概括为三个方面,即"有所为,有所不为""要勤为,更要善为""为民为,久久为功"。(2分钟)

六、补充材料及其他

1. 王政淇,于子青,王潇潇. 中国为什么要发展夜间经济?〔EB/OL〕. http://politics. people. com. cn/n1/2019/1010/c429373 - 3139 2321. html.

2. 卫志民. 解读"夜经济"〔J〕. 经济导刊,2004(9):88-90.

3. 陈刚. 从文化意义和消费意义解读长沙夜经济〔EB/OL〕. https://mp. weixin. qq. com/s/eTykHRdVZCK80c1pbhQXag.

"能源的饭碗必须端在自己手里"

——国家能源集团牢记"国之大者"，主动担当作为

韩 琳 尚 芊

▶ **作者信息：**

韩琳，湖南大学马克思主义学院副教授。研究领域：廉政政策，中国特色反腐败理论与实践。

尚芊，湖南大学马克思主义学院硕士研究生。

摘要：能源是工业的粮食、国民经济的命脉，关系人类生存和发展，攸关国计民生和国家安全。全球能源形势正在发生复杂而深刻的变化，新一轮能源科技革命加速推进，应对全球能源安全和可持续发展问题迫在眉睫。面对复杂的国际形势、全球气候新变化对能源供求环境和能源安全环境带来的影响，作为我国最大的一次能源供应企业，国家能源集团深刻认识能源安全新战略、新路径、新领域，贯彻落实"四个革命、一个合作"能源安全新战略，加快推进新型能源体系和新型电力系统建设，不断强化国际能源合作，在能源消费革命、供给革命、体制革命、技术革命、国际合作等多个方面主动担当作为，切实在"革命"与"合作"上抢先机、开新局，保障国家能源安全，为推动我国经济转型、变革与发展提供新动能。

关键词：能源安全；经济转型；"四个革命、一个合作"

理论政策：

1. "四个革命、一个合作"能源安全新战略

党的十八大以来，习近平总书记站在统筹中华民族伟大复兴战略全局和世界百年未有之大变局的高度，统筹国内国际两个大局，发展安全两件大事，提出了"四个革命、一个合作"能源安全新战略，即推动能源消费革命、能源供给革命、能源技术革命、能源体制革命，全方位加强国际合作，牢牢把能源的饭碗端在自己手中。

习近平总书记在党的二十大报告中提出要"深入推进能源革命"[①]。能源是工业的粮食、国民经济的命脉、民生改善的保障，是人类文明进步的物质基础和动力源泉，也是推进碳达峰、碳中和的主战场。深入推进能源革命，为我国在高质量发展中确保能源安全指明了前进方向，并

---

① 习近平：高举中国特色社会主义伟大旗帜　为全面建设社会主义现代化国家而团结奋斗——在中国共产党第二十次全国代表大会的报告［EB/OL］.（2022-10-25）［2024-05-10］. http：//jhsjk. people. cn/article/32551583.

提出了一系列新要求。

2. 新发展理念

新发展理念是由创新发展理念、协调发展理念、绿色发展理念、开放发展理念、共享发展理念所构成的一个有机整体。

新发展理念是习近平经济思想的主要内容，是马克思主义政治经济学和中国特色社会主义政治经济学的重大理论创新。总的来看，新发展理念是在深刻总结国内外发展经验教训的基础上形成的，集中反映了我们党对经济发展规律认识的深化。

3. 新质生产力

2023 年 9 月 7 日下午，习近平总书记在黑龙江省哈尔滨市主持召开新时代推动东北全面振兴座谈会时说："积极培育新能源、新材料、先进制造、电子信息等战略性新兴产业，积极培育未来产业，加快形成新质生产力，增强发展新动能。"①

新质生产力是生产力现代化的具体体现，即新的高水平现代化生产力（新类型、新结构、高技术水平、高质量、高效率、可持续的生产力），是以前没有的新的生产力种类和结构，相比于传统生产力，其技术水平更高、质量更好、效率更高、更可持续。

新质生产力是创新起主导作用，摆脱传统经济增长方式、生产力发展路径，具有高科技、高效能、高质量特征，符合新发展理念的先进生产力质态。新质生产力由技术革命性突破、生产要素创新性配置、产业深度转型升级而催生。新质生产力以劳动者、劳动资料、劳动对象及其优化组合的跃升为基本内涵，以全要素生产率大幅提升为核心标志，特点是创新，关键在质优，本质是先进生产力。

---

① 习近平：牢牢把握东北的重要使命　奋力谱写东北全面振兴新篇章 [EB/OL]. (2022-09-10) [2024-05-10]. http：//jhsjk. people. cn/article/40074131.

教学目标：

1. 充分理解"四个革命、一个合作"能源安全新战略；

2. 领会"能源的饭碗必须端在自己手里"的重大意义；

3. 了解如何通过能源技术革命保持能源安全、推动产业变革、促进国家及地方经济高质量发展；

4. 正确认识国际国内能源发展的形势与状况，能够在分析案例的过程中研究中国问题、总结中国经验。

　　能源是人类文明进步的基础和动力，攸关国计民生和国家安全，关系人类生存和发展，对于促进经济社会发展、增进人民福祉至关重要。新时代中国的能源发展，为中国经济社会持续健康发展提供有力支撑，也为维护世界能源安全、应对全球气候变化、促进世界经济增长作出积极贡献。本案例聚焦的国家能源集团，在世界能源安全形势不确定性因素与日俱增的背景下，积极响应党中央对于经济与能源等方面的战略部署，经历重组整合，在各项决策部署与项目实践中，全面贯彻新发展理念，推动能源体制革命、消费革命、供给革命、技术革命，加强国际交流合作，进一步促进经济高质量发展。

一、应对能源危机，主动担当作为——"变身"合二为一

　　党的十八大以来，习近平总书记多次考察国家能源集团所属企业并发表重要讲话，作出重要指示批示，其意义重大、影响深远，是习近平新时代中国特色社会主义思想在中央企业、能源工业的重要体现，是指导能源央企高质量发展的强大精神动力和科学行动指引。2021年9月13日，习近平总书记在陕西省榆林市视察，来到国家能源集团榆林化工有限公司，考察中心控制室和项目现场，了解煤炭综合利用等情况。他强调，能源产业要继续发展，否则不足以支撑国家现代化。煤炭能源发展要转化升级，走绿色低碳发展的道路。这样既不会超出资源、能源、环境的极限，又有利于实现碳达峰、碳中和目标，适应建设人类命

运共同体的要求，把我们的地球家园呵护好。①

能源是工业的粮食、国民经济的命脉，关系人类生存和发展，攸关国计民生和国家安全，支撑与保障国家现代化建设。全球能源形势正发生复杂而深刻的变化，新一轮能源科技革命加速推进，应对全球能源安全和可持续发展问题迫在眉睫。同时，当前国际局势波谲云诡，全球能源安全也面临复杂形势。能源安全演变为体系性安全，从供给安全发展到运输安全、消费安全、设施安全等方面。

国际能源署发布的《2022年世界能源展望》报告开篇这样写道："这是第一次真正意义上的全球性能源危机，冲击广度和复杂性前所未有"。地区危机、单边限制措施等因素对国际能源供需平衡、能源资源产供链造成严重冲击，引发能源市场剧烈波动，造成能源价格大幅上涨。根据世界银行《大宗商品市场展望》报告，能源价格涨幅已达1973年石油危机以来历史最高，2022年涨幅超过50%，能源价格飙升可能持续到2024年底（见图3-1）。

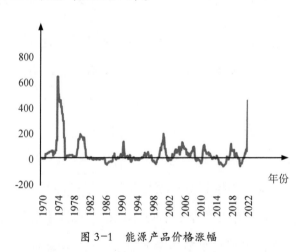

图 3-1　能源产品价格涨幅

（图片来源：世界银行《大宗商品市场展望》报告）

---

① 习近平总书记到国家能源集团榆林化工有限公司视察. ［EB/OL］. https：//www. ceic. com/gjnyjtww/2021ylkc/2021ylkc. shtml.

此外，新冠肺炎疫情对全球物资、人员和资本流动造成的负面影响，导致全球供应链受阻，能源供应风险不断上升，加之乌克兰危机发生以来，美国和西方国家对俄罗斯多领域的制裁持续升级，导致俄罗斯对缺气少油的欧洲出口骤降，给欧洲能源供应安全带来风险，也影响着全球能源的供需平衡。2022年10月初，"欧佩克+"决定将原油日产量下调200万桶，为新冠疫情发生以来最大规模的减产，此次减产相当于全球石油需求的2%左右。2022年12月，西方国家对俄罗斯海运石油出口设置"限价令"，俄罗斯宣布禁止向实施"限价令"的国家供应石油产品。国际评级机构惠誉指出，如果俄罗斯断供天然气，欧盟可能需要超过3年的时间才能找到代替能源。石油领域同样不容乐观，国际能源署发出警告称，俄罗斯遭受制裁，可能使国际石油市场面对"数10年以来最大的供应危机"。大规模长时间停电、居民用电价格大幅上涨、能源供应商倒闭……能源危机导致"生活成本危机"持续加剧，奥地利、捷克等欧洲国家爆发群众游行抗议，国家正常秩序不断被扰乱。

习近平总书记在致第七届清洁能源部长级会议和"创新使命"部长级会议的贺信中强调，尽管中国能源发展取得了巨大成就，但也面临着能源需求压力巨大、能源供给制约较多、能源生产和消费对生态环境损害严重、能源技术水平总体落后等挑战。他强调，我们必须从国家发展和安全的战略高度，审时度势，借势而为，找到顺应能源大势之道。

国家能源集团目前拥有煤炭、火电、新能源、水电、运输、化工、科技环保、金融等8个产业板块，是全球最大的煤炭生产公司、火力发电公司、风力发电公司和煤制油煤化工公司。国家能源集团在2023年世界500强中排名第76位，其作为中国的重要国有企业和中央企业，在煤炭安全绿色智能、煤电清洁高效稳定、运输物流协同一体、现代煤化工高端多元低碳、新能源多元创新规模化发展等领域取得全球领先业绩，在保障国家能源安全、推动能源结构优化和参与国际市场竞争等方面发挥着重要作用。在能源安全面临严峻形势以及能源发展不确定性因素增加的情况下，国家能源集团积极服从服务国家战略、保障国家能源安全、助力国民经济稳步增长，认真贯彻"四个革命、一个合作"能源安全新战略，担当能源基石、转型主力、创新先锋、经济标兵、改革中坚，党建示范。而国家能源集团取得的一切成果都要从集团的重组整合说起。

一直以来，在能源领域中，利益纷争多存在于煤炭和火电行业，因为社会中始终存在"煤贵伤电、煤贱伤煤"的现象。在习近平总书记提出"供给侧改革"后，出于贯彻相关政策，规避煤电矛盾，确保能源资源有效利用的目的，2017 年 8 月，神华企业实现了对国电企业的合并重组，此次重组行动，由煤炭行业的龙头企业和电力行业的龙头企业联合进行，并最终组成了煤电一体化的大型能源集团企业。通过两大集团的联合，能源行业实现了产业链的优化，有利于打造科学高效的煤电运营机制，从而使得火电公司的成本有所下降，增长了煤炭企业的销售稳定性，一定程度上缓解了煤电矛盾。

从国家战略层面来看，国电集团与神华集团的整合重组，是在煤炭领域进行供给侧改革，实现高质量发展的必然要求。从企业战略层面来看，国电集团与神华集团在煤电业务方面具有很强的互补性，其整合重组后可成为煤电联营模式的标杆企业。

在整合重组后的发展思路上，除了进一步引领在煤炭领域的去产能工作外，国家能源集团确立了"一个目标、三型五化、七个一流"的发展战略，致力于打造创新型、引领型、价值型企业集团，并利用整合资源优势，积极开展业务转型。在电力、煤炭主业整合发展基础之上，国家能源集团进一步开展低碳化转型与数字化转型。在低碳化转型方面，实现从传统能源清洁化到清洁能源规模化领域全面布局；在数字化转型方面，通过推动能源生产与先进信息技术的深度融合，占领"智慧+能源"的管理与生产技术制高点。[1] 在产业链上，两家企业能够强强联合，实现互补，减少重复建设。在能源结构上，两家企业重组后将成为集火电、水电、风电、光伏发电等传统能源发电和清洁能源发电为一体的多元化发电企业，大大推动能源的结构调整，促进能源体制革命。

二、能源供应压舱石，能源革命排头兵——扎实推进能源供给、消费革命

1. 以可再生能源实现能源供给跨越式发展[2]

2023 年是国家能源集团具有里程碑意义的一年，集团可再生能源发电装机历史性突破 1 亿千瓦，达到 1.15 亿千瓦，占比达到 35.5%，为提前完成"十四五"发展规划确定的目标，奠定了坚实的基础。1 亿绿电献力美丽中国建设，这是国家能源集团胸怀"国之大者"，勇担能源央企使命，深入践行"四个革命、一个合作"能源安全新战略，对标对表双碳目标，实施"四保一大"发展路径的战略成果，彰显了国家能源集团服务国家战略，全面建设世界一流清洁低碳能源科技领军企业，加快推动能源结构绿色转型的坚定信念和责任担当。

在碳达峰、碳中和时代浪潮下，国家能源集团主动担当作为，一次次刷新新能源开工、投产、装机及占比纪录，实现了可再生能源产业跨越式发展，成为构建新型电力系统和新型能源体系的引领者和主力军。

---

[1] 张久. 煤电一体化目标下国家能源集团合并重组的路径及效果研究［D］. 南宁：广西财经学院，2023.

[2] 此部内容摘自国家能源集团于 2024 年 1 月 8 日发布的《国家能源集团可再生能源实现跨越式发展》一文。

（1）高目标引领推动可再生能源体系化发展

"十四五"以来，国家能源集团党组认真贯彻习近平总书记重要讲话和指示批示精神，落实党中央、国务院决策部署，优化调整公司发展战略，将可再生能源作为集团绿色转型的重中之重，提出"十四五"新增新能源装机9000万千瓦，力争1亿千瓦，"十四五"末可再生能源装机占比达到40%的目标。

聚焦"十四五"发展目标，在2020年完成新能源"两个500万+"的基础上，2021年实施"两个1500万+"行动，2022年提出实现"开工2000万千瓦、投产1500万千瓦"的发展目标。为了保证发展战略目标落实，进一步提升可再生能源发展速度和质量，集团公司健全完善电力基建管理体系，形成电力部牵头抓总、子分公司全面推进、专业化力量服务保障的工作局面，为项目高质量建设提供有效支撑。此外，国家能源集团调配优势资源集中发力，不断优化调整投资结构，连续三年大幅增加新能源投资计划；各下属公司优化机构编制，配强基建管理力量，加快招聘和培养相关人才，风光水并举、海陆并进、源网荷储互动、多能协同互补，加快调整能源结构，培育新的增长点。

（2）多元化发展推动可再生能源系统性布局

集团公司以"沙戈荒"大型风电光伏基地开发、海上风电建设为重点，带动风光装机规模快速增长；坚持区域统筹发展，既抓三北地区基地建设，也加大东中部地区分布式能源发展力度，实现了大基地建设率先起步、风电产业持续领跑、光伏产业跨越式发展、水电项目组团推进的目标。

2023年，集团公司加快推进山东渤中、半岛南及浙江象山等一批重点海上风电项目，建成江苏、山东、浙江等3个百万千瓦级海上风电基地，截至年底，海上风电装机突破500万千瓦；牵头开发宁夏腾格里1300万千瓦、甘肃巴丹吉林1100万千瓦等沙漠、戈壁、荒漠大型风电光伏基地项目，宁夏宁东，青海共和等一批百万千瓦级新能源基地建成投产。

配合新能源产业快速发展，集团公司积极开展火电+电化学、飞轮储能调频、新能源+构网型储能调频调相、火电+熔融盐储热调峰等发电侧新型储能项目，宁夏灵武电厂"飞轮储能+火电联合调频"等项目成果鉴定达到国际领先水平。同时，氢能、氨能等战略性新兴产业也在加快布局。在宁夏宁东、河北赤城、尚义等地，可再生能源制氢项目助力大规模可再生能源跨地域、跨时间灵活调节。其中河北尚义风光耦合制氢示范项目填补了我国兆瓦级大规模风光耦合制–储–用氢系统运营示范工程空白。截至目前，国家能源集团公司已经建成了涵盖风能、太阳能、生物质能、潮汐能、地热能、氢能在内的可再生能源产业体系，为我国电力系统向大规模、高比例新能源方向加速演进贡献了国家能源力量。

（3）快速化发展跑出绿色转型国能速度

宁夏龙源腾格里沙漠新能源基地是国家"沙戈荒"大型风光基地中首个备案、开工的光伏治沙发电项目，在沙漠中建设如此大规模的光伏电站，没有先例可循，项目团队每一天都面临着不同的难题。国家能源集团"十大杰出青年"马兆明和同事们不向压力妥协、坚决执行命令、勇敢克服困难、一力承担责任，及时组织参建单位仔细勘察、细化施工方案，确保开工就是高标、起步就是样板。沙漠里运输道路不畅，就泼水成冰修大道；为保证桩基质量，他们引孔注水深打桩，克服了一个又一个难题。

在南方人口、水网密集区发展新能源面临的难题更多。国家能源集团湖北公司因地制宜、因资源制宜发展渔光互补项目。长源汉川发电有限公司副总工程师、新能源部主任阮建在田间地头、在农户家中，和渔民们唠家常、交朋友，讲政策、谈发展，论共赢、话收益，宣传"渔光互补"新能源项目的优势和好处，最终凭借"钉子精神"慢慢与渔民达成共识，工程项目也得以按计划向前推进。在大渡河、金沙江流域以及青海、西藏、新疆等地，集团公司开工建设了一批引领行业发展的精品水电工程，朝气蓬勃的管理团队带领能吃苦、能战斗的水电队伍，扎根雪域高原，奋战大江大河，实现玛尔挡、旭龙、双江口等工程建设全面提速。

25.8%、28.6%、30.8%……近年来，国家能源集团可再生能源装机占比以年均约2.7个百分点的速度增长。2023年，集团发展成果再创新高，新能源开工与投产远超年初制定的计划目标，年计划完成率145%，风电装机保持世界第一，可再生能源装机占比已达到35.5%，有望提前一年实现"十四五"发展目标。

2. 以绿色低碳为导向促进能源消费革命

2023年6月，国家能源集团国华投资宁东可再生氢碳减排示范项目50万千瓦光伏顺利通过宁夏电网调控中心最大出力测试，确认项目已全容量并网。这标志着全国首个与化工、交通多场景一体化协同耦合的商业化可再生氢项目，以及全国首个集制、储、加、用一体化的全产业链可再生氢碳减排示范项目取得重大进展。

该项目是国家能源集团践行"双碳"目标，推动全国最大煤制油化工基地减碳、促使"绿色化工+绿色交通+新能源"深度耦合发展的典型示范项目，形成可再生能源制氢、煤化工绿氢替代、氢储运、加氢（见图3-2）的全产业链生态，实现了清洁能源供应与全球单体规模最大煤制油项目深度融合。项目建成后将有效促进宁东重煤型能源结构、高碳型产业结构调整，推动宁东基地实现"减煤加氢、减碳增效"，生态环保、绿色低碳的高质量发展。①

2023年7月，国家能源集团宁夏电力灵绍直流配套采煤沉陷区灵

---

① 摘自中国电力企业联合会2023年6月30日发布的《【重大工程】宁东氢碳减排示范项目光伏并网》。

图 3-2　正在建设的加氢站

（图片来源：国家能源集团官方网站）

武200万千瓦复合光伏基地项目开工，为加快推进黄河流域生态保护和高质量发展先行区建设再添新力。该项目是宁夏"西电东送"的重要绿色能源基地，致力于建设采煤沉陷区大型光伏基地、光伏+生态治理、多能互补外送、新型电力系统建设、集中式智慧光伏和党建引领绿色发展等"六大创新示范"基地，采用国产自主 IGBT 逆变器、多种先进高效 N 型大尺寸光伏组件、多种类型支架、无人机及无人驾驶清扫技术、5G+北斗等20余项先进技术与设备，全力打造宁夏区域光伏行业"百科全书"。项目建成后，节能减排效益十分显著，对于实现清洁能源替代、推动能源结构转型、改善生态环境质量具有重要作用。[①]

三、担当转型主力，争做创新先锋，以央企担当促国际交流合作

党的十八大以来，以习近平同志为核心的党中央观大势、谋全局、

---

① 摘自国家能源投资集团有限责任公司于 2023 年 7 月 26 日发布于"新浪财经"上的《宁夏电力 200 万千瓦采煤沉陷区光伏项目开工》一文。

抓根本，作出"必须把创新作为引领发展的第一动力"的重大战略抉择。习近平总书记三次考察国家能源集团并发表重要讲话，鲜明强调要"把加强科技创新作为最紧迫任务，加快关键核心技术攻关"①，对集团公司科技创新寄予厚望。

近年来，在国家能源集团，一项项关键技术取得突破，一个个原创技术不断孵育而出，成为创新发展的生动注脚。走进西湾露天煤矿，无人机低空掠过，生成矿区精确的三维矿区模型（见图3-3）；爆破智能设计系统根据岩层赋存情况及三维模型选定孔网参数，自动生成布孔设计；智能钻机自主接收布孔信息，可按孔位目标导航寻孔……以往这一幕幕在科幻电影中才能出现的场景，如今变为了现实。

图3-3　神延煤炭西湾露天煤矿全景

（图片来源：国家能源集团官方网站）

---

① 习近平在陕西榆林考察时强调　解放思想改革创新再接再厉　谱写陕西高质量发展新篇章［EB/OL］. http：//jhsjk. people. cn/article/32227920.

1. 从应变到求变，搭建起科技创新的"四梁八柱"

世界之变，时代之变，历史之变；形势逼人，挑战逼人，使命逼人。唯有加强科技创新，才是应变、求变之道，这也是支撑和引领世界一流企业建设的必由之路。下好"先手棋"，练就"杀手锏"，跑稳"接力赛"，牵住"牛鼻子"，勇闯"无人区"，拆除"篱笆墙"。习近平总书记反复强调的，正是科技创新的路径与钥匙。①

从积极应变到主动求变，国家能源集团强化了对科技创新工作的顶层设计、统筹谋划，印发了《中共国家能源集团党组关于加快建设科技领军企业的决定》，制定、修订了《科技创新工作管理规定》等18项专项管理制度，先后出台了《"十四五"科技创新规划》《创技术一流专项方案》，成立"煤炭清洁高效利用"国家重大科研攻关领导小组，优化重组科技与信息化部，使科技管理机制更加顺畅。

高水平科技创新成果在国家能源集团不断涌现，国家重大攻关任务取得突破、原创技术策源地建设扎实推进、围绕主责主业积极承担国家科研项目，在工业控制、氢能装备、风电设计运维、节能环保、新材料等领域实现多个"首台套""首突破""首批次""首版次"等具有重大行业影响力的科技成果。比如，煤电运化等产业板块79项核心技术达到国际领先或国际先进水平；承担国家科研攻关任务150余项，位居央企前列；近两年集团公司获得授权发明专利1641件，同比增长46%；集团公司所属国家级研发平台达到19家；发布国际标准4项、国家标准52项、行业标准92项，同比大幅增长。

---

① 人民网-人民日报. 必须向科技创新要答案——习近平总书记推动科技自立自强战略擘画. [EB/OL]. http：//CPC. people：com. cn/nl/2023/0529/C64387-40000853. html.

2. 把创新优势转化为产业优势，支撑"煤电化运"产业链高质量发展①

2023年8月，在巴西召开的第12届国际重载运输大会上，"朔黄重载铁路基础设施智能运维技术研究与应用"成功发布，展示中国重载铁路创新成果。在智慧重载的世界赛道上，朔黄始终代表中国走在领跑者行列。高铁在中国，重载看朔黄。朔黄自主研究应用了LTE-R宽带无线通信系统、自动防溜、重载基础设施智能运维、重载综合检测列车等国际领先技术；其承担的3万吨重载列车开行、移动闭塞等国家级交通强国建设试点项目，均取得历史性进展。（见图3-4）

图3-4 国家能源集团朔黄铁路3万吨重载试验列车

（图片来源：国家能源集团官方网站）

---

① 摘自国家能源集团于2023年12月22日发布的《锻造第一生产力，支撑世界一流企业建设——国家能源集团科技创新工作综述》。

科技创新，就像牵引重载列车前行的火车头，带动国家能源集团产业高质量发展。以产业为依托实施引领性科技攻关，以科技创新赋能产业发展，国家能源集团在煤炭绿色智能开采、智能高效灵活燃煤发电、煤化工"三化"发展、智能重载运输、智慧港口航运、风电、光伏、氢能、储能等关键核心技术上的突破，为能源行业服务"双碳"目标、实现绿色低碳发展提供了国能样本。化石能源清洁化、清洁能源规模化、能源系统智能化，自主创新缔造的核心竞争力为集团高质量发展安上新引擎、注入创新动能，推动传统能源产业转型升级，新能源产业蓬勃生长。着眼未来，国家能源集团加快实施"支撑一流企业创建、引领行业科技进步、服务科技强国建设、领先全球能源科技"的科技创新战略，以科技创新的主动赢得未来发展的主动，以自立自强的能力筑牢世界一流的基石，以一流科技创新引领世界一流企业建设。

3. 横向协同，纵向联动，携手合作，互利共赢

2022 年 11 月，在第五届中国国际进口博览会期间，国家能源集团与蒂森克虏伯签署合作谅解备忘录，国家能源集团国华投资公司与蒂森克虏伯新纪元、伊藤忠中国公司签署合作谅解备忘录（见图 3-5）。根据协议，国家能源集团将与蒂森克虏伯就风电、氢能、绿色化工及其相关生产、储运、应用、协同等领域，在技术、创新、产业链、示范项目等多个方面展开深入合作，通过技术创新、跨行业协同增强清洁能源的安全性、稳定性，共同推动能源行业高质量发展。同时国华投资公司与蒂森克虏伯新纪元、伊藤忠中国公司将充分发挥各自优势，围绕目前及未来全国范围内的新能源、氢能、氨能、技术装备、能源贸易等方面加强合作，以共同实现降碳及可持续发展目标。3 家世界 500 强企业联手，聚焦清洁能源领域，共同探索并实践能源和工业经济可行的绿色发展路径，汇聚创新活力，加强交流协作，深化务实合作，积极探索能源

发展新范式，持续助力"双碳"目标的实现与国际能源产业的高质量合作。①

图 3-5 《合作备忘录》签约仪式现场

（图片来源：国家能源集团官方网站）

此外，在 2023 年第五届中俄能源商务论坛期间，中俄能源领域专家学者围绕"深化中俄能源合作，共同维护全球能源市场安全"，"共同助力全球能源公平、公正转型"等两个主题，共议合作发展趋势，共享行业前沿科技创新成果。经过中俄双方多年共同努力，两国能源合作已形成全方位、宽领域、深层次、高水平的合作格局，是中俄平等互利、务实合作的典范，为保障两国乃至全球能源安全和可持续发展发挥了积极作用。②

---

① 摘自国家能源集团于 2022 年 11 月 6 日发布的《国家能源集团与两家世界 500 强企业联手开启清洁能源高质量国际合作》。语段有调整。

② 摘自国家能源集团于 2023 年 10 月 20 日发布的《国家能源集团参加中俄能源商务论坛》。语段有调整。

四、追求卓越，以绿色生态引领未来①

2021年12月，国家能源集团国电电力湖南新能源杨柳塘风电项目通过湖南省水土流失和环保验收，至此国电电力湖南新能源开发有限公司已投运建设项目全部通过水环保验收。该公司坚持生态优先、绿色发展的理念，主动履行社会责任，制定长期生态恢复、治理滚动规划，在项目初设期、建设期，严格落实防止污染和防治生态破坏的措施，严格执行配套建设的环保设施与主体工程同时设计、同时施工、同时投产的环保"三同时"制度，持续加大环保投入。经过不懈的努力，该公司在绿色发展，追求卓越的道路上，交出了一份合格答卷。

1. 转变观念，做好生态治理"必答题"

国电电力湖南新能源开发有限公司于2011年7月在长沙注册成立，风雨殿风电场是其首个投产运营的风电场，也是国电电力在湖南的第一个新能源项目。该风电场位于湖南省邵阳市新宁县黄金乡，场址面积约11.5平方公里，海拔超过1600米。2012年12月8日开工建设，2014年8月28日并网发电。2015年机组利用小时达到2800多小时，位居湖南省第一。该风电场在创造良好经济效益同时，积极致力于生态恢复工作。创建初期因对当地气候条件、自然条件掌握不足，项目生态恢复步履艰难。风电场地理位置偏远，地质条件和气候环境较为特殊，雨季长，湿度大，冬季易发生冰冻；且存在土质呈沙性，植被层浅薄等问题。这些不利因素严重制约着该项目的生态恢复、水土保持工作。自风电场投运后，年年种草、种树，但死得多，活得少，而且一年四季经常

---

① 摘自国家能源集团于2022年1月26日发布的《国电电力湖南新能源：走好绿色赋能的发展路》。原文有改动。

连续数十日阴雨不断，尤其是春季、夏季暴雨频发，边坡、道路被雨水冲刷损坏的情况时有发生，渐渐造成久治不愈、听之任之的无可奈何之势。

随着国家对生态环境保护工作的高度重视，习近平总书记"两山论"理念深入人心，该公司干部员工主动转变观念，抓住公司水环保工作中的"牛鼻子"，咬紧牙关破难题，奋起直追补旧账。

2017年至2021年，该公司将风雨殿风电场生态治理作为重点研究课题，请来省内环保、水保专家对当地的植被生长环境进行深入细致的考察，选取适宜当地气候环境的草籽、树苗种植，针对不易复绿的高陡边坡采取挂网客土喷播的措施，植被、树木成活率逐年上升，复绿成效显著。2020年，该公司又将通往风电场的11公里坑洼不平的土路进行了硬化，极大地改善了周边生态环境，造福了地方百姓，给这个闭塞的乡镇，增添了生机与欢乐。

蓝天白云，绿草萋萋，风机旋转，牛羊三五成群，悠闲地漫步其间，构成了一道独特的风景线。每到节假日、周末，就会有周边游客举家前来游玩。一张张美丽的风景照发布在网络社交平台后，吸引了更多游客前来赏景，成了当地名副其实的网红打卡点。

2. 主动作为，做好生态治理"应答题"

2014年5月，国电电力湖南新能源开发有限公司第二个风电项目——苏仙风电项目开工。公司在认真总结第一个项目水环保工作的经验基础上，建立健全工程项目水环保管理组织机构，完善水环保方案，确保水环保资金到位，加强水环保施工过程管控，全过程不折不扣落实水环保措施，取得了令人瞩目的成绩。

在项目可行性研究报告编制完成后，公司按照预防措施和治理措施相结合的原则，编制了水环保工作方案，明确防治责任范围和项目建设期内水环保工作实施步骤和要点。施工前，该公司工程建设人员多次查勘现场，对道路的走向、位置、机位平台进行反复优化，尽可能利用原有道路，减少修建道路长度和弃土方量；对于主体工程区的土方开挖回填，要求实行堆土集中，加强临时防护，全面整地，及时铺撒草籽，乔、灌结合，加强土壤的抗水土流失能力；赶在雨季到来之前，全面修建现有道路临时排水沟，修整高填高挖路段边坡，及时砌筑挡土墙。施工中，加强征地线边缘的施工活动的管理，严格将开挖、回填、临时弃土以及建筑材料的堆放控制在施工征地范围之内，避免对征地范围外的原始地面的占压和扰动；对违反水环保管理细则的行为和队伍，或者未到达预期效果的水环保施工，根据水环保考核制度予以严格考核，以规范现场施工行为和水环保施工质量。该项目投产时，共修筑排水沟4500 米，完成管涵敷设 252 米，完成挡土墙砌筑 2315 立方米，完成草籽铺种 30000 平方米，累计投入资金 874 万元，并且通过对道路的合理优化，弃土方较最初设计减少近 6 万立方米。

这一串串数据是付出与收获的最好的证明。项目投产后，植被恢复效果显著，该公司受到当地水环保部门的高度关注与表扬。湖南省水利厅组织风电建设单位在项目现场召开了湖南省风电建设水土保持工作经验交流会，该公司做了经验分享交流，获得一致好评。其后，该公司继续做好项目投产后水环保运维工作，达到边坡稳定、排水通畅、植物生长良好的效果，在当地树立了良好的企业形象。2018 年，该项目被湖南省可再生能源学会授予"绿色风电场"荣誉。

3. 彰显担当，做好绿色发展新答卷

2020 年公司顶住压力，迎难而上圆满完成杨柳塘风电项目投产任

务。如果说 2020 年是该公司工程建设举足轻重的一年，那么，2021 年对于该公司来说，是工程建设实现重大突破与跨越的一年。在这一年里，该公司寨子背风电项目、金紫山风电项目、杨柳塘风电项目先后通过水环保验收。与此同时，该公司邵阳市武冈整市屋顶光伏项目——公路局屋顶分布式光伏首个接入点顺利实现并网。这些成绩的背后，彰显了该公司践行新发展理念，加大、加快绿色发展步伐的决心与担当。两年来，该公司工程建设人员发扬新时代铁军精神，紧盯责任目标，逐一攻克，实现工程水环保治理闭环。

该公司寨子背风电项目、金紫山风电项目为风雨殿风电场二、三期工程，项目所在地自然环境条件与一期工程一样，属高海拔区域，生态环境脆弱，地表扰动后生态极难恢复。而且近年来，持续性降雨造成风电场边坡被水冲毁，形成溜渣体，治理工程难度增加，两个项目建设再次面临生态治理的严峻考验。在挑战面前，该公司迎难而上，用习近平新时代中国特色社会主义思想指导工作实践，开拓创新，真抓实干，不仅解决了多年生态治理方面存在的"老大难"问题，还将现场文明标准化建设落实到工程项目设计、建设和投产营运各个时期，将环保、水保工作做细做实，确保风电场景观与周边自然生态和谐相融。

2021 年，国电电力湖南新能源开发有限公司立足"十四五"新发展阶段，强化国家能源战略引领意识，抓住能源转型发展机遇，奋力开拓风光并举、多能互补绿色发展之路，主动出击，多点突破，纵深推进，实现绿色发展再提速和光伏项目"零"的突破。

结　语

国家能源集团全面系统学习党领导经济工作的最新理论成果，切实把学习成效转化为集团公司高质量发展的生动实践，围绕"四个革命、一个合作"能源安全战略，全面贯彻新发展理念，坚持以科技创新引领现代化产业体系建设，做好煤炭、煤电兜底保障工作，坚定不移推动绿色低碳发展，全面推进现代能源体系建设，深入实施国有企业改革深化提升行动，始终胸怀"国之大者"，牢固树立"国家思维"，自觉服务党和国家经济发展大局。

一、课前准备

1. 预习形势与政策课专题讲稿第七讲：正确认识全球能源安全形势。

2. 提前查找资料，了解国内国际能源新形势以及能源行业发展与经济发展的关系。

3. 了解"四个革命、一个合作"能源安全战略、新发展理念、新质生产力的丰富内涵及意义。

二、适用对象

适用于所有专业的学生，尤其适用于经济、能源动力类、采矿工程、安全工程、思政专业的学生。

三、教学目标

◉知识目标：

（1）正确认识国内国际能源发展的形势与状况，能够在分析案例的过程中研究中国问题、总结中国经验；

（2）领会"能源的饭碗必须端在自己手里"的重大意义；

（3）充分理解"四个革命、一个合作"能源安全新战略、新质生产力的内涵特征，了解和掌握党和国家对于能源领域的重大方针政策和措施；

（4）了解如何通过能源技术革命保持能源安全、推动产业变革、促进国家及地方经济高质量发展。

◉情感目标：

（1）通过对国内国际能源形势的分析、党和国家大政方针的解读，帮助学生正确认识和把握当前国内国际能源形势，明确自身肩负的历史使命与社会责任。

（2）通过本课程的教学，帮助学生认清形势任务，把握时代脉搏，激发爱国主义精神，珍惜和维护国家稳定的大局，为建设社会主义现代化国家而奋发学习。

◉能力目标：

通过教学，培养学生观察社会形势和问题的敏锐洞察力，提升学生综合素质。

四、教学内容及要点分析

1. 分析案例第一部分可知：世界能源安全发展面临的不确定性因素与日俱增，国家能源集团在党中央指导下，贯彻新发展理念，遵循"四个革命、一个合作"能源安全战略，进行重组整合，优化国有经济布局与结构调整，有利于推动能源体制革命，推动煤炭领域供给侧结构性改革，推动煤化工产业多元化、低碳化发展。

2. 分析案例第二部分可知：国家能源集团服务国家战略，全面建设世界一流清洁低碳能源科技领军企业，加快推动能源结构绿色转型。国家能源集团坚持绿色发展导向，优先发展可再生能源，推动能源供给革命，建立多元供应体系。国家能源集团在全国多地区因地制宜，建成了涵盖风能、太阳能、生物质能、潮汐能、地热能、氢能在内的可再生能源产业体系，为我国电力系统向大规模、高比例新能源方向加速演进贡献国家能源力量；推动能源供给革命，从提升人民生活品质出发增强高质量低碳产品的供给能力，全方位落实、多目标推进，实现发展质量、结构、规模、速度、效益、安全相统一。此外，国家能源集团宁东氢碳减排示范项目、宁夏电力 200 万千瓦采煤沉陷区光伏项目践行"双碳"目标，促使"绿色化工+绿色交通+新能源"深度耦合发展，推动生态环保、绿色低碳的高质量发展；推动能源与经济绿色发展，贯彻绿色发展理念，将节能贯穿于项目发展的全过程；推动调整产业结构，形成节约能源和使用绿色能源相结合的生产生活方式，抑制不合理的能源消费结构；推动能源消费革命。

3. 分析案例第三部分可知：国家能源集团贯彻创新发展理念，不断进行技术创新，取得各项技术突破，涌现一系列高水平科技创新成果，推动能源技术革命；以产业为依托实施引领性科技攻关，以科技创新赋能产业发展；深入实施创新驱动发展战略，构建绿色能源技术创新体系，全面提升能源科技和装备水平；加强能源领域基础研究以及共性技术、颠覆性技术创新，强化原始创新和集成创新，把能源技术及其关联产业培育成带动产业升级的新增长点。此外，国家能源集团着力推进共建国际交流与合作平台，贯彻开放的发展理念，全方位加强国际合作，实现开放条件下能源安全。国家能源集团与两家世界 500 强企业联手开启清洁能源高质量国际合作、参加中俄能源商务论坛，坚持互利共赢、平等互惠原则，全面扩大开放，积极融入世界；积极参与全球能源治理，加强能源领域国际交流合作，畅通能源国际贸易、促进能源投资便利化，共同构建能源国际合作新格局，维护全球能源市场稳定和共同安全。

4. 分析案例第四部分可知：湖南新能源项目坚持保护生态环境，追求绿色发展国电电力的理念，立足湖南地区能源结构特点，自觉找准自身发展坐标；坚持大视野大格局，紧跟世界能源技术革命新趋势，因地制宜，延长资源型产业链，以谋全局的态度谋一域，把本地区的现代能源经济工作融入党和国家事业大局；在观大势、抓大事、管方向、利长远中把握自身定位，形成具有旺盛活力和持续竞争力的新经济增长点，做到既为一城争光，更为全局添彩。

五、教学安排

1. 课程导入（15 分钟）

（1）视频导入

播放相关视频，使学生了解能源与我们生活各个方面联系密切，能源对于现代化国家的正常运转以及维护国家安全与稳定有着重要作用。

（2）设疑引思、合作探究

视频结束后，教师提出相关问题，学生以小组合作的方式进行思考与讨论。

问题如下：

①请同学们结合实际与课前预习进行思考，能源与我们日常生活以及国家运转的哪些方面息息相关？

②能源安全的重要性体现在哪些方面？

③根据课前预习，哪位同学愿意介绍你所了解到的国内外能源形势？

④我们国家有哪些有关能源安全和发展的战略与指导理论？

（3）互动与案例引入

①教师请小组代表阐述课前预习准备和搜集到的资料，再将相关问题的思考与讨论结果进行分享。

②教师对学生的讨论结果进行总结概括，同时强调国家能源安全对于国家稳定与经济发展的重要作用，引出"四个革命、一个合作"能源安全战略，讲述在贯彻实施该战略的过程中，国家能源集团作为央企，始终承担大企业的责任，勇于担当，自觉维护国家能源安全、促进能源与经济发展。

2. 案例教学（60分钟）

按顺序阅读与分析案例中的四个主体部分，得出相应思考题目的答案，教师引导学生总结相应的理论支撑。其间小组进行交流讨论，采用组间点评或老师点评总结的方式。

（1）体制革命：国家能源集团为什么要进行重组整合？

（参考关键词：国家战略、党中央领导、理论指导、实事求是、供给侧结构性改革）

教师引导学生分析讨论：国家能源集团紧随党中央的行动指引，贯彻落实新理念新战略，根据客观实际，进行企业重组整合，从多方面推动能源行业供给侧结构性改革，打通能源发展快车道，推动能源市场改革。

（2）供给革命、消费革命

①供给革命：国家能源集团从哪些方面推动能源供给革命？这对国家和社会有何影响？

（参考关键词：因地制宜、问题导向、可再生能源、"十四五"规划）

教师引导学生分析讨论：总结国家能源集团在能源供给革命方面所作出的贡献与努力以及其成就对于国家发展与我们个人生活的影响。国家能源集团因地制宜，建成了涵盖风能、太阳能、生物质能、潮汐能、地热能、氢能在内的可再生能源产业体系，为我国电力系统向大规模、高比例新能源方向加速演进贡献国家能源力量，推动能源供给革命。

②消费革命：国家能源集团如何推动能源消费革命？

（参考关键词：低碳环保、西电东送、资源节约、环境保护、绿色发展理念）

教师引导学生分析讨论：国家能源集团各个分公司在不同地区开发

绿色能源项目，推动能源供给朝着更加低碳环保的方向发展，从而抑制不合理的能源消费结构，推动能源消费革命。对于社会与经济发展来说，开发绿色能源项目有利于形成节约能源和使用绿色能源的生产生活方式，加快形成能源节约型社会。

（3）技术革命、开拓国际合作

①技术革命：国家能源集团不断进行技术创新的原因？

（参考关键词：新质生产力，创新发展理念，科技创新，"碳达峰、碳中和"，世界一流企业）

教师引导学生分析讨论：党的十八大以来，以习近平同志为核心的党中央观大势、谋全局、抓根本，作出"必须把创新作为引领发展的第一动力"的重大战略抉择，国家能源集团贯彻落实党中央的理论指导，注重创新，专注于绿色能源技术创新，开发各类项目，一项项关键技术取得突破，一项项原创技术不断孵育而出，成为创新发展的生动注脚。

②开拓国际合作：能源领域的国家交流与合作有何意义？

（参考关键词：开放发展理念、坚持互利共赢、平等互惠原则、全球能源治理）

教师引导学生分析讨论：国家能源集团主动承担中央企业职责，加强能源领域国际交流合作，推动国际能源领域高质量发展，共同构建能源国际合作新格局，维护全球能源市场稳定和共同安全。坚持互利共赢、平等互惠原则，全面扩大开放，积极融入世界。

（4）未来发展：国家能源集团主动担当作为坚持了哪些指导理论？

（参考讨论关键词："两山论"、绿色发展理念、全局意识、重点论）

教师引导学生分析讨论：国家能源集团心怀"国之大者"，因地制宜，例如湖南分公司立足湖南地区能源结构特点，自觉找准自身发展坐标。该公司坚持大视野、大格局，紧跟世界能源技术革命新趋势，延长资源型产业链，以谋全局的态度谋一域，强化国家能源战略引领意识，抓住能源转型发展机遇，奋力开拓风光并举、多能互补绿色发展之路，主动出击，践行创新、绿色发展理念，多点突破，践行"两山论"，保障国家能源安全与稳定，同时推动经济发展。

3. 互动环节（15 分钟）

针对不同专业授课对象进行指导，鼓励学生结合自身专业特点谈一谈收获与感悟。

①教师引导学生总结该案例中所学内容及相应知识点，引导学生发现社会主义现代化建设中能源行业以及经济领域发展的新机遇、新挑战、新动能。

②情感与价值观角度：请学生总结该企业在发展过程中体现出的企业精神、科学精神等，并引导学生结合自身专业，谈一谈这些精神对于自身发展有何指导意义。引导学生树立专业自信，培养家国情怀，践行使命担当，树立"四个自信"。

4. 思考题目

（1）国家能源集团在哪些科学理论指导下进行重组整合，国家能源集团重组整合的意义是什么？

（2）国家能源集团从哪些方面体现出发展新质生产力、贯彻落实新发展理念与贯彻"四个革命、一个合作"能源安全战略？

（3）国家能源集团是如何因地制宜在湖南开展项目的？这些项目的开展，对于地方与国家的经济发展又有怎样的影响？

六、补充材料及其他

教学设备：黑板、粉笔、扬声器、电脑、投影仪等。

附录推荐阅读相关文献：

1. 王元丰. 能源革命促进新质生产力爆发 [J]. 可持续发展经济导刊, 2024 (21)：38-40.

2. 赵剑波, 苏楠, 刘志迎, 等. 加快发展新质生产力 [J]. 区域经济评论, 2024 (02)：26-37.

3. 沈坤荣, 金童谣, 赵倩. 以新质生产力赋能高质量发展 [J]. 南京社会科学, 2024 (01)：37-42.

4. 刘龙海, 钟史明. 能源革命——领悟"四个革命"与"一个合作" [J]. 燃气轮机技术, 2016, 29 (01)：1-8.

5. 徐菁蔚. 深化能源"四个革命、一个合作"扎实推进碳达峰碳中和 [J]. 中国集体经济, 2023 (31)：21-32.

6. 蒋永穆, 乔张媛. 新质生产力：符合新发展理念的先进生产力质态 [J]. 东南学术, 2024 (02)：52-63, 246.

7. 林毅夫. 新时代中国新发展理念解读 [J]. 行政管理改革, 2018 (01)：19-21.

8. 周志军, 祁峰. 新发展理念的新时代解读 [J]. 财经问题研究, 2022 (03)：24-33.

9. 跨越"十三五"：国家能源集团的重组与蜕变 [J]. 国资报告, 2021 (02)：88-91.

10. 宋海旭. 国电集团与神华集团重组成立国家能源集团 [J]. 国家电网, 2018 (01)：34-35.

中国清洁能源的海外发展之路

——洛阳钼业在刚果（金）的钴矿保卫战

李谢华

▶ **作者信息：**

李谢华，湖南大学信息科学与工程学院助理教授。研究方向：网络安全、信息安全、密码学。著有《计算机网络安全技术研究》等。

摘要：我国政府高度重视清洁能源的发展，积极推动能源结构转型，减少对化石能源的依赖。近年来，我国清洁能源产业取得了显著成果，成为全球清洁能源市场的重要参与者。在国内新能源汽车迅速发展的当下，钴作为一种重要的原材料，在汽车锂电池产业中具有非常重要的地位。为保障我国钴资源供应安全，降低对外依赖程度，推动我国清洁能源产业的发展，洛阳栾川钼业集团股份有限公司在刚果（金）收购了滕科-丰谷鲁美矿，并一跃成为全球第二大钴生产商，这一事件引起了境外诸多势力的关注。这些势力企图通过联合当地政府向洛阳钼业施压的方式逼迫洛阳钼业放弃钴矿的开采，然而他们的阴谋最终在我国政府和企业的努力，以及当地民众的支持下失败。我国政府拥有坚定的国家意志和始终坚决捍卫我国企业海外合法权益的决心，外交部的积极斡旋和洛阳钼业的企业担当最终完美地解决了这次钴矿危机，确保了我国清洁能源在海外发展之路的平稳顺畅，也彰显了中国在国际竞争中的战略智慧和外交艺术。

关键词：清洁能源；锂电池；钴矿石；洛阳钼业

理论政策：

1. 新版《中华人民共和国国家安全法》。2015年7月1日，第十二届全国人民代表大会常务委员会第十五次会议通过了新的《中华人民共和国国家安全法》，对政治安全、国土安全、军事安全、资源能源安全、海外利益安全等国家安全任务进行了明确的表述。

2.《新能源汽车产业发展规划（2021—2035年）》。2020年10月20日，国务院办公厅印发《新能源汽车产业发展规划（2021—2035年）》等相关文件，明确新能源产业发展的战略目标、关键技术路线图和市场发展预期。

教学目标：

本案例的教学，旨在使学生更深入地理解国家在新能源领域的战略布局与决策智慧，并认识到中国作为负责任的大国，在推进绿色环保和人类可持续发展方面所作出的积极贡献。同时，洞察我国企业在海外的投资与建设活动，以及它们所遭遇的各种干扰与挑战。了解我国政府和企业对清洁能源发展目标的坚定决心，以及保护资源安全和海外利益安全的坚定国家意志。

随着我国新能源经济的快速发展，矿产资源的需求日益增长。在此背景下，洛阳栾川钼业集团股份有限公司（以下简称"洛阳钼业"）在刚果（金）收购和经营滕科-丰谷鲁美矿（Tenke Fungurume Mine，以下简称"TFM"）的事件成为国内外关注的焦点。本文将详细介绍洛阳钼业在刚果（金）收购和经营 TFM 事件的前因后果，以期为读者呈现一个全面、客观的事件解读。

一、我国的新能源发展战略

我国政府一直致力于推动绿色、低碳、可持续的发展模式，新能源汽车作为清洁能源的代表，对于减少空气污染、缓解能源危机以及应对气候变化具有重要意义。因此，新能源汽车产业在国家层面的战略地位不断提升，已成为推动我国经济高质量发展的重要引擎。政府对新能源汽车产业的扶持力度一直持续加大，从政策引导、产业规划、资金支持等多个方面给予了充分的保障。新能源汽车不仅得到了国家政策的大力支持，也受到了市场的热烈追捧，成为消费者环保出行的首选。在全球范围内，我国新能源汽车产业的优势日益凸显。根据中国经济网的报道，我国新能源汽车市场继续保持快速增长的趋势，2023 年，我国汽车产、销量分别达到 3016.1 万辆和 3009.4 万辆，同比分别增长 11.6% 和 12%，产、销量连续 15 年稳居全球第一。其中，新能源汽车产、销量分别达到 958.7 万辆和 949.5 万辆，同比分别增长 35.8% 和 37.9%，市场占有率达到 31.6%。① 这一增长速度远超全球平均水平，显示出中国在全球新能源汽车市场中的领导地位，以及在国际市场上不断提升的影响力。另据中国青年网的报道，2023 年我国新能源汽车出口 120.3 万辆，同比增长 77.2%，汽车出口量和增长速度均创历史新高。② 这些有力的数据说明我国新能源汽车产业在国内和国际的影响力不断提升，这也使得越来越多的国家和地区开始关注并引进我国的新能源汽车技术。

随着新能源汽车技术的不断成熟，以及我国政府对新能源基础建设方面的大力投入，国内充电基础设施的建设日益完善，消费者对新能源汽车的接受度也越来越高。消费者从最初的怀疑和观望，到现在的接受和喜爱，新能源汽车已经逐渐成为国内汽车市场的主流。

二、新能源发展的利与痛

在新能源汽车领域，电池是核心车部件，其性能和可靠性直接影响到汽车的续航里程、动力性能和安全性等。三元锂电池以高能量密度、长循环寿命、优异的低温性能和不断降低的成本等显著优势，成为新能源汽车的理想动力来源，并被广泛应用。而作为三元锂电池所需的镍、钴、锰等原材料，其稳定供应对我国新能源汽车发展具有重要意义。根据欧盟委员会在《欧盟战略技术和部门的关键原材料 2020 年研究展望》中的分析，在清洁能源领域，中国在电池、风能和太阳能领域，从原材料、材料加工到元器件生产和成品组装，已经实现了全产业链的

---

① 姜智文. 2023 年汽车产销突破 3000 万辆，新能源市占率 31.6%［EB/OL］.（2024-01-12）［2024-04-02］. http：//cv. ce. cn/news/202401/12/t20240112_ 3886 4075. shtml.

② 中国青年网. 2023 年我国新能源汽车出口 120.3 万辆、同比增长 77.2%，均创历史新高［EB/OL］.（2024-01-18）［2024-04-02］. https：//news. youth. cn/gn/20 2401/t20240118_ 15030545. htm.

无缝连接，成为全球唯一一个能够打通清洁能源全产业链的国家，其他国家仅在部分产业中具有一定的生产能力。[①] Jane Nakano 在战略与国际研究中心（Center for Strategic & International Studies，CSIS）的《能源安全与气候变化项目报告》中给出了全球电池、风能和太阳能技术的矿产供应链和全球顶级供应商的产业占比（见图4-1）。

在新能源电池领域，镍、钴、锰是三元锂电池目前广泛应用重要元素。从图4-2中可以看出，我国这三类元素的原材料产量占全球产量的32%，材料加工产业和元器件产量均占全球总产量的52%，组装成品电池则占全球总产量的66%。由此可见，我国在清洁能源电池领域具备全球领先的实力，无论是原材料提取、材料加工环节，还是元器件生产、成品组装环节，都取得了令人瞩目的成就。然而，电池中一个至关重要的原材料——钴，在我国的储量却相对较少。这无疑会对我国清洁能源电池产业的发展产生一定程度的影响。根据中国地质调查局全球矿产资源战略研究中心在 2021 年 10 月 22 日首次发布的《全球锂、钴、镍、锡、钾盐矿产资源储量评估报告（2021）》，我国的钴储量为 668 万吨。这一数据相较于我国庞大的市场需求，显得有些供不应求。报告还指出 2020 年全球锂（碳酸锂）消费量约 40 万吨、钴约 17 万吨、镍约 240 万吨、锡约 38 万吨、钾盐（氯化钾）约 5400 万吨。相对于现有储量，全球锂、镍、钾盐资源保障程度较高，钴、锡保障程度相对较低。[②]

---

① European Commission. Critical materials for strategic technologies and sectors in the EU-a foresight study, 2020 [R]. Brussels: European Commission, 2020.

② 中国地质调查局全球矿产资源战略研究中心. 全球锂、钴、镍、锡、钾盐矿产资源储量评估报告 [EB/OL]. https://www. the paper. cn/news Dedall-formand-1503 7960.

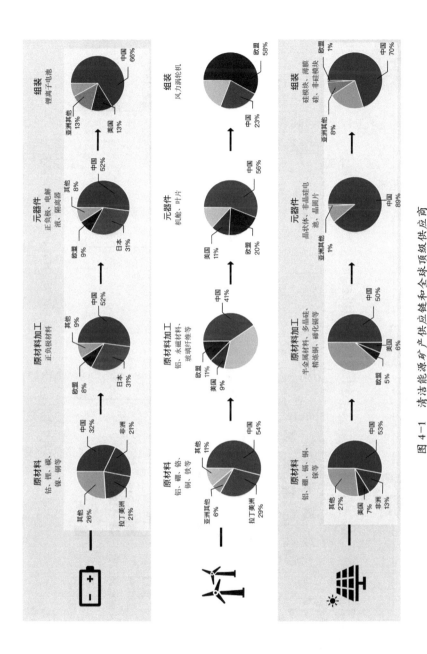

图 4-1 清洁能源矿产供应链和全球顶级供应商

（图片来源：*The geopolitics of critical minerals supply chains, a report of the CSIS Energy Security and climate change program*, 2021）

中国清洁能源的海外发展之路——洛阳钼业在刚果（金）的钴矿保卫战

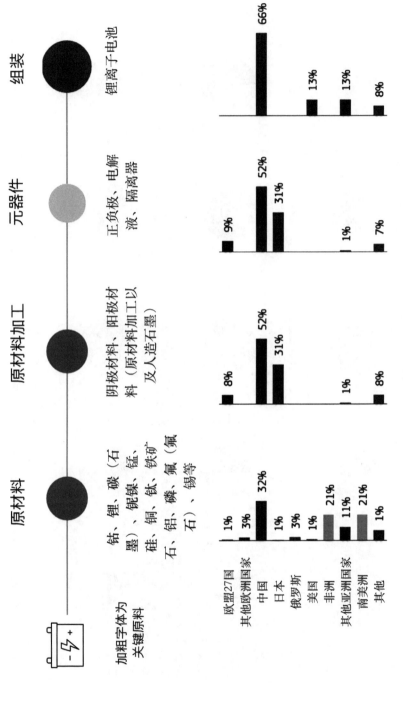

图 4-2 锂离子电池：供应链上的供应风险、瓶颈和主要参与国概览

（图片来源：*Critical materials for strategic technologies and sectors in the EU-a foresight study*, 2020）

另外，根据美国地质调查局公布的全球矿产储备总量和主要国家储量占比来看（以 2013、2022 年为例），目前，尽管我国在稀土资源的储备上具有较大优势，但钴、锂和镍的储备严重不足，这一情况对我国新能源电池的发展有一定的制约作用。全球重要矿物储量和主要国家的占比如图 4-3 所示。[①]

三、新能源材料的海外供应之路

在清洁能源原材料国内储量不足的情况下，为保障我国新能源电池的发展需求，寻找能够可靠供应的钴、锂、镍成为推动我国新能源产业发展，特别是新能源汽车产业发展的重要工作。以钴为例，刚果民主共和国 [以下简称"刚果（金）"] 的钴储量占全球已探明钴储量的 70%。2022 年刚果（金）的钴矿供应量占全球钴供应量的 73%，是全球最重要的钴产地。其中，TFM 是刚果（金）的一个大型铜钴矿床，其矿区位于刚果（金）的卢阿拉巴省，距离首都金沙萨大约 350 公里，覆盖了滕科镇和丰谷鲁美镇以及周边的地区，面积超过 1500 平方公里。TFM 拥有丰富的铜和钴资源，是刚果（金）国内最重要的铜钴矿之一，也是全球重要的铜和钴原料供应地，其 2022 年的钴矿产量占全球总产量的 10%。TFM 的采矿权原本属于美国的矿业巨头自由港-麦克莫兰公司（Freeport-McMoRan），这家公司成立于 1987 年 11 月，总部位于美国亚利桑那州凤凰城，是一家大型国际矿企，也是全球最大的铜生产商之一。自由港-麦克莫兰公司因在投资决策上的失败，造成公司严重亏损，所以在 2016 年将 TFM80% 的股权以 38 亿美元的价格转让给了洛阳钼业，剩余的 20% 股权则由刚果（金）国家矿业总公司杰卡明（Gécamines）持

---

① Jared Cohen. Resource realism：The geopolitics of critical mineral supply chains [M]. Goldman Sachs，2023.

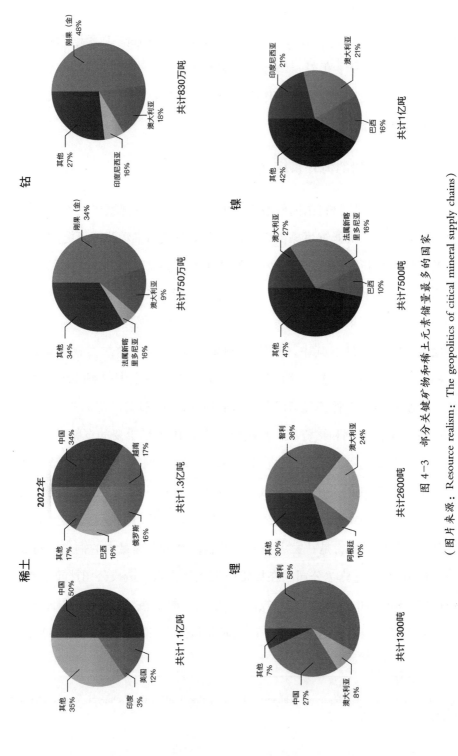

钴

稀土

2022年

锂

镍

共计830万吨

刚果（金）48%
其他 27%
印度尼西亚 16%
澳大利亚 18%

共计750万吨

刚果（金）34%
其他 34%
法属新喀里多尼亚 16%
澳大利亚 9%

共计1.3亿吨

中国 34%
其他 17%
巴西 16%
俄罗斯 16%
越南 17%

共计1.1亿吨

中国 50%
其他 35%
印度 3%
美国 12%

共计2600万吨

智利 36%
其他 30%
阿根廷 10%
澳大利亚 24%

共计1300吨

智利 58%
其他 7%
中国 27%
澳大利亚 8%

共计1亿吨

印度尼西亚 21%
其他 42%
巴西 16%
澳大利亚 21%

共计7500吨

澳大利亚 27%
其他 47%
巴西 10%
法属新喀里多尼亚 16%

图 4-3 部分关键矿物和稀土元素储量最多的国家

Resource realism：The geopolitics of citical mineral supply chains）

（图片来源：

有。在收购时，为保证 TFM 的平稳运行，洛阳钼业继承了自由港-麦克莫兰公司之前与刚果（金）政府签订的所有协议条款内容，并与刚果（金）政府重新签订了一份为期 25 年的矿产协议，规定了收益分享、税收、投资回报等条款。

TFM 由洛阳钼业收购和投产以来，一直保持着较高的铜和钴产量。在 2020 年，该矿山的铜产量达到了182 597吨，钴产量达到了15 436吨。洛阳钼业还计划通过提高管理和运营效率，将该矿山的铜产量进一步提高到 187 300～228 900 吨，钴产量提高到 16 500～20 100 吨。[①] 此外，凭借着在包括刚果（金）在内的多家海外重要矿产的不断并购布局，洛阳钼业已经成为全球第二大钴生产商，同时也是全球领先的铜生产商。[②] 2022 年全球钴矿采矿供应量如图 4-4 所示。

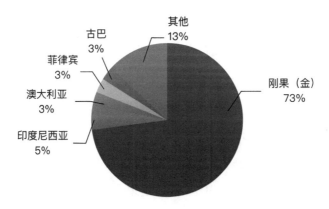

图 4-4　2022 年全球钴矿采矿供应量比例图

（图片来源：《中国碳中和的命门，差一点，被这个非洲穷国拿捏了》一文）

---

① Recuters. China moly's Congo mine expansion project starts trial production. July 19, 2021 ［EB/OL］. https：//www. mining. com/web/China-molys-cngo-mine-expansion-project-starts-trial-production/.

② 李贝贝. 海外矿山产能释放，2023 年钴产量同比增幅达 174% 洛阳钼业：或已跻身全球最大钴生产商［EB/OL］. （2024-01-11）［2024-04-02］. https：//www. chinatimes. net. cn/article/133451. html.

然而，在洛阳钼业收购 TFM 后，与刚果（金）政府的合同问题成为一大挑战。原本美国自由港-麦克莫兰公司与刚果（金）政府签署的合同规定：每生产 1 吨铜，公司给刚果（金）政府 12 美元的权益金①。洛阳钼业在收购 TFM 矿业之后，继承了过去的合同，因此在权益金方面沿用了这个标准。此外，洛阳钼业还与当地政府签订了社区建设项目，这一项目分为两部分：一部分是企业的社会责任书，另一部分是社区基金。社会责任书每 5 年修订一次，最近一次在 2021 年签署完成，其社会责任书中约定：TFM 对本地社区的建设金额为 3100 万美元，这是当时在刚果（金）外资企业当中最大的一笔社会责任投资。社区基金是按刚果（金）的矿业法执行的。具体的内容是：TFM 将销售收入的 0.3% 拿出来作为社区基金，支持当地社区发展，所承担的社会责任项目包括但不限于治疗疟疾、新冠防疫、玉米增产培育、提供农具机械和杀虫剂、建农贸市场、建造水井、修建医院、捐建小学，以及给大学生捐资助学等②。2019 年之前，洛阳钼业与当地政府机构一直保持着非常良好的合作关系，这一方面得益于我国企业对于当地经济建设和社会建设所作出的重要贡献，另一方面也得益于刚果（金）的时任总统小约瑟夫卡比拉（以下简称"小卡比拉"）的支持。从 2001 年到 2019 年，刚果（金）的总统一直是小卡比拉，在其执政期间，刚果（金）与中国保持了良好的关系，中国成为刚果（金）的主要投资国和贸易伙伴之一，两国在能源、基础设施建设和矿产资源开发等领域展开了广泛的合作。我国在刚果（金）开发矿产资源的同时承诺帮助当地修建 3000 多公里的公路、31 家医院、145 个医疗中心等。洛阳钼业作为负

---

　　① 权益金：通常是指公司盈利分配给股东的利润，这里是指洛阳钼业每卖出 1 吨钴支付给当地政府的收益。

　　② 酷玩实验室. 中国碳中和的命门，差一点，被这个非洲穷国拿捏了？［EB/OL］.（2023-09-05）［2024-04-02］. https：//baijiahao. baidu. com/s？ id=177616302830159 5636&wfr：Spider&for=pc.

责任的大型企业，承担起了应有的社会责任，为此当地政府和民众对洛阳钼业非常信任和感谢。

四、大国间海外利益的博弈

然而，刚果（金）政府在 2020 年 11 月突然宣布，要与洛阳钼业旗下的 TFM 公司重新谈判合同，此外，公司还可能面临高达 76 亿美元的罚款。这一决定立刻引起了国内外相关机构和企业的高度重视。其起因则源于 2018 年洛阳钼业收购 TFM 公司时与刚果（金）政府签订的那份为期 25 年的矿产协议。当时的协议内容中关于权益金的标准继承了之前美国自由港-麦克莫兰公司的标准，即每生产 1 吨铜就给予当地政府 12 美元的权益金，这在当时还算是合理。但随着铜和钴产销量的不断提高，以及国际市场对这两类金属需求量的持续攀升，铜矿石和钴矿石的价格持续上涨。以伦敦金属交易所（London Metal Exchange，以下简称 LME）的铜价为例，2018 年 1 月 LME 铜价为 7300 美元/吨，到了 2021 年 8 月 LME 铜价已飙升至 10000 美元/吨。同样，电解钴的价格也从 2018 年底的 32 万美元/吨上涨到 2021 年底的 47.35 万美元/吨。刚果（金）新当选的总统费利克斯·安托万·齐塞克迪·奇隆博（以下简称"齐塞克迪"）上台后，认为洛阳钼业给予的钴矿交易权益金太低，原先的协议对刚果（金）不利。齐塞克迪还公开表示，要求重新谈判是为了"纠正过去的不平等条约"。因此刚果（金）政府要求提高收益分享比例，以及对 TFM 公司的税收政策进行调整。据媒体报道，刚果（金）政府希望将铜和钴的收益分享比例从 2% 提高到 5%，并要求对 TFM 公司的净利润征收 35% 的所得税。如果按照这一要求实施，洛阳钼业在 TFM 公司的收益将受到严重影响，并可能导致高达 76 亿美元（折合人民币约 524 亿元）的罚款。此外，刚果（金）政府还采取了一些激进措施，如禁止洛阳钼业出口在当地生产的矿产品，冻结了洛阳钼业在当地的银行账号等，甚至在武装人员保护下直接到中企矿场拉矿盗卖。这些行为无疑给 TFM 的运营带来了极大的困扰。虽然这次危机表面上看起来是刚果（金）政府和齐塞克迪总统希望从中国企业的生产经营中获取更丰厚的利益，但其背后隐藏的以美国为首的境外势力的干扰不容小觑。2021 年 6 月，非洲情报网站发布了一篇报道，指出 2020 年 3 月，刚果（金）总统齐塞克迪会见了美国前国务卿蓬佩奥（见图 4-5），蓬佩奥鼓动刚果（金）政府对中国矿业企业签订的所有合同进行审查①，这直接促使齐塞克迪总统启动了一系列合同的修改计划，将

图 4-5　非洲情报网站对蓬佩奥拜访齐塞克迪总统进行报道

（图片来源：Africa Intelligence）

---

①　Africa Intelligence. China, DRC, United States, How Washington pushed Tshisekedi to renegotiate Kabila's China contracts. ［EB/OL］. （2021-06-25）［2024-04-02］. https://www. africaintelligence. com/central-africa/2021/06/25/how-washington-pushed-tshisekedi-to-renegotiate-kabila-s-china-contracts, 109675670-art.

对中国签署的所有合同进行审查和修改。此外，美国财政部部长珍妮特·耶伦以及总统投资顾问等多位美国政府要员还参加了非洲经济峰会，旨在所谓"协助"刚果（金）与中国企业重新进行合同的谈判。美国人如此"积极"地、不加掩饰地参与刚果（金）各类涉及中国矿产企业的合同审订，其态度十分明显，就是希望将中国企业"逼"出刚果（金）。在美国的怂恿和"帮助"下，2021 年上半年，刚果（金）政府成立了一个特别委员会，声称将重新审查与中国企业签订的所有矿业合同。

此次事件与以往极为不同之处在于，有众多西方主流媒体参与了对此事件的广泛报道和评论（见图 4-6）。例如，《纽约时报》于 2021 年11 月连续发表多篇深度报道，详细阐述了刚果（金）丰富矿产资源的背景与历史。其中一篇报道题为 How the US lost ground to China in the contest for clean energy，该报道指出美国将 TFM 这种战略性资源交予中国人掌握，意味着在美国的新能源战略中，中国占据了优势地位。[①] 该报道意在呼吁美国政府介入洛阳钼业在刚果（金）的钴矿开采和经营。此外，纽约时报中文网还发表了一篇名为《美国为何在钴矿争夺战中输给了中国?》的报道（见图 4-6），[②] 文中也表达了美国政府和企业对于中国从美国手中"争夺"钴矿资源无可奈何的"惋惜"心情。媒体的热炒以及美国政客们在刚果（金）的相关行动，使得这一事件显得异常引人注目。由此引发了一连串的疑问：这些详尽的报道信息来源是哪里？其意欲何为？其实整个事件背后的势力和目的昭然若揭。幸运的是，我国相关部门对此事反应迅速，在 2022 年 7 月，即局势最为复杂

---

① New York Times. How the US lost ground to China in the contest for clean energy. ［EB/OL］.（2021-11-21）［2024-04-02］. https：//www. nytimes. com/2021/11/21/world/us-china-energy. html.

② 纽约时报中文网. 美国为何在钴矿争夺战中输给了中国［EB/OL］.（2021-11-23）［2024-04-02］. https：//cn. mytimes. com/usa/20211123/US-China-energy/.

图 4-6　境外媒体对中美能源竞争的报道

图片来源：New York Times（左图），纽约时报中文网（右图）

之际，我国时任驻刚果（金）大使朱京在接受当地媒体采访时表示，刚果（金）不应成为大国博弈的战场，反对任何在非洲制造对抗、迫使非洲国家选边站队的企图。同时，朱京大使也表示中国政府始终密切关注 TFM 事件，以确保中国企业的合法权益得到尊重。

五、我国政府和企业积极斡旋，问题迎刃而解

为保护中方企业的海外利益，2023 年 3 月，我国外交部分管非洲事务的副部长邓励访问刚果（金），并会见了齐塞克迪总统。双方就一系列重要问题进行了深入探讨，并达成了相关协议。根据公开的报道，邓励副部长表达了我国对 TFM 事件的高度关注，强调中国企业的合法

权益应得到尊重。① 双方就如何解决该事件进行了充分沟通，以维护两国企业的共同利益。他强调，我国一直重视与刚果（金）的合作关系，愿积极参与刚果（金）的发展建设。针对刚果（金）矿业领域的权益金问题，邓副部长表示，我国支持通过对话与第三方国际机构来重新确定权益金的标准，以确保公平合理。此外，邓副部长呼吁刚果（金）政府改善投资环境，保障中国企业在当地的安全与合法权益。刚果（金）总统齐塞克迪对此表示认同，他承诺将积极处理 TFM 事件，确保中国企业的合法权益得到恢复和保护，并承诺将采取措施改善投资环境，愿意深化与中国在各个领域的合作。双方还就如何在原有合作的基础上，对包括矿业、基础设施建设、教育、卫生等在内的多个领域进一步拓展和深化合作进行了深入的探讨。在此次访问中，邓副部长与齐塞克迪总统达成了一系列共识，为解决 TFM 事件及深化中刚合作奠定了基础。双方表示将继续保持沟通，共同推动两国关系的健康发展。这些承诺旨在缓解 TFM 事件对中国企业的影响，并促进中刚两国关系的稳定发展。同年 5 月，刚果（金）总统齐塞克迪来华进行国事访问，中刚从合作共赢的战略伙伴关系提升为全面战略合作伙伴关系。这一系列举措大大缓解了中国企业在刚果（金）的压力，也为问题的解决铺平了道路。

虽然双方高层达成了共识，刚果（金）方面也承诺保证我国企业的合法权益。但是，从政策恢复到生产恢复仍需一个过程。洛阳钼业在 2022 年经历了临时管理人任命、账户冻结、出口暂停等系列限制举措后，承受了巨大的管理和经济压力，企业的生产也受到巨大的影响，很难在短时间完全恢复。

---

① 唐晓园. 资源之重：刚果（金）的昨与今 [EB/OL]. (2023-11-26) [2024-04-02]. https：//www. guancha. cn/tangxiaoyuan/2023_ 11_ 26_ 716986_ 3. shtml.

另一个具有标志性事件的发生加快了洛阳钼业生产秩序的恢复。2023年3月，TFM的工会组织召集当地民众和矿厂员工前往省政府门口进行请愿示威，并被当地媒体广泛报道（见图4-7）。与我国的工会组织不同，TFM的工会组织自美资背景时期传承至今，其工作通常是与资方进行谈到。但在此事件中，他们却主动站出来支持洛阳钼业，反对政府对TFM采取的各种人为限制措施，认为这些措施损害了工人等弱势群体的利益。TFM的工人们在省政府门口请愿示威，要求取消对洛阳钼业的出口禁令。工人们游行示威的原因很简单，尽管TFM被禁止出口已经长达9个月，矿厂未能产生任何收入，但是洛阳钼业仍然给工人们正常发放工资，保障他们的福利，履行企业社会责任，继续推进社区项目的建设，从未中断。这些行为无疑表现出洛阳钼业作为一个负责任、有担当的企业所承担的社会责任。然而，企业不可能无限期地投入，一旦矿厂停工，许多当地人将失去工作，当时TFM共有1.7万名员工，其中超过90%为刚果（金）本地人，矿厂的停摆会导致大量工人失去工作。当时刚果（金）的人均GDP仅为600多美元，失去工作

图4-7　TFM本地工会组织的工人游行示威

（图片来源：TFM miners call Kinshasa for responsibility）

无疑会对当地人的生活造成巨大影响。同时 TFM 的停摆也将对当地供应商造成严重影响，这些供应商为 TFM 提供燃料、润滑剂、设备、涂料、汽车零部件等，而这些工作都由当地人承担。他们依靠 TFM 获得丰厚的收入，一旦矿厂停产，这些供应商就将失去其最重要的收入来源，导致当地的产业受损，工人失业。此外，TFM 的停产也将给当地税收带来巨大影响。据资料显示，TFM 所在的卢阿拉巴省，其 35% 的财政收入源自 TFM。① 而 TFM 矿被封禁的 9 个月时间里，已经造成当地政府的税收锐减，以至于从 2023 年 1 月起，丰谷鲁美镇已经无法发放公务员工资。TFM 工会代表团的主席也表示，该矿是刚果（金）的宝贵财富，也是数万人的生计，不能被少数人的利益所绑架。他呼吁卢阿拉巴省省长和总统齐塞克迪能够听取员工的声音，尽快解决 TFM 的出口问题。他还强调，如果中资企业被驱赶，不仅矿山停工，当地社区的建设投入也将停止。

在经历了一系列的波折与谈判后，刚果（金）当地时间 2023 年 4 月 18 日，洛阳钼业发布公告②，宣布与刚果（金）国家矿业总公司就 TFM 权益金问题达成共识，新的协议终于敲定下来。洛阳钼业不再根据每吨矿石的价格支付权益金，而将和解金总额定为 8 亿美元，自 2023 年至 2028 年由 TFM 向刚果（金）国家矿业总公司分期支付。以新增产量 500 多万吨计算，全部折算下来，相当于每吨的权益金为 100 美元。此外，洛阳钼业还向持有 TFM 公司 20% 股权的杰卡明承诺，自 2023 年起到项目现有服务期内（共计 6 年）累计分配至少 12 亿美元的

① 酷玩实验室. 中国碳中和的命门，差一点，被这个非洲穷国拿捏了？[EB/OL]. (2023-09-05) [2024-04-02]. https://baijiahao. baidu. com/s? id=1776163028301595636&wfr：Spider&for=pc.

② 洛阳钼业：洛阳钼业关于投资建设刚果（金）TFM 铜钴矿混合矿项目的进展公告 [EB/OL]. (2023-04-19) [2024-04-02]. https://data. eastmoney. com/notices/det ai/603993/AN202304191585562768. html.

股东分红。谈判的结果，既能够确保企业未来持续、长期、稳健的生产经营，也满足了刚果（金）方面对于"利益再平衡"的需求，因此可以算作是双赢的局面。而根据目前多数类似矿山的权益金在 150 到 160 美元 1 吨这一事实，洛阳钼业所谈下的权益金价格还是控制在了合理的价格区间内，企业所受的损失与收益相比是可以接受的。至此，这场持续了两年的事件才最终落下了帷幕。

TFM 事件的解决不仅得益于企业的责任心和当地民众的拥护，我国外交部的全力调解与明确立场亦为关键。其背后反映的国家意志，为我国企业在海外的利益安全提供了坚实的保障。在事件全过程中，洛阳钼业即便在受制裁的 9 个月里，也未曾中断工人的薪酬发放和社区建设投入。我国企业用实际行动表明，其并非远渡重洋、单纯追求利益的投机者。反观美国，虽然动用了各种关系，极尽挑拨之能事，却无法为当地政府和人民提供实实在在的利益。而其所有的所谓"努力"也注定只能化为一声叹息。

除了在刚果（金）的公益建设，我国企业的"资源融资基础建设"（RFI 模式）亦在非洲其他发展中国家广受欢迎。例如，在加纳，当地通过可可豆贸易交换我国的水电站建造工程；在安哥拉，政府通过石油资源贸易换取我国在当地建设水电系统和公路网络。非洲各国和我国在平等互利、友好协商的基础上进行了大量的合作，而 TFM 事件的最终解决也为我国企业在面对海外利益纠纷时提供了一个可以借鉴的成功案例。

结　语

在这场历时两年的 TFM 纷争中，洛阳钼业展现了中国企业的责任与担当。面对困境，我们始终坚守人道主义精神，关心员工福祉，积极履行社会责任，为当地社区建设贡献力量。我们坚信，通过和平对话与国际合作，任何难题都能找到解决之道。

此次事件圆满落幕，不仅彰显了中国企业的良好形象，也展现了中国作为负责任大国的担当和坚定的国家意识，为我国在国际舞台上赢得了尊重。在今后的发展过程中，中国政府和企业将继续秉持合作共赢的原则，为全球经济发展贡献力量，为推动构建人类命运共同体而努力。让我们携手共进，共创美好未来！

一、课前准备

了解我国《中华人民共和国国家安全法》的基本内容，并且知道我国在清洁能源领域发展的战略目标。

二、适用对象

大学本科生。

三、教学目标

◉**教学目的：**

1. 强化学生对清洁能源发展战略的认识：通过分析洛阳钼业 TFM 事件，使学生深入了解清洁能源发展战略的重要性，以及我国政府在推动清洁能源发展方面的政策措施。

2. 培养学生分析实际问题的能力：通过研究洛阳钼业 TFM 事件，培养学生从实际问题中提炼关键信息、分析问题、提出解决方案的能力。

3. 增强学生对资源安全和海外利益安全的重要性认识，感受我国政府和企业在这方面的决心和能力。

◉**具体课程知识点：**

1. 解读《中华人民共和国国家安全法》关于资源安全和海外利益安全的具体内容。

2. 结合《新能源汽车产业发展规划（2021—2035 年）》等相关政策文件解读我国清洁能源发展战略，认识拓展海外资源的必要性。

3. 结合本次案例说明国际政治与外交的复杂性，思考国际矿产资源争夺、国际合作与冲突、我国外交政策等问题。

◉ **本案例需要解决的关键问题：**

1. 阐明海外资源开发对我国清洁能源发展的必要性。

2. 分析本次事件中境外势力的做法，他们的意图及其背后的原因。

3. 分析本次事件中我国政府和企业在维护我国资源安全和企业海外利益安全方面的做法，理解我国政府和企业维护国家利益和安全的决心和能力。

四、教学内容及要点分析

◉ **教学内容：**

从我国新能源发展战略引入，解读我国在新能源发展中取得的成绩。根据我国的矿产资源特点说明，为了支持新能源战略的发展，拓展海外资源市场的必要性和重要性。以洛阳钼业 TFM 事件为案例，分析我国在海外资源开发中遇到的问题以及解决方法。最后，总结我国新能源发展策略的重要意义，以及中国政府维护资源安全和海外利益安全的决心。

◉ **教学要点分析：**

本案例教学的要点是通过对案例的分析和解读，引导学生思考我国大力发展新能源产业的目的，了解我国出台《中华人民共和国国家安全法》的目的和作用。通过对洛阳钼业在海外矿产收购和经营过程中遇到的问题进行深入的分析，挖掘事件背后所包含的文化差异、地缘政治，以及地区与国际利益的博弈与合作关系。引导学生站在不同的立场对事件的起因、发展过程进行分析。通过设置问题的方式引导学生思考，鼓励学生提出自己的观点和方法。结合我国政府和企业的处理方式对学生的观点和方法进行合理性和正确性的分析。最后得出我国发展新能源的必要性的结论，并且让学生充分认识到我国出台的国安法是国家安全、资源安全和海外利益安全的重要保障。

五、教学安排

◉**教学时间安排：**

本案例需要在两个课时（90 分钟）完成，因此内容的设置需要精心安排和设计。课堂设置分为以下几个环节：

1. 政策导读和引入（10 分钟），主要介绍《中华人民共和国国家安全法》中关于资源安全和海外利益安全的相关内容，以及《新能源汽车产业发展规划（2021—2035 年）》中关于新能源汽车发展战略方面的内容。

2. 展示新能源发展的相关数据以及我国在矿产资源领域的特点（15 分钟），本部分通过对各部门权威数据的罗列和解读，分析我国在新能源矿产资源分布中的特点，以及资源储量和分布对于我国发展新能源产业的影响。

3. 以钴矿为例，引入洛阳钼业在刚果（金）并购 TFM 的过程（10 分钟）。简单介绍美国自由港-麦克莫兰公司出售 TFM80% 股权的背景，帮助学生对整个事件的背景有更为准确的了解。

4. 转入刚果（金）政府对洛阳钼业的制裁（5 分钟）。罗列制裁的内容，以及外媒对此事件的报道。

5. 分析制裁背后的利益博弈（10 分钟）。引导学生思考，为何国外势力对于 TFM 的关注度如此之高。

6. 提出问题，学生分组讨论和发言（20 分钟）。设计问题：如果你是洛阳钼业的领导，你将如何化解这次危机？以这个题目为中心，请学生分组讨论。这是本次案例分析的关键环节，教师可根据课堂学生人数进行分组，尽量保证每组有一个学生代表能够充分发言。这个环节需要注意学生发言的时间和质量要求，尽量保证每一个学生的发言内容独特，不要重复之前发言的内容。以学生发言的质量作为平时成绩的一个参考。

7. 给出我国政府的解决方案和结果，结合学生刚才发表的观点进行分析（15 分钟）。结合学生发言中阐述的观点，分析学生观点和我国政府、企业所实施举措之间的异同。注意本环节尽量不要否定学生的观点，以引导和分析为主。

8. 总结（5 分钟）。

◉**教学内容安排：**

结合教学时间安排，教学内容的组织包括以下几个部分：

1. 以我国的新能源发展战略为导入，分析新能源发展的重要性；

2. 以新能源汽车中的三元锂电池为例，说明我国在矿产资源上的特性；

3. 由前两部分内容引入洛阳钼业在刚果（金）收购 TFM 事件，以及矿厂的生产建设情况；

4. 以刚果（金）政府对洛阳钼业的制裁为转折，罗列刚果（金）政府的制裁手段，以及当地的具体情况；

5. 分析当地政府的具体要求和制裁措施背后的国际利益博弈；

6. 通过设问的方式，结合智慧课堂的分组功能，让学生分组讨论和发言，引导学生深入思考企业国际化战略的制定与实施；

7. 给出本次事件的我国解决方案，结合学生的发言进行分析；

8. 总结，说明我国在发展新能源领域的决心，以及保护资源安全和海外利益安全的坚定意志和能力。

六、补充材料及其他

相关资料可参阅页下注。

发展新能源汽车产业　助推高质量发展

余　凯

▶ 作者信息：

余凯，湖南大学马克思主义学院助理教授。研究方向：反腐败理论及政策。

摘要：十八届五中全会提出了"创新、协调、绿色、开放、共享"的新发展理念。发展新能源汽车产业，既是我国主动适应第三次科技革命和能源转型作出的战略选择，也是应对生态环境压力和落实新发展理念的必然要求。本案例回顾了我国新能源汽车产业发展简史，尤其是党和国家通过政策调整而不断地引导、规范新能源汽车产业发展的历程，展现了我国新能源汽车产业从无到有、从落后到超越的大致图景，说明了我国新能源汽车产业取得的重大成就得益于党和国家的高度重视，得益于有关部门的政策引导，得益于相关科研机构和企业的共同努力。

关键词：产业政策；新能源汽车；新发展理念；高质量发展

理论政策：

1. 新发展理念

2015年10月，党的十八届五中全会强调，"破解发展难题，厚植发展优势，必须牢固树立并切实贯彻创新、协调、绿色、开放、共享的发展理念。这是关系我国发展全局的一场深刻变革"；"坚持绿色发展，必须坚持节约资源和保护环境的基本国策，坚持可持续发展，坚定走生产发展、生活富裕、生态良好的文明发展道路，加快建设资源节约型、环境友好型社会，形成人与自然和谐发展现代化建设新格局，推进美丽中国建设，为全球生态安全作出新贡献"。①

二十大报告指出："高质量发展是全面建设社会主义现代化国家的首要任务。发展是党执政兴国的第一要务。没有坚实的物质技术基础，就不可能全面建成社会主义现代化强国。必须完整、准确、全面贯彻新发展理念，坚持社会主义市场经济改革方向，坚持高水平对外开放，加

---

① 中华网. 十八届中央委员会第五次全体会议公报［EB/OL］.（2015-10-29）［2024-06-30］. https：//news. China. com/focus/wzqh/1174588/20151029/20655415_ 2. html.

快构建以国内大循环为主体、国内国际双循环相互促进的新发展格局。"①

2. 高质量发展

2017年，党的十九大首次使用"高质量发展"的表述，表明中国经济由高速增长阶段转向高质量发展阶段。十九大报告中提出的"建立健全绿色低碳循环发展的经济体系"② 为新时代下高质量发展指明了方向，同时也提出了一个极为重要的时代课题。高质量发展的根本在于经济的活力、创新力和竞争力，而经济发展的活力、创新力和竞争力都与绿色发展紧密相连，密不可分。离开绿色发展，经济发展便因丧失了活水源头而失去了活力；离开绿色发展，经济发展的创新力和竞争力也就失去了根基和依托。

二十大报告指出，"高质量发展是全面建设社会主义现代化国家的首要任务"；"我们要坚持以推动高质量发展为主题，把实施扩大内需战略同深化供给侧结构性改革有机结合起来，增强国内大循环内生动力和可靠性，提升国际循环质量和水平，加快建设现代化经济体系，着力提高全要素生产率，着力提升产业链供应链韧性和安全水平，着力推进城乡融合和区域协调发展，推动经济实现质的有效提升和量的合理增

---

① 中国政府网. 习近平：高举中国特色社会主义伟大旗帜　为全面建设社会主义现代化国家而团结奋斗——中国共产党第二十次全国代表大会上的报告［EB/OL］.（2022-10-25）［2024-06-30］. https：//www. gov. cn/xinwen/2022-10-25/content_ 5721685. htm.

② 中国政府网. 习近平：决胜全面建成小康社会　夺取新时代中国特色社会主义伟大胜利——在中国共产党第十九次全国代表大会上的报告［EB/OL］.（2017-10-27）［2024-06-30］. https：//www. gov. cn/zhuanti/2017-10-27/content_ 5234876. htm.

长"；"推动经济社会发展绿色化、低碳化是实现高质量发展的关键环节"。①

教学目标：通过本案例的教学，可以让学生清楚地了解我国新能源汽车产业发展的背景、过程和成效，知晓我国新能源汽车产业发展过程中曾经遇到的问题和政府部门为解决问题而采取的政策措施，从而对新发展理念和高质量发展有更深刻的思考，对中国特色社会主义有更直观的感受，坚定学生的"四个自信"。

---

① 中国政府网. 习近平：高举中国特色社会主义伟大旗帜　为全面建设社会主义现代化国家而团结奋斗——中国共产党第二十次全国代表大会上的报告［EB/OL］.（2022-10-25）［2024-06-30］. https：//www. gov. cn/xinwen/2022-10/25/content_ 5721685. htm.

　　最近几年，越来越多的挂着绿色牌照的新能源汽车行驶在我国城乡大大小小的马路上，成为一道靓丽的风景线。根据国家发改委的数据，截至 2023 年底，我国新能源汽车保有量为 2041 万辆，占汽车保有量比重的 6.1%，较 2022 年底提升 2 个百分点。

　　新能源汽车为什么越来越多？这得从 30 年之前说起。

一、发展新能源汽车产业成为国家战略

　　众所周知，传统的燃油车对环境有很大的负面影响，汽车尾气排放是造成雾霾、酸雨、臭氧和温室气体效应的主要因素之一。著名科学家钱学森早在 1992 年就写信给时任国务院副总理邹家华，建议"我国汽车工业应跳过用汽油柴油阶段，直接进入减少环境污染的新能源阶段"，并称"在此形势下，我们决不应再等待，要立即制订蓄电池能源的汽车计划，迎头赶上，力争后来居上！……所以国家要组织力量，中国有能力跳过一个台阶，直接进入汽车的新时代！"[①]

　　其实，早在 20 世纪 40 年代，发生在美国洛杉矶的光化学污染事件就给汽车产业的无限制发展敲响了警钟。洛杉矶当时拥有 250 万辆汽车，每天大约消耗 1100 吨汽油，排出 1000 多吨碳氢化合物（C_xH_y 或 RC），300 多吨氮氧化物（NO_x），700 多吨一氧化碳（CO）。另外，洛杉矶还有炼油厂、供油站等其他设施排放各种废气。这些化合物被排放到大气中，不啻制造了一个毒烟雾工厂。由于洛杉矶三面环山，大气污

　　[①]　苗圩. 换道赛车：新能源汽车的中国道路［M］. 北京：人民邮电出版社，2024：32-33.

染物不易扩散，而且洛杉矶经常受到逆温的影响，更使污染物聚集在洛杉矶上空。汽车尾气中的烯烃类碳氢化合物和二氧化氮（NO_2）被排放到大气中后，会吸收太阳光所具有的能量而变得不稳定，并形成新的有毒物质。这种化学反应被称为光化学反应，其产物为含剧毒的光化学烟雾。这种烟雾使人眼睛发红，咽喉疼痛，呼吸憋闷，头昏，头痛。世界上很多城市也都发生过光化学烟雾事件。[1]

随着我国社会经济的发展，人们的生活水平逐年提高，小汽车开始走入千家万户。2015 年，我国新注册登记的汽车达 2385 万辆，保有量净增 1781 万辆，均为历史最高水平。截至当年年底，全国机动车保有量达 2.79 亿辆，其中汽车 1.72 亿辆。[2] 这么多汽车，每年消耗的燃油和排放的尾气都是非常惊人的。工信部曾预测，中国汽车保有量到 2020 年将达到 2.5 亿辆，消耗成品油约 4 亿吨（平均每辆汽车每年消耗燃油 1.6 吨），约占整个石油消费量的 57%。[3]

2014 年，环境保护部（2018 年 3 月起为生态环境部）发布 11 月份京津冀、长三角、珠三角区域及直辖市、省会城市和计划单列市等 74 个城市空气质量状况，其中空气质量平均达标天数为 63.6%，轻度污染天数比例为 22.2%，中度污染为 8.0%，重度污染为 4.6%，严重污染为 1.6%。京津冀区域 13 个城市空气质量达标天数比例平均为 42.0%；平均超标天数比例为 58.0%，其中重度污染天数比例为 15.7%，严重污染天数比例为 6.7%。[4] 据中国气象局的消息，2014 年我国出现了 13 次

---

① 见百度百科"洛杉矶光化学烟雾事件"词条。

② 中国政府网. 2015 年全国私家车超 1.24 亿辆［EB/OL］.（2016 – 01 – 26）［2024 – 03 – 21］. https：//www. gov. cn/xinwen/2016-01/26/content_ 5036164. htm.

③ 肖焕成. 汽车保有量已超 1.5 亿辆 未来我国超过一半的石油将用于汽车行业［EB/OL］.（2015 – 09 – 28）［2024 – 03 – 22］. https：//xw. qianzhan. com/analyst/detail/220/150927-da204976. html.

④ 中国气象局. 2014 中国环保十大事件"［EB/OL］.（2014 – 12 – 29）［2024 – 04 – 05］. https：//www. cma. gov. cn/2011xwzx/2011xmtjj/201412/t20141229_ 270766. html.

大范围、持续性霾过程。①

造成空气污染的因素很多，不仅不同的地方之间存在差异，同一地方在不同的时间也存在不同因素的影响。比如说，北方城市在采暖季因煤大量燃烧和大气扩散条件差而导致"煤烟型污染"比较严重，某些重工业比较集中的地方则容易出现比较严重的工业污染。但是，我们无论如何都不能忽略因汽车尾气排放而导致的污染。环保部认为，"城市空气质量呈现传统煤烟型污染、汽车尾气污染与二次污染物相互叠加的复合型污染特征"②。根据 2018 年北京市发布的《颗粒物源解析研究报告》，机动车对雾霾的贡献比例（45%）远高于工厂（12%）。③（见图 5-1）

日益严峻的环境问题，引起了党和国家领导人的高度关注。2013年，习近平总书记向生态文明贵阳国际论坛 2013 年年会致贺信时写道，"走向生态文明新时代，建设美丽中国，是实现中华民族伟大复兴的中国梦的重要内容。中国将按照尊重自然、顺应自然、保护自然的理念，贯彻节约资源和保护环境的基本国策，更加自觉地推动绿色发展、循环发展、低碳发展，把生态文明建设融入经济建设、政治建设、文化建设、社会建设各方面和全过程，形成节约资源、保护环境的空间格局、产业结构、生产方式、生活方式，为子孙后代留下天蓝、地绿、水清的

---

① 邓琦. 中国气象局：京津冀 2014 年霾天比 2013 年多 25 天 [EB/OL]. （2015-01-09）［2024-04-05］. https：//news. sina. com. cn/c/2015-01-09/145731380891. shtml.

② 共产党网. 环境保护部发布 2013 年空气质量状况 74 城市仅 3 个达标 [EB/OL].（2024-03-26）［2024-04-04］. https：//news. 12371. cn/2014/03/26/ARTI1395784677573736. shtml？from＝singlemessage.

③ 机动车排气污染监控中心. 关于机动车尾气污染，这些知识你知道吗？［EB/OL］.（2023-07-03）［2024-03-23］. http：//sthj. ly. gov. cn/Article/Detail/19318.

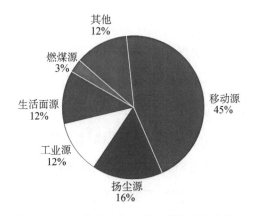

图 5-1　2018 年北京机动车对雾霾的贡献比例

（图片来源：2018 年北京市发布的《颗粒物源解析研究报告》）

生产生活环境"①。同年，他在哈萨克斯坦纳扎尔巴耶夫大学回答学生的提问时指出，"建设生态文明是关系人民福祉、关系民族未来的大计。中国要实现工业化、城镇化、信息化、农业现代化，必须要走出一条新的发展道路。中国明确把生态环境保护摆在更加突出的位置。我们既要绿水青山，也要金山银山。宁要绿水青山，不要金山银山，而且绿水青山就是金山银山。我们绝不能以牺牲生态环境为代价换取经济的一时发展"②。在习近平生态文明思想的指引下，加快新能源汽车产业的发展就成为我国政府的必然选择。

其实，早在"八五"期间，科技部就开始研究电动汽车的发展和技术突破问题。2001 年后，伴随着中国加入世界贸易组织（WTO），中国汽车业合资合作日益深化。与此同时，中国品牌车企不断学习积累、快速成长，中国汽车市场也跟随着中国经济腾飞的脚步加速扩容。③

---

① 人民网. 习近平致生态文明贵阳国际论坛 2013 年年会的贺信 ［EB/OL］.（2023-07-21）［2024-04-08］. http：//jhsjk. people. cn/article/22266285.

② 人民网. 习近平在哈萨克斯坦纳扎尔巴耶夫大学发表重要演讲 ［EB/OL］.（2013-09-08）［2024-04-08］. http：//jhsjk. people. cn/article/22843681.

③ 谢戎彬，等. 汽车强国建设迈上新起点 ［N］. 人民日报，2024-1-12（10）.

中国加入 WTO 的同一年，新能源汽车研究项目被列入国家"十五"期间的"国家高技术研究发展计划"（863 计划），为我国新能源汽车的技术创新和产业发展奠定了基础。① 科技部聘请从德国回来报效祖国的科学家万钢担任专家组组长，并作为第一课题负责人承担了项目中技术最为复杂的燃料电池轿车项目。万钢向国家提交了一份十分详细的开发清洁能源汽车的路线图，这份建议最终被采纳，奠定了日后中国新能源汽车的发展方向。②

之后，国家投入大量资金，支持汽车企业和高等院校开展新能源汽车的研发工作，取得了一批技术突破成果。不久以后，第一批电动轿车、电瓶车和混合动力客车开始试运行并投放市场。

2008 年的北京奥运会上，500 辆自主研发的新能源客车上路行驶。其中，50 辆纯电动客车来往于奥运中心区，在国际奥运史上首次实现了奥运中心区零排放。北京奥运会上规模亮相的这批车，拉开了我国新能源汽车产业化的序幕。③

2009 年 1 月，国家有关部门启动新能源汽车试点示范项目，鼓励试点城市在公交、出租、公务、环卫和邮政等公共服务领域率先推广使用节能和新能源汽车，并根据推广使用的车型不同，由国家财政给予一定的补助。北京、上海、武汉、长沙等 25 个城市先后成为试点城市。与此同时，地方政府也对购买新能源汽车出台了各种优惠措施。2010 年 5 月，财政部等四部委发布了《私人购买新能源汽车试点财政补助资

---

① 苗圩. 换道赛车：新能源汽车的中国道路［M］. 北京：人民邮电出版社，2024：33-34.

② 熊孩子爱科技. 高瞻远瞩：新能源车，我国在 30 年前就确定了发展方向！［EB/OL］.（2024-03-12）［2024-04-05］. https：//www. 163. com/dy/article/IT2UDB B70526AJVH. html.

③ 央视. 焦点访谈：新赛道上的超车——领跑的密码［EB/OL］.（2022-05-18）［2024-03-20］. https：//content-static. cctvnews. cctv. com/snow-book/index. html？ item_ id=106949310842733382953.

金管理暂行办法》，在 25 个试点城市中选择上海、杭州、合肥、深圳和长春等 5 个城市开展私人购买新能源汽车的补助试点工作。①

2010 年，国务院发布《关于加快培育和发展战略性新兴产业的决定》，新能源汽车被列入七大战略性新兴产业之一。该决定明确提出："着力突破动力电池、驱动电机和电子控制领域关键核心技术，推进插电式混合动力汽车、纯电动汽车推广应用和产业化。同时，开展燃料电池汽车相关前沿技术研发，大力推进高能效、低排放节能汽车发展。"②

2012 年 6 月，国务院出台了《节能与新能源汽车产业发展规划（2012—2020）》，提出了"以纯电驱动为新能源汽车发展和汽车工业转型的主要战略取向，当前重点推进纯电动汽车和插电式混合动力汽车产业化，推广普及非插电式混合动力汽车、节能内燃机汽车，提升我国汽车产业整体技术水平"的技术路线和产业化取得重大进展、燃料经济性显著改善、技术水平大幅提高、配套能力明显增强、管理制度较为完善等五个主要目标。该规划明确提出，到 2020 年，"纯电动汽车和插电式混合动力汽车生产能力达 200 万辆、累计产销量超过 500 万辆，燃料电池汽车、车用氢能源产业与国际同步发展"，"当年生产的乘用车平均燃料消耗量降至 5.0 升/百公里，节能型乘用车燃料消耗量降至 4.5 升/百公里以下"，"形成一批具有较强竞争力的节能与新能源汽车企业"。③

党的十八大以来，我国汽车工业抓住电动化、智能化、网联化转型

---

① 苗圩. 换道赛车：新能源汽车的中国道路［M］. 北京：人民邮电出版社，2024：40-44.

② 国务院办公厅. 国务院关于加快培育和发展战略性新兴产业的决定（国发〔2010〕32 号）［EB/OL］.（2010-10-18）［2024-03-21］. https：//www. gov. cn/zhengce/content/2010-10/18/content_ 1274. htm.

③ 国务院办公厅. 国务院关于印发节能与新能源汽车产业发展规划（2012—2020年）的通知（国发〔2012〕22 号）［EB/OL］.（2012-06-28）［2024-03-21］. https：//www. gov. cn/gongbao/content/2012/content_ 2182749. htm.

机遇，强化顶层设计，着力推动技术创新、产品创新和市场创新。2014
年，习近平总书记在视察上汽集团时指出，"发展新能源汽车是我国从
汽车大国迈向汽车强国的必由之路"，为我国新能源汽车产业的发展指
明了方向。① 我国的新能源汽车发展由此驶入快车道。

2014年7月，国务院办公厅印发《关于加快新能源汽车推广应用
的指导意见》，提出了"贯彻落实发展新能源汽车的国家战略，以纯电
驱动为新能源汽车发展的主要战略取向，重点发展纯电动汽车、插电式
（含增程式）混合动力汽车和燃料电池汽车，以市场主导和政府扶持相
结合，建立长期稳定的新能源汽车发展政策体系，创造良好发展环境，
加快培育市场，促进新能源汽车产业健康快速发展"的指导思想，并
就加快充电设施建设、引导企业创新商业模式、推动公共服务领域率先
推广应用、进一步完善政策体系、坚决破除地方保护、加强技术创新和
产品质量监管、加强组织领导等方面提出了明确的目标和要求。②

2015年10月，党的十八届五中全会强调，"破解发展难题，厚植
发展优势，必须牢固树立并切实贯彻创新、协调、绿色、开放、共享的
发展理念。这是关系我国发展全局的一场深刻变革"；"坚持绿色发展，
必须坚持节约资源和保护环境的基本国策，坚持可持续发展，坚定走生
产发展、生活富裕、生态良好的文明发展道路，加快建设资源节约型、
环境友好型社会，形成人与自然和谐发展现代化建设新格局，推进美丽
中国建设，为全球生态安全作出新贡献"③。由此，新能源汽车产业，
迎来了新一轮的政策红利。

---

① 谢戎彬，等. 汽车强国建设迈上新起点 ［N］. 人民日报，2024-1-12（10）.
② 国务院办公厅. 国务院办公厅关于加快新能源汽车推广应用的指导意见（国办
发 ［2014］35号）［EB/OL］.（2024-07-21）［2024-03-21］. https：//www. gov. cn/
zhengce/content/2014-07/21/content_ 8936. htm.
③ 新华社. 十八届五中全会公报全文 ［EB/OL］.（2015-10-21）［2024-04-05］.
https：//www. yiccai. com/news/474487. html.

二、新能源汽车产业发展中问题凸显

由于国家对新能源汽车产业的重视，特别是购买新能源汽车能得到中央财政和地方财政的补助，越来越多的企业开始进军新能源汽车行业，新能源汽车产量随之迅速增长。2014 年，我国新能源汽车生产数量创新高，达到 84900 辆，同比增长 3 倍。这一年因而被业界称为"新能源汽车元年"①。2015 年，新能源汽车的产量更是达到了 37.9 万辆，同比增长 4 倍。②

然而，新能源汽车产业在高速发展的同时，一系列的问题也随之暴露出来，严重影响了我国新能源汽车产业做大做强。

第一，相关技术发展落后，核心零部件对外依存度过高。在电动汽车产业链中，上游产业为镍氢及锂电池材料，中游产业为电池模块、电机及控制模块、整车控制模块等，下游产业为整车生产。然而，多数国内企业热衷于整车生产，处于产业链下游的企业实力明显较强，整车动力系统匹配与集成设计等技术处于世界先进水平。同时，愿意从事基础研发工作和关键零部件生产的企业数量较少。由于这些企业缺乏先进的技术、充足的资金和一流的人才，很难生产出高技术含量的电机和控制器基础组件等产品。若在电动汽车的关键部位安装国产零部件，则会对电动汽车整车的动力性、可靠性、安全性和产品寿命产生不利影响。因此，基于市场竞争考虑，电动汽车生产企业倾向于从国外进口电机、电池所需的关键部件和材料、控制器基础硬件、芯片、高速 CAN 网关和

---

① 杨忠阳. 2014 年我国新能源汽车产量创新高　产量倍增难掩行业焦虑［EB/OL］.（2015-01-19）［2024-03-21］. https：//finance. ifeng. com/a/20150119/13440138_0. shtml.

② 中国报告大厅. 2015 年新能源汽车行业现状及 2016 年市场走势分析［EB/OL］.（2016-01-21）［2024-04-05］. https：//m. chinabgao. com/freereport/70605. html.

信号处理放大部件等产品，逐渐形成了对国外先进零部件的习惯性依赖。①

第二，产业秩序混乱，低速电动汽车产业隐患较多。电动汽车主要有高速电动汽车和低速电动汽车两大类。高速电动汽车以动力蓄电池驱动，最高车速不低于每小时80公里，续驶里程大于80公里；低速电动汽车以铅酸蓄电池为动力，采用异步交流电机，最高车速为每小时40—70公里。其中，前者属于国家重点支持领域，相关文件中提到的电动汽车，若无特别说明，专指高速电动汽车。但是由于低速电动汽车制造工艺简单、投资小见效快，越来越多的企业倾向于投资低速电动汽车产业。形成鲜明对比的是：消费补贴较多的高速电动汽车，其产销量却很小；无消费补贴的低速电动汽车，其产销量却很大。山东省汽车工业协会统计数据显示，2013年仅山东省低速电动汽车的销量就高达12万辆，远高于同期全国高速电动汽车销售量。但是，基于利益驱动，一些地方政府降低产业准入门槛，大批企业涌入低速电动汽车生产领域，甚至存在作坊式生产，产品质量良莠不齐。在一般情况下，低速电动汽车的消费者对价格的关注往往高于质量因素，一些安全性能不高但是价格相对便宜的低速电动汽车，容易受消费者青睐。此外，低速电动汽车上路无须牌照，这也埋下了很多隐患。②

第三，配套设施建设滞后。首先充电设施不能满足市场需要。充电桩是发展新能源汽车的关键设施，但是充电桩的建设相对于新能源车的发展来说，比较滞后。据统计，截至2014年底，我国共建设充换电站

① 毛涛. 我国电动汽车产业发展存在的问题及对策（上）[EB/OL]. (2024-06-23) [2024-04-06]. http：//intl. ce. cn/specials/zxgjzh/201406/23/t20140623_ 3019270. shtml.

② 毛涛. 我国电动汽车产业发展存在的问题及对策（上）[EB/OL]. (2024-06-23) [2024-04-06]. http：//intl. ce. cn/specials/zxgjzh/201406/23/t20140623_ 3019270. shtml.

506 个，充电桩 3.73 万个，加氢站 4 个，远远不能满足市场的需要。[①]
对应到需求端，人们觉得充电桩难找，高峰期充电排队的新闻，更是时常见诸报道。其次，已建成的充电站利用率不高，相当多的充电站处于严重亏损中。充电设施的建设需要耗费成本支出，且后期运维成本居高不下。充电设施属于专业的电气设备，所以需要专业的人才定期维护以保障安全运行。而部分企业通过较低的服务价格进入市场，通过降低设备以及服务质量来获取利益，但其持续盈利能力较差，无力承担后期运维成本。最后，充电桩行业竞争充分，行业标准未得到及时建立，导致电池间存在兼容性问题。此外，储能设施发展缓慢，也成为制约行业发展的另一个因素。[②]

第四，出现部分车企"骗补"现象。一些新能源汽车生产企业，通过循环使用电池等多种方式骗取国家补贴，让人触目惊心。据《经济观察报》报道，鉴于"骗补"情况的严重性，19 位院士在 2015 年 8 月份向国务院联名上书，痛陈长期高额补贴不利于有效推动电动汽车的发展。财政部发布的《2016 年新能源汽车推广应用补助标准》中，也对国家补贴标准和补贴额度进行了微调。[③] 为整顿行业秩序，严肃财经法纪，回应社会关切，国务院办公厅对这个问题组织了督查。财政部 2016 年初对 90 家主要的新能源汽车生产企业进行了专项检查，发现一些企业违反相关法律法规骗取财政补贴，部分车辆未销售给消费者就提

---

① 杨忠阳. 2014 年我国新能源汽车产量创新高　产量倍增难掩行业焦虑［EB/OL］.（2015-01-19）［2024-04-05］. https：//finance. ifeng. com/a/20150119/13440138_0. shtml.

② 世经未来. 新能源汽车行业发展特征及风险［EB/OL］.（2019-10-14）［2024-04-06］. https：//www. sohu. com/a/346930608_530801.

③ 澎湃新闻. 高额补贴催生新能源车企灰色套利，四部委出手严查'骗补'"［EB/OL］.（2016-01-24）［2024-04-07］. https：//www. thepaper. cn/newsDetail_forward_1424435.

前申报补贴，不少领取补贴后的车辆遭到闲置。专项检查后，财政部对 5 个典型案例进行了公开曝光。其中，"苏州吉姆西客车制造有限公司通过编造虚假材料采购、车辆生产销售等原始凭证和记录，上传虚假合格证，违规办理机动车行驶证的方式，虚构新能源汽车生产销售业务，虚假申报 2015 年销售新能源汽车 1131 辆，涉及中央财政补助资金 26156 万元"①. 对此，国务院发展研究中心研究员、经济学家吴敬琏指出，竞争前某些研发，政府是可以给其补贴的，但是不应该是竞争后的补贴。"因为竞争后的补贴，存在很多问题。"②

第五，资源环境方面存在较大风险。新能源汽车的动力电池对锂、钴、锰、镍等稀有金属的需求量大，其中，中国对钴的需求量约占世界一半以上。中国的钴储量很少，钴元素短缺将严重影响新能源汽车尤其是纯电动汽车的发展。如果不能找到有效的替代元素，钴元素的短缺将持续影响中国动力电池行业发展。此外，镍元素的缺口也不可小觑。由于动力电池发展路线中存在"增镍减钴"的发展方向，短期内镍元素的供应短缺现象可能会持续，甚至恶化。再从电池回收来看，虽然动力电池可进行梯次利用，但目前电池厂商不愿意承担额外风险，倾向于直接拆解报废。另外，动力电池型号繁杂，匹配难度大，梯次利用技术不成熟，承接市场尚未得到完全开发，无法保证淘汰电池全部得到有效利用，电池回收利用比例非常低。动力电池中锂、钴、锰等元素如若不妥善回收，将会对环境造成十分严重的危害。③ 这与我国发展新能源汽车

---

① 财政部. 财政部公布新能源车骗补五大典型案例　涉金龙奇瑞等车企［EB/OL］.（2024-09-08）［2024-04-07］. https：//finance. huanqiu. com/article/9CaKrnJXwe2.

② 杨忠阳. 2014 年我国新能源汽车产量创新高　产量倍增难掩行业焦虑［EB/OL］.（2015-01-19）［2024-04-05］. https：//finance. ifeng. com/a/20150119/13440138_ 0. shtml.

③ 世经未来. 新能源汽车行业发展特征及风险［EB/OL］.（2019-10-14）［2024-04-06］. https：//www. sohu. com/a/346930608_ 530801.

产业的初衷是背道而驰的，所以，解决电池回收利用的问题，刻不容缓。

如何解决这些问题，对我国新能源汽车产业的可持续发展具有十分重要的意义。

三、新能源汽车产业快速健康发展

面对上述问题，我国政府、车企和相关研究机构都采取了相应的措施：一是不断完善政策，堵塞制度漏洞；二是加大科研攻关和创新的力度，提升新能源汽车产业的科技水平；三是不断加强企业内部管理，创新商业模式。

首先，以动力电池的研发为例，探究新能源汽车关键技术的创新与突破。

新能源汽车的核心技术是由电池、电机和电控组成的"三电系统"，其中，动力电池又是"三电系统"的核心，它的能量密度、充放电倍率和稳定性决定了新能源汽车的续驶里程、充放电效率和安全性等性能。我国新能源汽车产业起步晚，技术落后于日本等发达国家。但随着新能源汽车产业的发展，我国的动力电池技术也在不断进步。以比亚迪和宁德时代为代表的本土企业，通过不断地科技研发和市场开拓，引领我国动力电池产业实现了对发达国家的赶超，达到世界领先水平。目前，我国形成了以三元电池和磷酸铁锂电池为主的发展路线，新型成组技术、钠离子电池等实现产业化应用；产业生态渐趋完善，建成了完备的产业链条，正负极材料、电解液、隔膜等关键主材全球出货量超过70%，智能工厂、零碳工厂成为标杆。相关数据显示，2022年全球动力电池装车量为517.9GWh（读作"吉瓦时"，1GWh = 1000000KWh，即1GWh相当于一百万度电——笔者注），同比增长71.8%；其中，排名前十的中国企业占全球总量的 60.4%。①

新技术的产生，得益于企业不断增长的研发投入。2018—2022 年，宁德时代的研发费用增加近 4 倍，比亚迪增长 2.3 倍。此外，中创新航、亿纬锂能以及国轩高科等多家企业均在逐年提高研发费用，力图在动力电池及前沿技术领域保持持续研发与创新。以宁德时代为例，2019 年其发布全球首款 CTP 技术，2021 年发布第一代钠离子电池，2022 年发布超长续航 1000 公里以上的麒麟电池，2023 年发布了航天级应用的凝聚态电池。2023 年 8 月，宁德时代发布全球首款采用磷酸铁锂材料并可实现大规模量产的 4C 超充电池——神行超充电池。该电池基于材料、超高导电解液配方、石墨快离子环技术等多方面的技术创新，实现"充电 10 分钟，续航 400 公里"的设计目标。宁德时代国内乘用车事业部 CTO（首席技术官）高焕说，为了缓解补能焦虑，宁德时代不断突破技术"无人区"，每次创新都在打破行业固有认知。②

为了保证原材料的供应和价格稳定，中国动力电池生产企业纷纷进军海外原材料市场。其中，宁德时代以 19.2 亿元入股了非洲 Manono 锂矿项目，比亚迪中标智利矿业部的锂矿开采，欣旺达拟收购阿根廷锂矿企业 GOLDINKA ENERGY S. A. 持有的 Laguna Caro 矿权项目，力拓集团则以 8.25 亿美元收购阿根廷矿业公司的锂矿项目。与此同时，不少企业在海外设厂，在当地生产动力电池，以满足海外市场的需求。以孚能科技为例，该公司目前在美国和德国设有分公司，构建了横跨三大洲的研发、市场和服务架构。在此基础上，该公司与土耳其 TOGG 集团合

① 左茂轩. 中国动力电池进入高质量发展阶段，领先优势何以延续？［EB/OL］. （2023－06－09）［2024－04－07］. https：//www. 163. com/dy/article/I6QPH1K005199NPP. html.

② 中国财富网. 动力电池何以高质量"续航"［EB/OL］. （2023－09－26）［2024－04－07］. https：//baijiahao. baidu. com/s？id = 1778060484558199745&wfr = spider&for = pc.

资建立电池公司 SIRO，已初步具备海外制造和供应能力。①

随着市场对新能源汽车的接受度越来越高，汽车企业看到了希望，积极行动起来，在发展新能源汽车方面取得了显著成效。一些传统燃油车生产企业新开发的新能源汽车，整车结构更加合理。由于一系列新材料、新工艺的使用，整车能耗、续驶里程和产品质量都有了很大的改善。与此同时，一批造车新势力涌入新能源汽车领域，对汽车工业的传统发展模式也带来了积极的影响。例如，代工模式的出现，既利用了传统汽车企业的经验，也减少了建设工厂的一次性巨额投资，有些新势力还利用传统车企富余的生产能力，实现了双赢。②

按照我国政府公布的进一步扩大对外开放的时间表，2020 年，我们开始放开新能源汽车外资进入我国的股比限制，外资股比不再被限定在 50%（含）以下，而是可以控股直至独资。对此，工信部前部长苗圩写道，"机会总是留给有准备的人，而对我国汽车企业来说，最好的准备还是把自主品牌做好。因此，我国汽车企业把放开对外资股比的限制看作做好自主品牌的契机。在激烈的市场竞争中得到充分锻炼的自主品牌，完全有能力与世界最高水平的国外汽车企业同场竞技，在差异化发展上寻找机会"③。后来的事实证明，此言不虚。

为科学引导充电基础设施建设，促进新能源汽车产业健康快速发展，中华人民共和国发展和改革委员会（简称发改委）联合国家能源局、中华人民共和国工业和信息化部（简称工信部）、中华人民共和国

---

① 张真齐.步入发展下半场 动力电池产业在挑战中寻找机遇［EB/OL］.（2023-12-21）［2024-04-07］. https：//baijiahao. baidu. com/s? id=178584279435159 2605&wfr=spider&for=pc.

② 苗圩：换道赛车：新能源汽车的中国道路［M］. 北京：人民邮电出版社，2024：55.

③ 苗圩. 换道赛车：新能源汽车的中国道路［M］. 北京：人民邮电出版社，2024：54.

住房和城乡建设部（简称住建部）于 2015 年出台了《电动汽车充电基础设施发展指南（2015—2020 年）》（以下简称《发展指南》），提出了我国"十三五"阶段充电基础设施发展的总体目标，以及分区域和分场所建设的目标与路线图。《发展指南》提出，到 2020 年，我国将新增集中式充换电站超过 1.2 万座，分散式充电桩超过 480 万个，以满足全国 500 万辆电动汽车充电需求。此外，将优先建设公交、出租及环卫与物流等公共服务领域充电基础设施，积极推进公务与私人乘用车用户结合居民区与单位停车位配建充电桩，合理布局社会停车场所公共充电基础设施，结合骨干高速公路网建设城际快充网络。①

经过近十年的积极建设，充电基础设施建设滞后的情况大为好转。据工信部的数据：截至 2023 年底，我国充电基础设施累计达 859.6 万台，同比增加 65%，我国已建成世界上数量最多、辐射面积最大、服务车辆最全的充电基础设施体系。与此同时，充电服务网点密度持续增加，充电便利性大幅提升。2023 年，我国新增公共充电桩 92.9 万台，同比增加 42.7%；新增随车配建私人充电桩 245.8 万台，同比上升 26.6%；高速公路沿线具备充电服务能力的服务区约 6000 个，充电停车位约 3 万个。在公共充电桩中，快充桩数量占比已提升至 44%。换电基础设施建设加快，2023 年，我国新增换电站 1594 座，累计建成换电站 3567 座。工信部表示，下一步将加快推进充电基础设施建设，不断优化完善充电网络布局，加强重点场景充电基础设施建设，引导用户广泛参与智能有序充电和车网互动，鼓励开展新能源汽车与电网互动应用试点示范工作；持续推动换电基础设施相关标准制定，加快换电模式推

---

① 顾阳. 我国 5 年内建设充电桩将超过 480 万个 [EB/OL]. （2015-11-18）[2024-04-07]. https：//www. gov. cn/xinwen/2015-11-18/content_ 2967396. htm.

广应用，持续优化新能源汽车使用环境。[①]

　　舆论非常关注的电池回收问题，我国也取得了积极进展。2018年，工信部联合环保部、科技部等相关部委，颁布实施了《新能源汽车动力蓄电池回收利用管理暂行办法》，明确提出"落实生产者责任延伸制度，汽车生产企业承担动力蓄电池回收的主体责任，相关企业在动力蓄电池回收利用各环节履行相应责任，保障动力蓄电池的有效利用和环保处置。坚持产品全生命周期理念，遵循环境效益、社会效益和经济效益有机统一的原则，充分发挥市场作用"；"国家支持开展动力蓄电池回收利用的科学技术研究，引导产学研协作，鼓励开展梯次利用和再生利用，推动动力蓄电池回收利用模式创新"[②]。2019年，国家有关部门还出台了《新能源汽车动力蓄电池梯次利用管理办法》，要求"梯次利用企业应依法履行主体责任，遵循全生命周期理念，落实生产者责任延伸制度，保障本企业生产的梯次产品质量，以及报废后的规范回收和环保处置；动力蓄电池生产企业应采取易梯次利用的产品结构设计，利于高效梯次利用"；"梯次利用企业应符合《新能源汽车废旧动力蓄电池综合利用行业规范条件》（工业和信息化部公告2019年第59号）要求。鼓励采用先进适用的工艺技术及装备，对废旧动力蓄电池优先进行包（组）、模块级别的梯次利用，电池包（组）和模块的拆解符合《车用动力电池回收利用拆解规范》（GB/T 33598）的相关要求"[③]。

---

　　① 王政. 截至2023年底我国累计建成充电基础设施859.6万台［EB/OL］. （2024-03-18）［2024-04-07］. https：//baijiahao. baidu. com/s？id=1793812684020108447&wfr=spider&for=pc.

　　② 中国政府网. 关于印发《新能源汽车动力蓄电池回收利用管理暂行办法》的通知［EB/OL］. （2018-02-26）［2024-04-08］. https：//www. gov. cn/xinwen/2018-02/26/content_ 5268875. htm.

　　③ 中国政府网. 五部门关于印发《新能源汽车动力蓄电池梯次利用管理办法》的通知［EB/OL］. （2021-08-28）［2024-04-08］. https：//www. gov. cn/zhengce/zhengceku/2021-08/28/content_ 5633897. htm.

由于国家的支持和鼓励，加上动力电池原材料价格上涨，越来越多的企业开始进军电池回收市场。有数据显示，我国 2018 年动力电池回收相关企业注册量 2160 余家，2020 年新增动力电池回收企业 4500 家，2021 年动力电池回收企业注册量暴增至 2.22 万家，2022 年动力电池回收企业注册量达 3.8 万家。截至 2023 年 9 月，我国注册"电池回收"的企业数量已经达到 11.2 万余家。这么多企业，有做得很好的大型企业，比如，以宁德时代为代表的动力电池生产企业。数据显示，宁德时代镍钴锰的回收率已经达到 99.3%，锂达到 90% 以上。到 2035 年后，宁德时代循环利用退役电池中的材料就可以满足很大一部分市场需求。但是，也有数量庞大的"小作坊"，它们技术力量薄弱，其中有的甚至不具备拆解甚至分解回收电池的能力，存在较大的安全隐患和环境污染风险。① 对此，工信部表示将从法规、政策、技术、标准、产业等方面，加快推动新能源汽车动力电池回收利用，重点开展以下几方面工作：一是加快推进动力电池回收利用立法，完善监管措施，加大约束力；加强梯次利用管理，实施梯次产品自愿性认证制度，引导市场健康有序发展。二是完善回收利用体系，强化线上线下协同溯源监管，督促有关主体落实溯源管理责任。三是加强技术创新，突破退役电池一致性、自动化拆解等目前还存在的技术瓶颈，持续推动发布一批国家标准、行业标准。四是深化试点示范，创新商业模式，加快备电等梯次利用示范项目建设，持续培育梯次利用和再生利用骨干企业。②

2016 年，由于"骗补"现象严重，社会对用财政补助推广新能源汽车的政策存在很多质疑，有不少人要求取消新能源汽车补贴政策。但

---

① 和讯网. 2023 年，动力电池回收生意还好做吗？［EB/OL］. （2023-11-03）［2024-04-08］. https：//baijiahao. baidu. com/s？id = 1781525911448589413&wfr = spider&for = pc.

② 张云. 工信部：加快推动新能源汽车动力电池回收利用立法［EB/OL］. （2021-10-19）［2024-04-08］. https：//smart. huanqiu. com/article/45Eft81ZB5N.

是，"国务院领导同志态度十分坚定，认为有什么问题就解决什么问题，不要泼洗澡水的同时把孩子也泼出去了"①。在查实违法企业的基础上，管理部门一方面严令其退回补助款并予以罚款；另一方面，进一步加大了核查力度，调整补助办法，包括运营车辆必须运行2万公里后才能申请补助等。此后，各级政府管理部门切实负起责任，修订了补助政策，减少了漏洞，管理水平比最初时大大提高，不法企业想再"骗补"几乎是不可能的。而后，相关部门决定在2019年开始实施财政补助"退坡"政策，当年大约退50%的幅度，并预计逐渐在2020年底取消补助政策。但由于2020年新冠疫情的原因，国务院后来采取了一系列恢复经济的政策，其中包括将新能源汽车的补助政策延续执行到2022年底。②

2021年全国两会期间，《政府工作报告》提出，"扎实做好碳达峰、碳中和各项工作。制定2030年前碳排放达峰行动方案。优化产业结构和能源结构。推动煤炭清洁高效利用，大力发展新能源，在确保安全的前提下积极有序发展核电。扩大环境保护、节能节水等企业所得税优惠目录范围，促进新型节能环保技术、装备和产品研发应用，培育壮大节能环保产业，推动资源节约高效利用"③。"双碳"目标的提出，为新能源汽车产业的发展再次吹响了冲锋号。

结　语

在政府和市场多方的努力下，我国新能源汽车产业发展保持了良好

---

①　苗圩. 换道赛车：新能源汽车的中国道路［M］. 北京：人民邮电出版社，2024：49.

②　苗圩：换道赛车：新能源汽车的中国道路［M］. 北京：人民邮电出版社，2024：52-53.

③　2021年政府工作报告［EB/OL］. （2021-03-05）［2024-04-08］. https：//www. gov. cn/guowuyuan/2021zfgzbg. htm.

的增长态势。2023年，我国新能源汽车产业取得了三个方面的显著进展。第一，产销规模创历史新高。全年新能源汽车产销量分别达到958.7万辆和949.5万辆，同比分别增长35.8%和37.9%；我国新能源汽车产销量占全球比重超过60%、连续9年位居世界第一位；新能源汽车出口120.3万辆、同比增长77.2%，均创历史新高。第二，新能源汽车渗透率稳步提升。全年国内新能源汽车销量占全部汽车销售量比重达31.6%，较2022年提升6个百分点；截至2023年底，我国新能源汽车保有量为2041万辆，占汽车保有量比重的6.1%，较2022年底提升2个百分点。第三，配套设施不断健全。截至2023年底，我国累计建成充电设施859.6万台，数量居全球第一，逐步形成新能源汽车与充电基础设施相互促进的良性循环。①

随着新能源汽车的发展，中国品牌的新能源乘用车市场占有率大幅度提高，国内定价30万元以上的新能源乘用车大多是中国品牌。中国新能源市场的爆发，使得自主品牌乘用车于2022年首次占到近50%的市场份额（49.9%）。这是自主品牌市场份额不断提升的标志性业绩。②

与此同时，新能源汽车的环保效应也开始显现。在2023年9月召开的"问路碳中和——2023汽车碳中和峰会"上，中国工程院院士、吉林大学汽车工程学院名誉院长郭孔辉告诉媒体，平均每辆新能源汽车在使用环节如果按每辆车年减碳量1.66吨计算，我国目前每年约减碳2700万吨。③

---

① 国家发改委：我国新能源汽车产销连续9年位居全球第一［EB/OL］．（2024-01-18）［2024-03-20］．https：//baijiahao.baidu.com/s? id＝1788414048691488730&wfr＝spider&for＝pc.

② 苗圩. 换道赛车：新能源汽车的中国道路［M］．北京：人民邮电出版社，2024：54.

③ 陈南燕. 中国工程院院士郭孔辉：新能源汽车在使用环节年减碳约2700万吨［EB/OL］．（2015-09-21）［2024-04-08］．https：//baijiahao.baidu.com/s? id＝1777693095304418403&wfr＝spider&for＝pc.

在党和国家的高度重视下，在社会各界的共同努力下，我国的节能减排和生态文明建设取得了重大成就，环境质量改善明显。2023 年 5 月，生态环境部在其发布的《2022 中国生态环境状况公报》中指出："全国环境空气质量稳中向好。地级及以上城市细颗粒物浓度为 29 微克/立方米，比 2021 年下降 3.3%，好于年度目标 4.6 微克/立方米。优良天数比例为 86.5%，好于年度目标 0.9 个百分点；重度及以上污染天数比例为 0.9%，比 2021 年下降 0.4 个百分点。"①

　　所有的这一切都表明，新能源汽车产业的发展，对落实新发展理念、实现高质量发展作出了重要的贡献。

---

　　① 中华人民共和国生态环境部. 2022 中国生态环境状况公报 ［EB/OL］. ［2024-04-08］. https：//www. mee. gov. cn/hjzl/sthjzk/zghjzkgb/202305/P020230529570623593284. pdf.

一、课前准备

(1)查阅资料，了解汽车发展简史；

(2)查阅资料，了解我国近十年空气质量的变化情况；

(3)学习有关新发展理念和高质量发展的主要内容。

二、适用对象

本案例适用所有学习形势与政策和习近平新时代中国特色社会主义思想概论等课的学生。

三、教学目标

通过本案例的教学，可以让学生清楚地了解我国新能源汽车产业发展的背景、过程和成效，知晓我国新能源汽车产业发展过程中曾经遇到的问题和政府部门为解决问题而采取的政策措施，从而对新发展理念、高质量发展有更深刻的思考，对中国特色社会主义有更直观的感受，增进学生的"四个自信"。

四、教学内容及要点分析

1. 我国发展新能源汽车产业的背景

(1)国外汽车产业发展的教训，案例中谈到了洛杉矶的"光化学烟雾事件"；(2)科学家的远见卓识，钱学森先生30年前就致信当时的副总理邹家华，建议发展新能源汽车；(3)环境污染日益严重，客观上要求汽车产业的转型；（4）党和国家领导人对环境问题非常重视，习近平总书记更是对生态文明建设多次提出要求。

2. 我国新能源汽车产业发展的特点

（1）国家重视，政府主导。党中央和国务院非常重视新能源汽车产业的发展，相关部门出台了一系列政策引导和规范新能源汽车产业的发展。这一点在案例中有很多例证。（2）市场发挥了关键作用。因有利可图，各企业相继进入新能源汽车产业，竞争日益激烈。宁德时代和比亚迪等本土企业加大科研投入，逐渐发展壮大起来，带领中国新能源汽车产业在全球竞争中取得了不俗的成绩。

3. 我国新能源汽车产业发展的问题及其解决措施

我国在新能源汽车产业发展的过程中，出现了不少问题，主要有：相关技术发展落后，核心零部件对外依存度过高；产业秩序混乱，低速电动汽车产业隐患较多；配套设施建设滞后，尤其是充电设施不能满足市场需要；部分车企"骗补"现象严重；在资源环境方面存在较大风险。面对上述问题，我国政府、车企和相关研究机构，都采取了相应的措施：一是不断完善政策，堵塞制度漏洞；二是加大科研攻关和创新的力度，提升新能源汽车产业的科技水平；三是不断加强企业内部管理，创新商业模式。通过多方努力，我国新能源汽车产业逐渐走上了正轨，取得了非常优异的成绩。与此同时，空气质量也获得了较大的改善。

五、教学安排

1. 分组环节（5分钟）

根据课堂人数，将学生分成若干个小组，每组5—6人为宜。每组自行推荐一个组长，负责记录发言要点和最后的总结发言。要求每个小组最后提交一份不少于200字的总结材料。

2. 案例准备（10 分钟）

正式进行案例教学之前，教师引导学生思考并讨论：我国城乡马路上的新能源汽车为什么会越来越多？教师还可以播放相关的视频材料。

3. 分组讨论（50 分钟）

根据本说明书第四部分"教学内容及要点分析"，引导学生一边阅读案例材料，一边讨论下述问题：（1）我国发展新能源汽车产业的主要原因是什么？（2）我国新能源汽车产业发展的主要特点有哪些？（3）我国新能源汽车产业发展中出现了哪些问题？这些问题是怎么得到解决的？（4）我国新能源汽车产业发展取得了怎样的成绩？为什么会取得这样的成绩？

4. 总结发表（25 分钟）

讨论结束后，要求各小组组长将本组同学对以上四个问题的讨论情况和结论进行简单的口头汇报，教师根据情况进行点评分析。

汇报结束后，各小组提交一份不少于 200 字的材料，对本次讨论的收获和感想进行简单的总结。

六、补充材料

焦点访谈：新赛道上的超车——领跑的密码［EB/OL］. https：//content-static. cctvnews. cctv. com/snow-book/index. html？item_ id＝10694931084273382953.

推进绿色低碳转型发展

——发扬历史主动精神的湖南钢铁集团*

蒋飞云　谭　丽　闻媛婷

▶ **作者信息:**

蒋飞云,湖南大学马克思主义学院教授。研究方向:大学生思想政治教育,高校思想政治理论课教学研究。

谭丽,湖南大学马克思主义学院硕士研究生。

闻媛婷,湖南大学马克思主义学院硕士研究生。

* 基金项目:湖南省普通高等学校教学改革研究普通教育重点立项项目　新时代大学生历史主动精神培育研究(HNJG-20230153)

摘要：本案例描述了湖南钢铁集团在钢铁产能严重过剩，绿色转型困难重重的时代背景下，发扬历史主动精神，立足客观实际，顺应时代潮流，善于抓住机遇，积极应对困难。湖南钢铁集团锚定"三高四新"美好蓝图，以节能减排助力绿色低碳发展，以科技创新推动高端化发展，以内部改革激发发展活力，以开拓国内外两个市场主动融入经济大循环，以高质量党建引领高质量发展，最终在钢铁业"寒冬"中破茧成蝶，成为钢铁制造行业经济高质量发展的优秀典范。

关键词：湖南钢铁集团；历史主动精神；绿色低碳转型；高质量发展；机遇与挑战

理论政策：

1. **党的二十大报告精神**

(1)推进新型工业化，加快建设制造强国、质量强国，支持专精特新企业发展，推动制造业高端化、智能化、绿色化发展。

(2)加快发展方式绿色转型，推动经济社会发展绿色化、低碳化是实现高质量发展的关键环节。

(3)坚持以推动高质量发展为主题，把实施扩大内需战略同深化供给侧结构性改革有机结合起来，加快构建以国内大循环为主体、国内国际双循环相互促进的新发展格局。

(4)实施科教兴国战略，强化现代化建设人才支撑，必须坚持科技是第一生产力、人才是第一资源、创新是第一动力。

2. **习近平总书记在湖南考察的重要讲话精神**

(1)2020年9月，习近平总书记考察湖南时的殷殷嘱托，激励湖南要做强做优做大制造业和实体经济，大力实施"三高四新"战略。

(2)2024年3月，习近平总书记在湖南省长沙市主持召开新时代推动中部地区崛起座谈会上强调要以科技创新引领产业创新，积极培育和发展新质生产力。

案例正文

习近平总书记在党的二十大报告中指出，"全党同志务必不忘初心、牢记使命，务必谦虚谨慎、艰苦奋斗，务必敢于斗争、善于斗争，坚定历史自信，增强历史主动，谱写新时代中国特色社会主义更加绚丽的华章"①。历史主动精神是中国共产党有别于其他政党的独特精神品质，是中国共产党把握和运用历史规律，带领人民从"站起来""富起来"到"强起来"的宝贵经验和重要法宝。党的十九届六中全会通过的《中共中央关于党的百年奋斗重大成就和历史经验的决议》明确提出，中国人民"在历史进程中积累的强大能量充分爆发出来，焕发出前所未有的历史主动精神、历史创造精神，正在信心百倍书写着新时代中国发展的伟大历史"②。

根据唯物史观，历史主动精神的主要内容包括实践主体的主动性、创造性、担当性、人民性等内核。在"两个大局"的时代背景下，湖南钢铁集团有限公司立足新时代历史方位，发挥主观能动性，顺势而为，积极改革创新，勇于面对各种风险与挑战，自觉担当历史责任和使命，以历史主动精神推动经济高质量绿色发展，在奋进中铸就湖南钢铁新辉煌、谱写湖南钢铁新篇章。

一、湖南钢铁，红色基因

湖南钢铁集团有限公司（以下简称"湖南钢铁集团"），其前身是湖

---

① 习近平. 高举中国特色社会主义伟大旗帜　为全面建设社会主义现代化国家而团结奋斗——在中国共产党第二十次全国代表大会上的报告[N]. 人民日报，2022-10-26(01).

② 习近平. 中共中央关于党的百年奋斗重大成就和历史经验的决议[N]. 人民日报，2021-11-17.

南省三大钢铁企业——湘潭钢铁集团有限公司(以下简称"湘钢")、涟源钢铁集团有限公司(以下简称"涟钢")、衡阳华菱钢管有限公司(以下简称"衡钢")联合组建的湖南华菱钢铁集团有限责任公司(以下简称"华菱钢铁集团")。作为湖南的"头号"国有企业,华菱钢铁集团排行全国钢铁企业前十强,其年产钢量占全省的85%以上,是湖南工业总体实力的象征。[①] 据有关数据显示,湖南钢铁集团2023年实现营业收入2360亿元,同比增长7.2%,连续两年进入《财富》世界500强榜单。[②] 湖南钢铁集团的变迁,见证着中华人民共和国的成长与发展。

中华人民共和国成立之初,我国工业特别是重工业极端落后。"现在我们能造什么?能造桌子椅子,能造茶碗茶壶,能种粮食,还能磨成面粉,还能造纸,但是,一辆汽车、一架飞机、一辆坦克、一辆拖拉机都不能造"。[③] 毛泽东的这段话体现了党中央想改变这种落后状况的紧迫感。我国在过渡时期总路线的主要内容被概括为"一化三改"。"一化"是社会主义工业化,工业化是我国过渡时期总路线的主体。实现工业化,优先发展重工业,是巩固国防、增进人民福祉及实现国家独立富强的必然要求。

1956年,毛主席在接见时任湖南省委第一书记周小舟时说,"搞工业,湖南要自己办点钢铁,不能光靠中央调拨"[④]。根据毛主席指示,1956年7月,"湖南钢铁厂筹备处"组建。1957年,冶金工业部根据

---

① 钢铁华菱[EB/OL]. (2017-12-18)[2024-04-21]. https://hn. rednet. cn/c/2017/12/18/4506008. htm.

② 郭志强. 连续两年跻身世界500强,这家国企如何让党建化成"看得见的生产力[EB/OL]. (2024-01-08)[2024-04-21]. https://www. ceweekly. cn/company/2024/0108/434358. html.

③ 毛泽东文集. 第六卷[M]. 北京:人民出版社,1999:329.

④ 湖南省人民政府门户网站. 湖湘实业风云录⑤|钢铁巨龙腾空而起[EB/OL]. (2018-04-08)[2024-04-20]. http://www. hunan. gov. cn/hnszf/hnyw/sy/hnyw1/201804/t20180408_ 4984513. html.

《论十大关系》的精神，确定钢铁工业建设"三大、五中、十八小"的战略布局。"三大"，是指鞍钢、包钢、武钢三大钢铁基地；"五中"，是指分别在湖南湘潭、山西太原、北京石景山、安徽马鞍山、四川重庆建设 5 个年产钢 30 万~100 万吨的中型钢厂。"十八小"，是指 18 个省、区新建、扩建 18 个年产钢 10 万~30 万吨的小型钢铁厂。[①] 1958 年，是"二五计划"开局之年，全国掀起了以兴建钢铁企业为主的工业生产建设高潮。就在这一年，湖南破土动工的，有位于湘潭的湘钢、位于娄底涟源的涟钢、位于衡阳的地方钢管企业衡钢等，湖南结束了没有钢铁企业的历史。

湖南钢铁产业与时代同行，由小到大、从弱到强。至 1987 年，湖南初步奠定以炼铁、炼钢、铁合金、锰矿为主体的钢铁工业基础。1997 年 11 月，中共湖南省委、省政府因势利导，将湘钢、涟钢、衡钢这 3 家钢铁企业联合组建为大型企业集团，在湘钢的优质品牌"华光"牌和涟钢的"双菱"牌中各取一字，定名"华菱"集团。1999 年，华菱集团积极推进资本运作，将钢铁主业部分组建为华菱钢铁股份有限公司，并在深交所上市，股票名称"华菱钢铁"，[②] 这为"三钢"随后开展的大规模技术改造提供了强有力的资金支持。华菱集团的组建与成功运行，彻底结束了湖南钢铁工业"散、小、差"格局，改变了"三钢"重复建设、无序竞争状态，被中国钢铁工业协会誉为省级区域内强强联合的典范。[③]

2022 年 3 月 7 日，湖南钢铁集团有限公司在长沙揭牌，原湖南华菱钢铁集团有限责任公司更名为湖南钢铁集团有限公司。此次更名，是湖

① 话说中国宝武 130 年（十四）：建设"三大、五中、十八小"（上）[EB/OL]. (2020-10-29)[2024-04-20]. https：//www. sohu. com/a/428252067_ 366142.

② 胡晓翔. 钢铁华菱——贯彻习近平总书记大力振兴实体经济思想的生动实践[N]. 湖南日报，2017-12-18(01).

③ 华菱. 当好湖南实体经济发展排头兵——看华菱集团如何围绕钢铁主业高质量发展[N]. 湖南日报，2018-12-07.

南钢铁工业对红色钢铁文化的传承，是助推湖南钢铁及制造业高质量发展的重大举措，也是做强湖南制造品牌的需要(见图6-1)。[①] 六十多年的沧海桑田，一代代湖南钢铁人秉持"建设好毛主席家乡钢铁企业"的初心使命，艰苦创业、不懈奋斗。

图 6-1　湖南钢铁集团揭牌

(图片来源：红网)

二、山重水复，路在何方

作为湖南省实体经济发展的排头兵，湖南钢铁集团的发展并非一帆风顺。面对资源环境瓶颈约束、产能严重过剩、产品结构单一且低端化等难题，湖南钢铁集团历经艰辛，一度陷入寒风凛冽的"深冬"。

（一）高能耗高排放

作为传统制造业的钢铁行业，高排放、重污染是其难以摆脱的标签。有学者认为，"从国内来看，制造业规模决定了我们的资源消耗和排放量大，资源环境瓶颈约束突出，各地区、各行业的绿色转型进程和

---

① 甘红. 省之大计! 以后请叫我"湖南钢铁集团"[EB/OL]. (2022–03–08)[2024–04–02]. https://stock.rednet.cn/content/2022/03/07/10981242.html.

面临的问题都不相同，一些绿色低碳关键核心技术尚未完全掌握等。从国际来看，绿色低碳领域的国际规则面临重塑，对经贸合作和产业竞争提出新挑战，增加了我国绿色低碳转型的成本和难度。"[1]湖南钢铁集团是湖南的钢铁巨头，同时也是排放大户，深受资源环境瓶颈约束。以湘钢为例，2019 年，湘钢二氧化硫排放量为 10272 吨，氮氧化物排放量为 10872 吨，占全市的比例分别为 47.6% 和 34.9%。省级环保督察在 2018 年曾指出，湘钢周边的 2 个国控站点为全省空气质量最差的站点。[2] 可见，此时的湖南钢铁集团绿色低碳发展意识较为淡薄，没有很好地处理经济发展与环境保护之间的关系；而且，绿色低碳转型相关体制机制尚未健全，制造业绿色发展的先进技术有待开发应用。

党的十八大以来，"绿水青山就是金山银山"、资源节约型和环境友好型"两型社会"、"五位一体"总体布局、"双碳"目标等可持续发展理念得到全面贯彻落实。2024 年 2 月 2 日，习近平总书记在中共中央政治局第十一次集体学习时强调，"绿色发展是高质量发展的底色，新质生产力本身就是绿色生产力。必须加快发展方式绿色转型，助力碳达峰碳中和"[3]。毫无疑问，作为大型国企，湖南钢铁集团既要大力发展生产、实现经济高速增长，也要做好节能减排、主动承担环境保护的社会责任。面对绿色低碳发展的时代主旋律，湖南钢铁集团该何去何从？山重水复疑无路，湖南钢铁集团能否改变"傻大黑粗"的刻板印象，实现国有钢铁企业的绿色蝶变呢？

（二）产能严重过剩

产能过剩是造成钢铁行业亏损严重的主要原因，也似乎是难以破解

---

① 李玲. 制造业绿色发展添政策"东风"[N]. 中国能源报，2024-03-18(02).
② 湖南钢铁集团. 华菱湘钢，城中钢厂绿色蝶变[EB/OL]. (2021-01-21)[2024-04-05]. http://www.chinavalin.com/Info.aspx? ColId=23&Id=605&ModelId=1.
③ 绿色发展是高质量发展的底色[J]. 资源导刊，2024(03)：4.

的行业"魔咒"。作为资源密集型行业，钢铁业"易入难出"。加上各地政府的保护主义、钢企自保行为、行业无序竞争、下游需求骤降等不利因素，我国的钢铁行业供大于求，造成积重难返的产能过剩问题。我国目前的钢铁产能过剩已处于严重阶段，据相关数据显示，钢铁产能已超过 12 亿吨。①

自 2011 年以来，我国日益注重发展速度与发展质量两手抓，经济增速逐步放缓。在这一政策的推动下，市场对钢材的需求逐步下降，且要求更高质量的产品。我国的钢铁产业面对经济转型，其应对能力较弱。同时，因其具有重固定资产、重原材料、规模化生产的特点，易于盲目扩张产能，并且我国出口钢铁以低附加值钢铁产品为主，国际综合竞争优势不高，多种不利因素导致企业产能严重过剩，盈利下行，亏损严重。②

数据显示，2015 年湖南钢铁集团亏损金额近 30 亿元，2016 年初又亏损将近 10 亿元；截至 2015 年底，负债率高达 86%，资金链随时有断裂风险，企业面临严峻的生存挑战。由于巨大的市场压力和债务压力，湖南钢铁集团何去何从，成了决策者的艰难选择。③ 钢铁行业化解产能过剩的难题并非近年出现，抑制过剩、淘汰落后产能呼声多年来不绝于耳，然而，很多钢铁行业至今仍未摆脱亏损的经营困境。与整个钢铁行业一样，湖南钢铁集团化解行业产能过剩、提质转型的任务迫在眉睫，这是一场必须打赢的硬仗，任重道远，使命艰巨。

---

① 陈雷鸣. 化解钢铁产能过剩问题任重道远[J]. 中国储运，2023（07）：18-19.
② 于青，陈瑞华. 供给侧结构性改革背景下大型企业脱困研究——以湖南华菱钢铁集团为例[J]. 银行家，2023（06）：106-108.
③ 胡晓翔. 钢铁华菱——贯彻习近平总书记大力振兴实体经济思想的生动实践[EB/OL].（2017-12-18）[2024-04-20]. https：//hn. rednet. cn/c/2017/12/18/883150. htm.

(三)产品结构单一且低端化

制造业是国家经济的命脉，是强省之基、兴省之要。湖南钢铁集团作为制造强省建设的"领跑者"，对建设富饶美丽幸福的新湖南至关重要。① 然而，湖南钢铁集团在发展进程中却存在产品结构单一、产品价值低端的问题。如何围绕供给侧结构性改革、以"三去一降一补"为切入点，走出符合湖南钢铁集团的企业"转型自救"之路，是其在发展过程中必须解决的难题。②

产品结构单一，缺乏市场竞争力。湖南钢铁集团的湘钢、涟钢和衡钢遭遇同样的发展瓶颈，湘钢以线材为主，涟钢以螺纹钢为主，衡钢以小口径无缝钢管为主，三钢产品都是"大路货"，缺乏市场竞争力。③ 单一的产品结构与供应链已无法满足市场需求，市场实际用钢需求涵盖造船、海工、能源、油气、汽车、军工、机械、建筑等各个领域，针对丰富的用钢领域将市场细分规划，显然已是迫在眉睫。市场细分的过程中仍面临一定的挑战，比如，我国石油领域，用管材料存在使用寿命偏短、耐腐蚀性能较差等问题，而依赖进口大大增加了油气开采的成本，湖南钢铁集团能否设计出符合石油行业需求的特殊无缝钢管，这是市场对湖南钢铁集团提出的新挑战。④

产品附加值低，缺乏科技含量。优质产品是企业的核心竞争力，产品低端化的核心问题是缺乏科技创新。湖南钢铁集团只有在科技引领

---

① 曹娴."三大变革"成就新华菱[N].湖南日报，2020-01-16(11).

② 郭志强.华菱集团钢铁资产整体上市背后：破解钢企利润增速整体下滑难题[EB/OL].（2019-09-24）[2024-04-10].https：//www.ceweekly.cn/2019/0924/269095.shtml.

③ 华声在线.当好湖南实体经济发展排头兵——看华菱集团如何围绕钢铁主业高质量发展[EB/OL].（2018-12-04）[2024-04-04].https：//baijiahao.baidu.com/s?id=1618885622625498456.

④ 人民网.改革创新谋高质量发展华菱5年跨越三大步[EB/OL].（2021-08-16）[2024-04-10].http：//www.chinavalin.com/Info.aspx?Id=626&ModelId=1.

下，做到"价格比别人的贵，利润比别人的高"，才能在钢材市场微利时代获利。[①] 湖南钢铁集团的钢铁由于产品价值低端，市场口碑有待提高。比如，作为三一重工旗下从事混凝土搅拌车及渣土车生产的子公司三一湖汽，曾认为涟钢产品质量达不到其要求，对"家门口"的供应商不太"感兴趣"。[②] 在高强钢轻量化方面，湖南钢铁集团也遭遇难题，国内制造企业能提供的旋挖钻杆管，强度低、重量重，使用寿命普遍只有500 小时。[③] 产品价值低端的问题也影响了湖南钢铁集团在国际市场上的竞争，低附加值的产品，其国际议价、盈利能力较差，下游业务联动不足，自然国际综合竞争优势不高。[④]

制造业企业的质量变革，是企业高质量发展的基础保障。党的二十大报告提出，要加快建设质量强国战略、制造强国战略。湖南钢铁集团显然不能凭借小打小闹的技改、修修补补的改革来改变现状。以"贯彻新发展理念，推动经济高质量发展"为指引，推动产品由粗向精、由低端向高端大步跨越，走出一条高端、精品、特色、差异化的发展之路，实现产品满足国内一流水平、国际一流标准的"双一流"目标，是湖南钢铁集团实现企业振兴必经之路。

三、柳暗花明，抓住机遇

（一）做好节能减排，践行绿色发展理念

如何才能甩掉传统制造业"傻大黑粗"的高污染、高能耗的标签呢？

① 白培生，肖洋桂. 铸造钢铁脊梁迈向世界一流［N］. 湖南日报，2023 - 03 - 25（03）.

② 新湖南. 看华菱涟钢如何打造中南地区优质钢材生产基地［EB/OL］.（2018-10-12）［2024-04-10］. http：//www. chinavalin. com/Info. aspx？ModelId = 1&Id = 470.

③ 黄利飞. 湖南高强钢正走向更薄、更轻、更强［EB/OL］.（2019-06-12）［2024-04-10］. https：//www. chinavalin. com/Info. aspx？ModelId = 1&Id = 497.

④ 于青，陈瑞华. 供给侧结构性改革背景下大型企业脱困研究——以湖南华菱钢铁集团为例［J］. 银行家，2023（06）：106-108.

湖南钢铁集团发扬历史主动精神，积极响应国家关于"碳达峰、碳中和"的号召，围绕节能减排目标，大力推进绿色化发展，着重从节能降耗和低碳减排两方面开展工作，从源头上控制污染物排放，提高资源能源利用率，助力企业实现绿色低碳转型。

1. 节能降耗①

一是不断优化生产工艺，降低能源消耗。坚持"精料"方针，通过提高高炉富氧率、煤气利用率、喷煤比，降低入炉焦比等措施，降低焦炭消耗，进一步改善原燃料结构，降低原料矿石单耗及铁水单耗，提高废钢比，从源头降低碳排放，减少燃料消耗。

二是积极推广节能新技术，进行装备与技术的同步升级。近年来，湖南钢铁集团通过大力实施节能降碳以及余热回收利用项目来实现节能降耗，不断加大对干熄焦、TRT、烧结余热发电、钢后余热发电、CCPP、超高压高温发电、亚临界发电、超临界发电等国家重点推广的二次能源高效回收利用技术方面的投入。利用设备改造、升级绿色工艺技术等一系列举措提高生产运营过程中的节能水平。

涟钢作为一个典型的例子，很好地展示了通过深入挖掘工序节能潜力来不断减少煤气消耗的方法。为了实现节能降耗，公司积极引入了富氧燃烧技术，对连铸中间包烘烤器进行了创新性的节能改造（见图6-2）。在此之前，连铸中间包烘烤器使用空气助燃时，冒火现象严重，导致大量热量损失和高昂的煤气消耗。然而，通过应用富氧燃烧技术，涟钢成功地解决了这个问题。改造后的连铸中间包烘烤器，火焰稳定，热量得到了充分利用，不仅降低了煤气消耗，还缩短了加热时间，从而提升了中间包的周转效率。2021年，涟钢对其发电系统进行了全面技

---

① 华菱钢铁. 2023年度环境、社会责任和公司治理报告［EB/OL］.（2024-03-30）［2024-04-12］. https://data. eastmoney. com/notices/detail/000932/AN2024032916 29064408. html.

术升级，引入了超高温亚临界发电技术，并成功建成了全国首台150MW超高温亚临界煤气发电机组。该套机组具有能耗低、运行效率高的特点，有利于实现煤气资源零放散和降低发电煤耗的问题，在同等条件下较其他煤气电机组每月可多创效1000万元；投运后，大幅提升了该公司煤气资源高效综合利用和能源保障能力，有效降低自发电的生产运行成本和外购电量。[1] 2023年，涟钢在终端先后淘汰了部分中温中压热力系统，投资建设3套150MW超临界发电机组，基本实现低热值高炉煤气零放散，自发电量大幅提高，二次能源综合利用水平显著提升。[2]

图6-2 华菱涟钢正在使用富氧燃烧技术

（图片来源：华菱钢铁2023年年报）

---

① 中国钢铁新闻网. 涟钢：国内首台150MW超高温亚临界煤气发电机组全容量发电［EB/OL］.（2022-03-15）［2024-04-06］. www. csteelnews. com/qypd/qydt/202203/t20220315_ 60783. html.

② 华菱钢铁. 2023年年度报告［EB/OL］.（2024-03-30）［2024-04-14］. https：//data. eastmoney. com/notices/detail/000932/AN202403291629064225. html.

2. 低碳减排[①]

加快超低排放改造，推进绿色工厂建设。湖南钢铁集团旗下 3 个钢厂都是城市型钢铁企业，城企相依，环保已成为企业的生命线，"企业不消灭污染，污染就要消灭企业"。为响应国家"双碳"政策，湖南钢铁集团对企业碳排放总量进行了全面梳理，科学制定了"2030 年前实现碳达峰、2060 年前实现碳中和"的低碳发展路线图和低碳发展路径，积极应对碳市场挑战。公司碳排放规划以绿色发展为中心，通过推行全流程清洁生产和低碳冶金等方案，以实现钢铁生产过程低碳化、钢铁产品绿色化，为社会可持续发展贡献华菱力量。[②] 为此，公司建立了稳定的环保资金投入机制，根据超低排放行动计划要求，对炼铁、炼钢、烧结、焦化等关键工序进行超低排放、效能提升改造，预计将于 2025 年前全面完成超低排放改造。

关注下游行业轻量化减排需求，助力下游客户节能减排。在国家"双碳"战略指引下，湖南钢铁集团积极关注汽车、工程机械等下游行业轻量化减排的需求，致力于为其提供更丰富的高端产品和轻量化解决方案，以先进产品技术助力下游客户对照减少碳足迹、优化制造工艺和全生命周期减排。湖南钢铁集团与安赛乐米塔尔公司合资成立的华菱安赛乐米塔尔汽车板有限公司（以下简称"VAMA"）是引领中国汽车行业轻量化减排的典范。作为国内领先的高端汽车用钢供应商，VAMA 自 2014 年投产以来一直致力于提供超高强钢、铝硅镀层热成形钢等领先

---

① 本部分内容主要参考：华菱钢铁. 2023 年度环境、社会责任和公司治理报告［EB/OL］.（2024-03-30）［2024-04-12］. https：//data. eastmoney. com/notices/detail/000932/AN202403291629064408. html.

② 华菱钢铁. 2022 年度环境、社会责任和公司治理报告［EB/OL］.（2023-03-24）［2024-04-12］. https：//vip. stock. finance. sina. com. cn/corp/view/vCB_AllBulletinDetail. php？ stockid＝000932&id＝8907135.

的高品质汽车用钢产品和技术解决方案来响应市场需求，通过轻量化解决方案的持续创新，助力新能源汽车应对电池续航挑战，降低燃油车的碳排放，实现车辆全生命周期碳足迹的降低。2023年4月，VAMA二期项目正式投产，引进了最新的第三代超高强钢产品和镀层技术，并通过应用安赛乐米塔尔多零件集成方案™和创新性S-in Motion电动汽车解决方案，在强度级别、成型性以及镀层组合等多个方面为客户提供更多轻量化的解决方案和设计思路，加速新能源汽车制造领域的迭代升级，助力推动中国汽车制造业可持续发展。

（二）聚焦技术创新，推进企业高端化品牌化

1. 技术研发赋能高端化转型

加速推进技术创新，坚持实施"高端化+差异化"战略。湖南钢铁集团坚持以创新为引领、以市场为导向、以技术为支撑、以质量为生命线的原则，持续调整优化产品结构，致力从普钢向优钢、特钢转型升级，不断推出高端产品。湘钢，大幅压缩普通船用钢板，增产高附加值、高技术含量的特殊船舶钢、桥梁钢、海工钢、机械用钢等，打造8个品类的拳头产品；涟钢，不断提升品种钢比例，形成汽车钢、工程机械钢、家电钢等5大类高端产品体系；衡钢，不断完善无缝钢管规格，提升技术含量，油气用管、压力容器管、机械用管等高效品种规模不断扩大，高端客户"朋友圈"持续扩大。[①] 党的二十大以来，湖南钢铁集团围绕建设制造强国、质量强国战略，依托人才优势和技术创新优势，成立钢铁研究院，添置新研发设备，加大科技创新，推动品质品牌高端化，向世

---

① 华声在线. 当好湖南实体经济发展排头兵——看华菱集团如何围绕钢铁主业高质量发展［EB/OL］.（2018-12-07）［2024-04-3］. https：//baijiahao. baidu. com/s？id=16188856226254984 56&wfr=spider&for=pc.

界一流钢铁企业迈进。[①] 集团上下高度重视技术创新能力建设，每年投入技术研发的经费占营业收入的3%以上。[②] 此外，湖南钢铁集团还建立了完善的研发体系，瞄准"高精尖缺"，与中南大学、中联重科等国内外多家高校和企业开展产学研合作。科技赋能下，湖南钢铁集团的高端化品牌化转型稳步推进。

2. 数智建设助推智能制造

加快数智化转型发展，打造新型智慧工厂。近年来，湖南钢铁集团加快产品研发、制造、服务模式创新与智能化深度融合，稳步推进一批数字化、精益化的"智慧"产线、车间、工厂建设，持续赋能企业运行质量与效率提升，[③] 为企业高端化转型注入新的力量。湖南钢铁集团涟钢、湘钢等子公司大力推进数智技术（见图6-3），赋能智能制造，提高企业生产效率和产品质量，进一步满足市场对高端化产品的需求。例如：涟钢不断加快钢铁智造转型步伐。近年来，涟钢以数字化、信息化、智能化为实施路径，通过数据驱动和模型支撑，实现自主决策，持续优化，全力打造"高效、精简、集成、少人"的现代工业控制体系智慧钢厂，建立了设备智能运维中心、智能协同管控中心、云数据中心。涟钢5G+AI钢铁表面检测系统入选2022年数字湖南十大应用场景建设典型案例，涟钢获评中国冶金报"2022智慧钢城建设优秀企业"荣誉。[④]

① 白培生，肖洋桂. 铸造钢铁脊梁，迈向世界一流 [N]. 湖南日报，2023-02-05（03）.

② 经济网-中国经济周刊. 高质量党建引领高质量发展 [EB/OL].（2024-01-15）[2024-04-02]. https：//finance. eastmoney. com/a/202401152962089234. html.

③ 华菱钢铁. 2023年度环境、社会责任和公司治理报告 [EB/OL].（2024-03-30）[2024-04-12]. https：//data. eastmoney. com/notices/detail/000932/AN2024032916 29064408. html.

④ 华菱钢铁. 2022年度环境、社会责任和公司治理报告 [EB/OL].（2023-03-24）[2024-04-12]. https：//vip. stock. finance. sina. com. cn/corp/view/vCB_AllBulletinDetail. php？stockid=000932&id=8907135.

图 6-3 湘钢智慧控制中心

（图片来源：《中国冶金报》）

湘钢入选国家级智能工厂。在工信部公示的 2023 年度智能制造示范工厂揭榜单位和优秀场景名单中，湘钢申报的中厚板智能制造示范工厂成功入选。近年来，湘钢积极对接"中国制造 2025"战略，大力推进 5G、大数据、机器视觉、工业机器人、人工智能等新一代信息技术与生产工艺深度融合，实施智能制造项目近 400 个，完成板坯无人库房、板坯自动转钢、废钢智能定级、棒材表面 AI 检测、无人机自动巡检等智能化场景孵化，打造"无人产线" 3 条，成为业内首家"黑灯工厂"。中厚板智能制造示范工厂是湘钢"智慧工厂"建设继 2020 年获评工信部制造业与互联网融合发展试点示范项目之后，又获得的一项重要成果，标志着湘钢在智能制造方面取得重要突破。[①]

（三）着眼内部改革，积聚发展动能

随着钢铁行业供给侧结构性改革的深入推进，湖南钢铁集团积极顺应大势，采取了一系列"壮士断腕"的内部改革措施来实现"逆袭"，并

---

① 华菱钢铁. 2023 年度环境、社会责任和公司治理报告［EB/OL］.（2024-03-30）［2024-04-13］. ttps：//data. eastmoney. com/notices/detail/000932/AN202403291629064408. html.

主要通过深化内部体制改革与实施人才强企战略来激发企业活力，积聚发展动能。

1. 深化体制改革，多方精简创效益

一是处置低效资产，关闭"僵尸企业"。湖南钢铁集团旗下的中冶湘重 50 万吨产能项目、锡钢 100 万吨粗钢电炉生产线负债高、效益差。为去产能、降低成本，集团及时关停封存了这两个企业。① 这一举措使得企业内部管理和生产能力更加高效。

二是按照"三级法人、两级管控"原则，对法人单位进行了大规模的整合。通过优化组织架构和压缩层级管理，法人单位数量由原先的126 家整合成不到 50 家，集团法人层级压缩到 3 级，管理层级压缩到 2级，有效提高了管理效率和决策速度。② 湖南钢铁集团的"瘦身"创效还体现在降低成本、精简管理等方面。

三是开展企业"三供一业"的剥离，促进企业深化改革，甩掉历史包袱。由湘钢、涟钢、衡钢三个建厂 50 余年的老企业联合组建的华菱集团拥有员工近 4 万人。2014 年起，湖南钢铁集团启动社会职能分离移交改革。2017 年底，湖南钢铁集团"三供一业"（供水、供电、供气、物业管理）将全部移交完成，公司每年将减少支出 3.1 亿元。③ 湖南钢铁集团用产业化发展思路改革后勤服务、幼教、安保等社会职能，实现从"关门做服务"到"开门闯市场"转变。

---

① 中国新闻网. 华菱集团的内部"改革经"：重才、瘦身、调优［EB/OL］. （2017-07-31）［2024-04-03］. https：//www. chinanews. com/cj/2017/07-31/8292160. shtml.

② 中国新闻网. 华菱集团的内部"改革经"：重才、瘦身、调优 ［EB/OL］. （2017-07-31）［2024-04-15］. https：//www. chinanews. com/cj/2017/07-31/8292160. shtml.

③ 中国新闻网. 华菱集团的内部"改革经"：重才、瘦身、调优 ［EB/OL］. （2017-07-31）［2024-04-15］. https：//www. chinanews. com/cj/2017/07-31/8292160. shtml.

2. 实施人才强企战略，内培外引聚人才

湖南钢铁集团落实党管干部、党管人才原则，按照新时期好干部标准，推进干部人才队伍建设。

一是强化绩效考核，干部能上能下。建立实施指标激励与责任考核体系，按照"先班子后个人、先中高层领导后一般管理人员、先机关后基层"的原则推进。对未完成年度计划任务 70% 的干部直接予以免职，实施年度"尾数淘汰"干部比例保持在 5% 左右的"硬约束"政策，对完成或超额完成年度工作目标的，及时兑现"强激励"政策。[①] 2023 年有 18 名中层管理人员因业绩不佳被调整。

二是打破论资排辈，大胆起用年轻干部。打破"论资排辈"和"铁交椅"的观念，大胆起用年轻干部，以 2020 年为例，湖南钢铁集团选拔了 6 名优秀年轻干部担任"三钢"高管，公司"80 后""90 后"年轻干部占比超过 30%，[②] 主要生产厂由年轻人挑大梁。

三是出台优厚政策，吸引高端人才。实施"筑巢行动""育才工程"，近 5 年湖南钢铁集团通过市场化机制引进博士 25 人，建立博士后工作站 2 个、博士工作室 21 个、技能大师工作室 5 个，培养技师 1000 多人。[③] 针对高精尖人才的缺乏，湖南钢铁集团实行差异化薪酬，确保人才引得进、留得住、用得好。

（四）开拓国内国外两个市场，主动融入两个大循环

中国的发展与世界密不可分，钢铁产业的发展也与世界的发展相辅

---

① 张龙强. 湖南钢铁集团为什么行（下篇）——竞争力分析［EB/OL］.（2023-04-19）［2024-04-05］. https：//mp. weixin. qq. com/s/POHFK7tAk09h_ N2zwkpGHQ.

② 新华网. 华菱集团：党建领航，持续培塑企业高质量发展优势［EB/OL］.（2021-11-05）［2024-04-05］. https：//baijiahao. baidu. com/s？ id=1715397037585096419&wfr=spider&for=pc.

③ 新华网. 华菱集团：强根铸魂，勇当践行"三高四新"战略排头兵［EB/OL］.（2021-10-13）［2024-04-05］. https：//www. chinavalin. com/Info. aspx？ ModelId=1&Id=646.

相成。习近平总书记强调，"中国开放的大门不会关闭，只会越开越大。以国内大循环为主体，绝不是关起门来封闭运行，而是通过发挥内需潜力，使国内市场和国际市场更好联通，更好利用国际国内两个市场、两种资源"①。在以国内大循环为主体、国内国际双循环相互促进的新发展格局下，湖南钢铁集团持续推进供给侧结构性改革，坚持供给与需求的适配性，在国内国际双循环相互促进中实现高质量发展。

首先，不断培育和拓展国内大市场，为国内消费者生产高品质产品。湖南钢铁集团通过自主创新来突破"卡脖子"难题，推动在关键领域的进口替代，依托畅通的国内大循环实现高质量发展。多年以来，我国工程机械用高强钢依赖进口，湖南钢铁集团聚焦关键技术，攻坚克难，打破国外垄断，成功实现进口替代，成为市场的"宠儿"。目前，该公司生产的高强钢，已被卡特彼勒、三一重工、中联重科、神钢建机、沃尔沃、徐工等知名工程机械企业采用。在与湖南钢铁集团合作之前，三一重工制造的起重设备使用的高等级材料大部分需要进口，不仅价格高，而且交货期长达6个月以上，与湖南钢铁集团合作后，这些问题迎刃而解。以前，我国自卸车所用高强度耐磨钢基本来自瑞典某跨国公司，该公司出口我国的高强钢和耐磨钢价格每吨最高价达到2万元，还需提前预付款；如今涟钢能生产出国内最高级别和最薄规格的耐磨钢，不仅打破了国外产品的市场垄断，还迫使国外产品价格下调50%。高端工程机械设备用的旋挖钻杆管，以前也主要依靠进口。现在衡钢生产的旋挖钻杆管，国内市场占有率逐步提高到50%以上。② 由此可见，湖南钢铁集团通过突破关键领域技术，打破国外垄断，为国内带来高品

---

① 习近平. 在企业家座谈会上的讲话[EB/OL]. http：//jhsjk. people. cn/article/31792294.

② 湖南省人民政府. 湖南高强钢正走向更薄、更轻、更强[EB/OL]. （2019-06-12）［2024 - 03 - 29］. https：//www. hunan. gov. cn/hnyw/zwdt/201906/t20190612_5355706. html.

质产品，并依托国内大循环助力高质量发展。

其次，主动融入国际钢铁产业和世界经济大循环，开拓国际市场。湖南钢铁集团一"出生"便处在重重包围之中。如何突破重围，闯出自己的一片天地？必须要引进全球实力雄厚的战略投资者，将利用外资和对外投资相协调，增强国内国际两个市场、两种资源的黏合度。于是，湖南钢铁便开行业之先河，"联姻"全球最大钢企，"牵手"澳洲铁矿石生产商。因缘际会，在中国市场外徘徊等待 10 年之久的全球钢铁巨头——安塞乐米塔尔公司向湖南钢铁集团伸出了橄榄枝，双方考察谈判后一拍即合。2005 年，湖南钢铁集团将 36.67% 的股权转让给安赛乐米塔尔钢铁公司，自此，世界最大钢铁企业成为湖南钢铁集团第二大股东；湖南钢铁集团也成为中国钢铁行业第一家与外资开展股权合作的特大型钢铁企业。通过与安赛乐米塔尔公司的合作，湖南钢铁集团引进了国际一流钢铁企业先进的管理经验、职业化工作方法和国际化经营模式。2011 年，湖南钢铁集团与安赛乐米塔尔公司在娄底合资建设年产150 万吨的 VAMA。依托安赛乐米塔尔的技术，生产世界一流的汽车用冷轧板。[1] VAMA 不断在核心技术上突破创新，其研发的主打产品Usibor® 1500 高强超轻汽车钢板填补了中国超高强汽车板生产的空白，其遥遥领先的技术优势引领了汽车轻量化发展新趋势，形成了良好的市场口碑，大众、奔驰、日产、丰田、本田、沃尔沃、福特等国际知名品牌汽车厂商均与 VAMA 达成合作，大大拓宽了国际市场。[2] 为了突破资源瓶颈，2009 年，湖南钢铁集团又将目光投向了国际铁矿石生产商，

---

① 华声在线. 当好湖南实体经济发展排头兵——看华菱集团如何围绕钢铁主业高质量发展［EB/OL］.（2018 - 12 - 07）［2024 - 03 - 29］. https：//baijiahao. baidu. com/s? id = 1618885622625498456&wfr = spider&for = pc.

② VAMA 官方微信公众号. 汽车"减肥"背后有何秘密？VAMA 引领的汽车轻量化趋势［EB/OL］.（2020 - 09 - 29）［2024 - 03 - 29］. https：//mp. weixin. qq. com/s/HNJ2SUEHKwMlCSGB3U8zLg.

以 8.95 亿美元成功收购 FMG（澳洲新兴矿业企业）17.34% 的股权，成为国内首家与境外大型矿业公司开展股权投资战略合作的企业，为打破世界铁矿石巨头垄断、改变全球铁矿石市场供需关系发挥了重要作用。业界将其称为"中国钢铁业里程碑式的收购"，被商务部授予"首届中国海外投资经典案例奖"。[①]

开拓国内国外两个市场，主动融入两个大循环。湖南钢铁集团长袖善舞，通过关键领域技术创新拓宽国内市场，打破国外垄断，通过合资参股等途径"引进来"与"走出去"，"牵手"安赛乐米塔尔、FMG，成功实现向产业链两端延伸，实现从地方企业向全球一流的大型钢铁企业迈进。

（五）党建引领聚合力，奋楫扬帆正当时

火车跑得快，全靠车头带。湖南钢铁集团认真贯彻落实全国、全省国有企业党建工作会议精神，推动基层党建与生产经营、产品开发、质量提升、安全环保等重点难点问题同向聚力、协同发力，为企业高质量发展铸魂强根。

1. 推动党建与生产经营相融合

湖南钢铁集团党委始终把生产经营的重点难点和关键指标的全面对标攻坚作为党建主题。"生产经营的重点就是党建工作的切入点，生产经营的难题就是党建工作的课题。"涟钢深化党建与生产经营"双促双融"，破解党建业务"两张皮"问题。各级党组织深入开展书记联项目、党员先锋行、"党员学党史、指标创历史"等实践活动，形成"党建强、产销旺、发展好"的良好局面。VAMA 通过开展"一支部一品牌"、党员

---

① 华声在线. 当好湖南实体经济发展排头兵——看华菱集团如何围绕钢铁主业高质量发展［EB/OL］.（2018-12-07）［2024-03-29］. https：//baijiahao. baidu. com/s? id=1618885622625498456&wfr=spider&for=pc.

先锋岗、"三亮三比"等党建活动，以党建引领企业高质量发展。① 在湘钢生产车间的党员活动室，党支部工作计划、党员承诺、一月一课一片一实践、党员积分管理等信息一目了然。在湘钢，党员活动室和工作交接室是合并一体的，每天车间生产线上班组的交接，都在这里进行，目的就是通过把支部阵地和工作交接室融为一体，推动党建与生产互促共融。② 衡钢党委将党建融入生产组织的每一个细节，通过创新党建活动平台，激发广大党员先进性，立足岗位创新创造。

2. 推动党建与攻关项目相融合

湖南钢铁集团将支部建在项目，把党员活动室建在车间，80%以上的项目负责人由党员干部担任。每到危急关头、关键时刻，共产党员奋勇争先，攻坚克难。③ 以湘钢为例，湘钢五米宽厚板厂党小组推行"党建+项目"工作模式，以党员立项攻关、承诺践诺、创建示范岗、成立突击队为主要形式，把党支部的战斗堡垒作用和党员的先锋模范作用发挥在一线、落脚于项目，确保重点项目顺利完工，成为精品工程。世界最大的工程机械制造商美国卡特彼勒公司，将在中国制造基地的最大板材订单交给湘钢。卡特彼勒对钢板质量要求极其苛刻，供货之初，合格率一度达不到80%，制造成本高，影响交货期。"难在表面质量，必须一次成型；难在板型质量，不平度要控制在两毫米以内"，在这一要求的指导下轧钢车间党支部把提高合格率指标挂在相关岗位的党员身上，

---

① 红网. 华菱集团：党建领航，持续培塑企业高质量发展优势［EB/OL］.（2021－11－05）［2024－04－21］. https：//baijiahao. baidu. com/s？id＝1715397037585096419&wfr＝spider&for＝pc.

② 经济网. 连续两年跻身世界500强，这家国企如何让党建化成"看得见的生产力"［EB/OL］.（2024－01－08）［2024－03－29］. https：//www. ceweekly. cn/company/2024/0108/434358. html.

③ 华声在线. 当好湖南实体经济发展排头兵——看华菱集团如何围绕钢铁主业高质量发展［EB/OL］.（2018－12－04）［2024－04－04］. https：//baijiahao. baidu. com/s？id＝1618885622625498456.

明确责任，规定时间，党员带头进行技术攻关，不到两个月，合格率飙升至98%。①

3. 推动党建与企业文化相融合

湖南钢铁集团党委充分发挥党员的先锋模范作用，将党建融入队伍，充分发挥"党员管理与奋斗文化"相互激励的人才优势，全方位、多形式营造"以奋斗者为本"的核心价值观；发挥党员干部职工的主观能动作用，让奋斗者得实惠，让雷锋式奉献者不吃亏，为企业高质量发展提供了不竭的动力源泉。②

一是创建党员先锋岗，发挥榜样示范引领作用。湖南钢铁集团坚持党员带全员、全员齐动员，通过创建党员示范岗、党员先锋岗，建立党员责任区，引导党员在项目建设中唱主角、挑大梁、打头阵，形成党员做榜样、群众学榜样的氛围，促进基层车间各项重点工作有效开展。③

二是开展"奋斗者之星"评选表彰，弘扬奋斗者文化。湖南钢铁集团组织开展"奋斗者之星"评选，推进先进典型上讲台讲党课，引导身边人带身边人，身边人学身边人，促进组织赋能与自我赋能并举，推动"以奋斗者为本"的核心价值观深入人心。④ 充分发挥绩效考核在党员干部选拔任用上的"指挥棒"作用，将绩效奖励与工作量、工作实绩挂钩，

---

① 华声在线. 当好湖南实体经济发展排头兵——看华菱集团如何围绕钢铁主业高质量发展［EB/OL］. （2018-12-04）［2024-04-21］. https：//baijiahao. baidu. com/s? id=1618885622625498456.

② 红网. 三融三优"促发展｜从党建融入队伍，看湖南钢铁如何实现党员管理与奋斗文化相互激励［EB/OL］. （2023-01-17）［2024-04-15］. https：//new. qq. com/rain/a/20230117A0956S00.

③ 红网. 三融三优"促发展｜从党建融入队伍，看湖南钢铁如何实现党员管理与奋斗文化相互激励［EB/OL］. （2023-01-17）［2024-04-15］. https：//new. qq. com/rain/a/20230117A0956S00.

④ 经济网. 华菱集团：进军世界500强，打造高质量发展"红色引擎"［EB/OL］. （2021-06-28）［2024-03-29］. https：//www. 163. com/dy/article/GDJBJ7EK0530I1ON. html.

形成能者上、优者奖、庸者下、劣者汰的正确导向。^① 在收入分配、岗位晋升、职业发展、关心关爱等方面向"奋斗者"倾斜。^②

四、华丽转身，交出高质量发展美丽答卷

（一）敢于担当，低碳环保好榜样

工艺技术"加减法"，助力钢铁业绿色低碳发展。湖南钢铁集团深入贯彻落实绿色发展理念，以历史主动精神，在节能、减排、降耗方面持续做"减法"，在工艺设备技术升级改造方面积极做"加法"，推动绿色可持续发展。2019 年以来，湖南钢铁集团累计投入 100 多亿元，实施了上百个环保治理项目，使烟粉尘、二氧化硫等重点污染物实现了超低排放。与 2018 年相比，2023 年主要污染物排放指标如烟粉尘，年排放总量降低 2380 吨，二氧化硫年排放总量降低 6333 吨，氮氧化物年排放总量降低 4009 吨。下一步，集团计划再投入 100 亿元用于超低排放改造和减污降碳项目建设，统筹推进高质量发展和高水平保护，着力构建绿色低碳循环经济体系。^③

曾经的"傻大黑粗"丢掉污染标签，蝶变为生态园林、花园式绿色钢厂、智慧工厂，折射出湖南钢铁集团"降碳减污、绿色发展"的决心和担当。湖南钢铁集团主要子公司涟钢获湖南省"绿色工厂"称号（见图6-4），衡钢获"钢铁绿色发展优秀企业"称号；湘钢、涟钢自发电比例

---

① 红网."三融三优"促发展｜从党建融入队伍，看湖南钢铁如何实现党员管理与奋斗文化相互激励［EB/OL］. （2023-01-17）［2024-04-15］. https：//new. qq. com/rain/a/20230117A0956S00.

② 湖南钢铁集团官网. 湘钢的"以奋斗者为本"文化［EB/OL］. ［2024-04-15］. http：//www. hnxg. com. cn/honordetail/21. html.

③ 央视新闻客户端. 发展新质生产力·一线观察｜向新向绿蜕变"定海神钢"是怎样炼成的？［EB/OL］. （2024-03-20）［2024-04-03］. https：//stock. rednet. cn/content/646847/64/13652980. html.

接近 80%；湘钢、涟钢绿化面积达到 65%[①]；阳春新钢铁获得"全国环境友好型企业"称号且连续被广东省生态环境厅评为绿牌"环保诚信企业"。[②] 低碳环保成绩特别突出的湘钢，以"生产制造绿色化"为战略目标，坚定地将低碳、绿色理念贯穿于企业发展的顶层设计和战略规划中，获得全国第三批钢铁企业"绿色工厂"殊荣，是国家级 AAA 级景区和湖南工业旅游示范点，湖南省第一批"5G＋工业互联网"示范工厂。[③] 同时，湘钢积极构建循环经济产业链，推进数字化、智能化生产，持续优化用能及流程结构，强化节能及能效提升，实现了企业可持续高质量发展。

图 6-4　涟钢花园厂区

（图片来源：红网时刻）

①　新华网. 华菱集团：党建领航，持续培塑企业高质量发展优势［EB/OL］. （2021－11－05）［2024－04－14］. http：//www. chinavalin. com/Info. aspx? ModelId＝1&Id＝652.

②　华菱钢铁. 2023 年度环境、社会责任和公司治理报告［EB/OL］. （2024－03－30）［2024－04－14］. https：//data. eastmoney. com/notices/detail/000932/AN2024032916 29064408. html.

③　新湖南客户端. 绿色满"园"展新景——减污降碳协同增效试点助推湘潭高新区高质量发展［EB/OL］. （2023－06－25 ）［2024－03－28］. https：//m. voc. com. cn/xhn/news/202306/18220420. html.

（二）提升品质，撑起"超级工程"

打造"制造高地"，推动"华菱制造"迈向产业链、价值链中高端。湖南钢铁集团组建以来，统筹谋划，投入巨资实施大规模技术改造，相继建成以湘钢5米宽厚板、涟钢2250热连轧机和冷轧汽车板、衡钢720大口径轧管机组等为代表的现代化生产线，基本完成了工艺装备的大型化、现代化、信息化改造升级，为推动产品结构从普钢到优钢特钢这一重大跨越提供了强有力的支撑。近年，集团聚焦中高端产品和新兴用钢领域，在造船、海工、桥梁、能源、油气、核电、汽车、军工、建筑等细分用钢领域建立起较高的技术门槛，形成了独特的竞争优势。走品质提升之路，湖南钢铁集团旗下三大钢厂，各领风骚：湘钢造船与海洋工程用钢、桥梁用钢、工程机械用钢市场份额全国第一；涟钢薄规格耐磨用钢市场占有率超过七成，做到了国内最强、最薄，共有17项重点产品替代进口；衡钢超临界电站锅炉用耐热钢管P91在国内市场占据主导地位并大量出口，P92钢管成功替代进口。①

互联网、大数据、人工智能与传统钢铁行业有机结合，企业核心竞争能力明显提升。智能制造与企业数字化转型迈出坚实步伐，与华为公司、湖南移动共建智慧工厂。湘钢5G数智工厂、涟钢云数据中心、衡钢管加工智能车丝线、VAMA工厂自动数据库等一批改革试点项目达到"让机器自主工作、让设备开口说话"的成效。② 5G+智慧天车项目是全国钢铁行业5G实景应用第一例，并成功入选2020年度中国5G垂直行业应用案例；5G+AI轧钢自动化每年多轧钢3万多吨，5G+AI废钢定级每年可降本4000万元；构建钢铁新材料产业链协同创新体系，成为三

---

① 华声在线."三大变革"成就新华菱［EB/OL］.（2021-01-11）［2024-04-12］. https：//baijiahao.baidu.com/s？id=1655398209347195292.

② 林洛频.改革创新谋高质量发展华菱5年跨越三大步［EB/OL］.（2021-08-16）［2024-04-20］.http：//www.chinavalin.com/Info.aspx？Id=626&ModelId=1.

一、中联重科等行业巨头工程机械用钢的最大供货商。[1]

加大高精尖产品研发力度，品牌影响力继续提升。以 2023 年为例，湖南钢铁集团新增专利授权 659 项，其中发明专利 120 项；获年度冶金产品实物质量奖 16 项，其中工程机械用高强度耐磨钢板荣获国家钢铁产品实物质量最高奖项"金杯特优产品"奖；获年度冶金科技进步奖 8 项，其中"第三代超大输量低温高压管线用钢关键技术开发及产业化"项目获特等奖；全年开发特厚齿条钢、管坯用钢、高强车轮钢、高锰无磁钢、高强度气瓶管等新品种 180 多项，新增 30 个钢种替代进口，重点品种钢销量占比增至 63%。[2]

高端产品吸引高端客户，湖南钢铁在国内外"超级工程"中大显身手。近年来，湖南钢铁集团牢牢抓住高质量发展这个"牛鼻子"，瞄准高端产品开发，征服了一个个"超级工程"。例如：

世界最长跨海大桥——港珠澳大桥所用的桥梁钢，要求每米平直度不超过 3 毫米。平直度是港珠澳大桥设计时首次对桥梁钢材提出的要求，指的是钢材长度方向上每米表面凹凸差不能超过 3 毫米。这一要求当时让国内许多知名钢企望而却步。湘钢却研制成功了，抓住了机会，赢得了市场。[3]

举世瞩目的"新世界七大奇迹"超级工程——北京大兴国际机场，就有来自湘钢的 5 万吨高性能建筑结构用钢。作为目前全球最大规模的单体航站楼、全球最大的减隔震建筑，北京大兴国际机场航站楼所需钢

① 新华网. 华菱集团：党建领航，持续培塑企业高质量发展优势［EB/OL］.（2021－11－05）［2024－04－14］. http：//www. chinavalin. com/Info. aspx？ModelId=1&Id=652.

② 华菱钢铁. 2023 年度环境、社会责任和公司治理报告［EB/OL］.（2024－03－30）［2024－04－02］. https：//data. eastmoney. com/notices/detail/000932/AN2024032916 29064408. html.

③ 白培生，肖洋桂：铸造钢铁脊梁迈向世界一流［N］. 湖南日报，2023－02－13.

材是目前高性能建筑用钢的最高级别。①

在我国自主设计建造的第一座深水钻井平台，也是国产制造的第一座30年不回坞的海洋平台——陵水17-2气田项目，其海上半潜式生产平台用钢及1500米深海海底管线管，全部由湘钢和衡钢独家供应。②

世界跨度最大的双层悬索桥——杨泗港长江大桥已经通车，湘钢为该桥供应钢板2.9万吨，接近用钢总量的二分之一。③

中俄重大能源合作项目——中俄亚马尔液化天然气LNG项目于2017年12月正式投产，衡钢为这个世界上最长的天然气输气管道项目供应的优质管线钢板和管线管，能够满足-45℃~-60℃的低温性能要求。④

衡钢自主研发的特殊用途海管填补了国内空白，独家供应我国自营深水大气田，树立深海油气"咽喉要道"钢管国产化里程碑；X65QO海底管线管创造中国海管铺设新纪录，刻下1542米"中国深度"（见图6-5）。

图6-5 我国自营深水大气田

（图片来源：衡阳华菱钢管有限公司官网）

---

① 华声在线. 千锤百炼始得金——华菱集团学党史担使命开新局［EB/OL］.（2021-07-08）［2024-04-15］. https：//baijiahao. baidu. com/s？id=1704148052685607999&wfr=spider&for=pc.

② 千锤百炼始得金——华菱集团学党史担使命开新局［N］. 湖南日报，2021-07-02（13）.

③ 曹娴. "三大变革"成就新华菱［N］. 湖南日报，2020-01-16（11）.

④ 曹娴. "三大变革"成就新华菱［N］. 湖南日报，2020-01-16（11）.

（三）变革之中焕生机，人才聚集动力强

人才强企，为企业高质量发展增添源源不绝新动能。人才是企业发展最活跃最重要的因素。湖南钢铁集团坚持唯德、唯才、唯业绩、唯担当的选人用人导向，拓宽招聘渠道，积极走访国内重点高校、科研院所，以高层次人才、急需紧缺人才、关键后备人才作为招聘重点，以良好机制和优厚待遇吸引人才、留住人才。"人才来了留得住，人才干事有平台，人才奋斗有回报。"高层次技术骨干集中在一起，外部形成压力，不进则退；内部形成拼搏合力，共同攻克技术难题。隋亚飞博士，2015年6月毕业于北京科技大学。当时正逢国内钢铁工业最困难时期，但涟钢给出的待遇是一套288平米的别墅、每年不低于20万元的协议工资和一笔数额不小的"安家费"，这让他惊讶不已。对人才的重视，终能换来丰厚的回报。近年来，隋亚飞和其他博士组成的团队取得了高强钢优化降低精炼成本15%等一系列技术突破，使企业受益匪浅。① 黄电源，共产党员，是衡钢引进的产品研发专业人才。他与攻关团队在国内率先开展"海洋工程用管"研发生产，实现了高端海洋工程装备所需管材的国产化，推进了军民融合产业的深度发展；他成功开发超深井高强度高韧性石油套管，实现了高端石油装备的"湖南制造"。"作为一名技术研发人员，要推动公司高质量发展，必须攀登技术高峰，在行业内占据制高点，掌握话语权！"这是黄电源作为党员的担当，也是"关键少数"折射出的企业发展活力和后劲。②

实施"硬约束、强激励"机制，有力地促进劳动生产率提高。湖南钢铁集团子公司湘钢、涟钢通过持续进行劳动、人事、分配等"三项制

---

① 苏晓洲，史卫燕. 钢铁业扭亏的"华菱"样本［EB/OL］.（2017-07-31）［2024-04-20］. http：//www. chinavalin. com/Info. aspx? Id=415&ModelId=1.

② 郭志强. 基层党建为何成为华菱逆势增长之道？［EB/OL］. http：//www. Chinavalin. com/Info. aspx? Id=581&ModelId=I.

度改革"，既"相马"又"赛马"，干部能上能下成为常态，员工能进能出形成机制，收入能增能减全面实现，公司管理层和员工薪酬水平在当地具有明显的竞争力和激励作用。以劳动生产率提升为例，2017年，湘钢、涟钢只有570吨钢/(人·年)，在进行"三项制度改革"(劳动、人事、分配制度)，以及设备大型化及信息化、智能化改造等后，2022年，劳动生产率达到了1650吨钢/(人·年)，实现了生产经营效率的3倍跃升。[1] 这种效率的提升，展现出企业内部改革的成效，也增强企业的竞争力。

(四)竞争之中立潮头，内外市场显优势[2]

湖南钢铁集团把握供给侧结构性改革重大历史机遇，坚持市场导向，积极融入国内国外两个大循环，用好两种资源，以客户为中心，扩大有效和高端供给，以优异的产品、稳定的质量、超预期的服务，在全球钢铁产业激烈竞争中立潮头，不仅提高了企业知名度，还为其带来巨大的经济效益。湖南钢铁集团在多个领域，包括能源和油气、造船和海工、高建和桥梁、工程机械以及新能源、新材料等，均占据了领先优势。毫无疑问，湖南钢铁集团在多个领域的技术突破在国内国际市场展现出其日益增强的核心竞争力。

在能源和油气方面，该集团为众多知名项目，如俄罗斯亚马尔、荔湾深海石油等项目提供了高品质的供货服务，甚至在塔里木油田果勒3C井这一"万米深井"项目中，也成功应用了第三代特殊扣套管。

在造船和海工领域，该集团不仅通过了全球9大船级社的认证，还

---

① 作为中部、内陆钢企，湖南钢铁须做出特色才能生存[N]. 中国冶金报，2024-03-11.

② 本部分内容主要参考：华菱钢铁. 2023年度环境、社会责任和公司治理报告[EB/OL]. (2024-03-30)[2024-04-02]. https：//data. eastmoney. com/notices/detail/000932/AN202403291629064408. html.

成为世界前三大造船企业——中船集团、韩国现代和三星造船的重要供应商，为全球最大的宽扁浅吃水型半潜驳船以及世界最先进的超深水双钻塔半潜式钻井平台"蓝鲸1号"等关键项目提供了高质量的产品。

该集团在高建和桥梁领域的成就也备受瞩目，其产品成功中标北京大兴国际机场、阿布扎比国际机场、港珠澳大桥等标志性工程，并被应用于"世界第一高桥"——花江峡谷大桥。

在工程机械领域，该集团作为卡特彼勒全球最大的中厚板供应商，同时也是国内工程机械巨头中联重科、三一、徐工的主要供货方。

在新能源领域，涟钢在电工钢领域积累了丰富的生产经验和理论基础，成为国内最大的电工钢基料供应商。2023年，其取向硅钢基料销量达到了57.42万吨，创下了新的纪录。此外，该集团在高强汽车板领域也表现出色，以 Usibor® 1500 高强超轻汽车钢板为主打产品，其份额在国内市场领先。这一产品不仅能帮助汽车制造商实现车辆的最高安全评级，还能有效提升车辆性安全和能源经济性，因此湖南钢铁集团成为国内主流主机厂、国际知名新能源汽车的主要供应商。

在风电领域，湖南钢铁集团也取得了显著的突破。湘钢为全球首座水深超100米、离岸距离超100公里的"双百"海上风电平台——"海油观澜号"平台提供了关键的支持，使海上风电用管桩钢在应用上取得了新的突破。

结　语

制造业是国家经济的命脉。随着全球经济的波动与不确定性因素的增加，钢铁行业面临着一次又一次的"寒冬"。为了当好湖南实体经济发展排头兵，促进钢铁主业高质量绿色发展，湖南钢铁集团弘扬历史主动精神，积极践行"三高四新"战略，坚持以供给侧结构性改革为主线，推动科技创新，强化内部改革，发挥党建引领，促进经济高质量发展。

湖南钢铁集团高质量发展的答卷，揭示了一个深刻的道理：实体经济仍然是我国经济发展的着力点，要深入推进新型工业化，强化产业基础再造和重大技术装备攻关，推动制造业高端化、智能化、绿色化发展，推动供给侧结构性改革。新时代，坚持高质量发展才是硬道理。面对挑战，企业必须脚踏实地，勇于变革，不断提升自身实力。同时，要抓住有利时机，用好有利条件，推动关键核心技术突破，全面提升自主创新能力，增强产业发展的接续性和竞争力，打好经济增长主动仗。

湖南钢铁集团，作为湖南国企改革的领头羊，与时代同行，已经大踏步行进在中国钢铁产业的第一方阵。改革不停步，创新无止境。对标"世界 500 强"，努力建设世界一流钢铁企业，为推进中国式现代化贡献"湖南制造"力量。

一、课前准备

（1）提前预习、查阅有关绿色发展理念、科学技术是第一生产力、"双碳"目标、国内国际双循环等相关知识。

（2）发动学生以小组为单位开展研究性学习，每一小组5—8人。

（3）课前组织学生认真阅读案例电子版文档，提前熟悉案例内容。

二、适用对象

（1）使用对象

从事形势与政策、习近平新时代中国特色社会主义思想概论课教学与研究的高校思想政治理论课教师。

（2）教学对象

本科生与高职专科生。

三、教学目标

●**知识目标**：通过教学，引导大学生深刻领会制造强国、质量强国、绿色发展理念、"双碳"目标、供给侧结构性改革、"三降一去一补"等知识的科学内涵与重要意义，树立马克思主义科学发展观。

●**能力目标**：通过教学，引导大学生全面分析湖南钢铁集团在产业转型升级中面临的现实困境及主动作为的积极措施，培养大学生自觉运用习近平新时代中国特色社会主义思想与党的路线方针政策正确认识和处理公司企业在发展过程中遇到的现实问题和矛盾的能力。培养学思悟行相结合、能推动湖南"三高四新"战略实施的创新型人才。

●**价值目标**：通过对湖南钢铁集团走节约资源、保护环境与发展经济并重的绿色转型升级之路的鲜活案例的分析，引导当代大学生深入学习贯彻习近平新时代中国特色社会主义思想和党的二十大精神，增强对我国经济高质量发展的信心，大力弘扬历史主动精神，将历史使命与时代重托内化为认知、外化为行动，为全面建设社会主义现代化国家而努力奋斗。

四、教学内容及要点分析

（1）讲清楚制造业是国民经济的支柱产业和经济增长的发动机。结合湖南钢铁集团的发展历程，引导学生深入学习习近平总书记关于制造强国、质量强国的系列重要论述。

（2）讲清楚企业核心竞争力的关键在于科技创新。党的二十大强调要把经济发展的着力点放在实体经济上。制造业是实体经济的重要组成，制造业做大做强的关键是技术创新。湖南钢铁集团践行"科技创新是第一生产力"的发展理念，成立钢铁研究院，牢牢抓住高质量发展这个"牛鼻子"，加大科技创新力度，推动品质品牌高端化、向世界一流钢铁企业迈进，其研发的高端产品，征服了一个又一个"超级工程"。

（3）讲清楚绿色发展理念是促进经济社会可持续发展的重要条件。湖南钢铁集团在内生机制上主动节能减排，淘汰落后产能，落实"双碳"目标，践行绿色革命，稳步推进清洁生产，推动企业朝着绿色低碳发展模式转型，走出了一条独具特色的大型国有企业绿色发展之路。

（4）讲清楚人才是企业高质量发展的关键。湖南钢铁集团推进人才建设，十分重视和厚待人才，吸引一大批优秀专家、高端技术人才加入，激发了企业创新活力，有力推动企业转型升级。

（5）讲清楚党建是企业高质量发展的引领与保障。火车跑得快，全靠车头带。湖南钢铁集团认真贯彻落实全国、全省国有企业党建工作会议精神，抓实抓紧集团党建工作，建设"以奋斗者为本"的企业文化，大力弘扬奋斗精神，营造"以奋斗为荣""人人争当奋斗者"的氛围，推动党建与生产互促共融，为企业高质量发展铸魂强根。

五、教学安排

教学安排以 90 分钟的课堂（两节课）为例

1. 教学导入（5 分钟）

播放湖南钢铁集团化解困境的相关视频，引出本堂课的教学主题。

2. 小组合作（15 分钟）

视频播放完毕之后，学生按照课前分组，以小组为单位参与讨论。

①湖南钢铁集团不平凡发展历程经历了哪几个发展阶段？

②湖南钢铁集团在发展历程中遭遇了哪些具体困难？

③我国关于实施绿色发展战略的国家政策有哪些？

④湖南钢铁集团化解困境的有效措施有哪些？

3. 案例教学（55 分钟）

（1）请小组代表分享讨论结果，上台展示探究成果，采用小组相互点评或老师点评总结的方式。

（2）教师对学生代表的展示进行总结概括与评价，引出制造强国、质量强国战略、绿色发展理念、"双碳"目标、供给侧结构性改革等知识点。介绍湖南钢铁集团作为湖南国有龙头企业，是如何积极响应绿色低碳发展理念，依靠科技创新、提质转型、体制改革、党建引领等措施，实现经济高质量绿色发展的。

（3）案例重点内容可供参考：

①节能减排，绿色发展：湖南钢铁集团是如何发扬历史主动精神，破解绿色发展难题的？

（参考关键词：绿色发展、技术改造、先进设备、低碳减排、节能降耗）

教师引导学生讨论分析：湖南钢铁集团为了甩掉高污染、高能耗的标签，发扬历史主动精神，做好工艺"加减法"，助力绿色低碳转型；完善环保管理制度，增强全员环保责任意识；设立环保有奖举报制度，投入大量资金进行设备升级、技术改造。

②技术创新，提质增效：湖南钢铁集团是如何通过技术创新来推动企业高质量发展的？

（参考关键词："高端化+差异化"战略、数智化、供给侧改革、制造强国）

教师引导学生讨论分析：湖南钢铁集团积极响应制造强国、质量强国战略，建立完善的研发体系，坚持以市场为导向，不断推出高端产品，满足多样化高端化的市场需要，推动企业高端化发展。

③内部改革，积聚动能：湖南钢铁集团着眼内部改革、激发人才活力的措施与成效是什么？

（参考关键词："三去一降一补"、公司治理、体制改革、劳动生产率、人才队伍建设、末位淘汰制）

教师引导学生讨论分析：湖南钢铁集团采取"瘦身"、重才、调优等措施积聚发展动能，去产能，关闭"僵尸企业"，精简岗位用工，激发人才活力，提高企业的劳动生产率，推动企业高质量发展。

④开拓市场，国内国际双循环：湖南钢铁集团是如何开拓国内国外两个市场，构建新发展格局的？

（参考关键词：国内外市场、国内国际双循环、突破创新、合资参股）

教师引导学生讨论分析：湖南钢铁集团不仅关注国内市场，也注重国外市场，推进供给侧结构性改革，通过自主创新，攻坚克难，打破国外垄断，向世界一流的大型钢铁企业迈进。

⑤党建引领，筑牢基石：湖南钢铁集团是如何发挥党建与生产经营的相互融合、相互促进作用的？

（参考关键词：互融互促、"以奋斗者为本"、战斗堡垒）

教师引导学生讨论分析：湖南钢铁集团认真贯彻落实全国、全省国有企业党建工作会议精神，坚持党建引领，筑牢组织基石，推动党建工作与生产经营、项目攻关、企业文化建设深度融合，通过基层党组织的引领和党员的示范带动作用，推动企业高质量发展。

4. 互动环节（15分钟）

结合授课对象的专业特性，进行有针对性的设问，引导学生畅所欲言，达到提升课堂教学参与性与实效性的目的。

（1）教师引导学生总结该本案例中所学主要内容及核心知识点，思考湖南钢铁集团以及中国制造为什么要走高质量绿色发展道路？

（2）教师引导学生总结本案例所体现的历史主动精神、工匠精神、科学家精神及以改革创新为核心的时代精神等。并请学生理论联系实际，结合自身专业和未来职业，谈一谈新时代大学生培养历史主动精神的重要意义与实践路径。

5. 课后思考

谈谈你对湖南钢铁集团"以奋斗者为本"的企业文化的理解。

六、补充材料及其他

（一）教学设备：黑板、粉笔、扬声器、电脑、投影仪等。

（二）教学参考视频：

1. 行业七成亏损，湖南钢铁凭何逆势盈利150亿！［EB/OL］.
https：//www. bilibili. com/video/BV1c84y1P7ZR/？ vd_ source＝034fa7

78953ad5bfdf5b46b9bf2ee577.

2. 小鹏财经. 1500 亿湖南第 1 国企华菱钢铁集团，对长沙湘潭衡阳涟源意味着什么［EB/OL］. https：//www. bilibili. com/video/BV1854y157r3/? spm_ id_ from = 333. 337. search-card. all. click&vd_ source = 034fa778953ad5bfdf5b46b9bf2ee577.

3. 5G 时代，中国如何从制造大国变成制造强国？［EB/OL］. https：//www. bilibili. com/video/BV1jE411H78o/? spm_ id_ from = 333. 337. search-card. all. click&vd_ source = 034fa778953ad5bfdf5b46b9bf2ee577.

4. 低碳智造×生活技术更新，走向绿色未来［EB/OL］. https：//www. bilibili. com/video/BV1d34y1b7mz/? spm_ id_ from = 333. 337. search-card. all. click&vd_ source = 034fa778953ad5bfdf5b46b9bf2ee577.

5. 华菱钢铁 000932_ 全球最大的单体宽厚板生产商，国内第二的专业化无缝钢管供应商［EB/OL］. https：//www. bilibili. com/video/BV1G64y1W7bZ/? spm_ id_ from = 333. 337. search-card. all. click&vd_ source = 034fa778953ad5bfdf5b46b9bf2ee577.

6. 华菱钢铁（000932）［EB/OL］. https：//www. bilibili. com/video/BV1Ff4y1Q7vb/? spm_ id_ from = 333. 337. search-card. all. click&vd_ source = 034fa778953ad5bfdf5b46b9bf2ee577.

7. 潇湘眼 ｜ 湖南钢铁集团揭牌，湘字号迈出品牌世界化步伐［EB/OL］. https：//www. bilibili. com/video/BV1dZ4y167Uk/? spm_ id_ from = 333. 337. search-card. all. click&vd_ source = 034fa778953ad5bfdf5b46b9bf2ee577.

8. 5G 助力，华菱湘钢谱写 5G 智慧工厂［EB/OL］. https：//www. bilibili. com/video/BV1FD4y1Z78V/? spm_ id_ from = 333. 337. search-card. all. click&vd_ source = 034fa778953ad5bfdf5b46b9bf2ee577.

9.【云视理论】正确理解和领会习近平经济思想［EB/OL］.

https：//www. bilibili. com/video/BV14d4y1M7Go/？spm ＿ id ＿ from =
333. 337. search-card. all. click&vd＿ source＝034fa778953ad5bfdf5b46b9
bf2ee577.

10. 纪录片：闪耀东方［EB/OL］. https：//www. bilibili. com/
bangumi/play/ep750691？spm ＿ id ＿ from ＝ 333. 337. search-card. all.
click.

（三）湖南钢铁集团有限公司官网。

▶ 参考文献 ◀

［1］本刊产业研究小组. 湖南钢铁集团：依托"一体两翼"推进高质量发展［J］. 中国钢铁业，2022（03）：5-9.

［2］华菱钢铁［J］. 冶金管理，2020（04）：65.

［3］伟大出自平凡奋斗成就未来［J］. 中国钢铁业，2019（05）：69.

［4］陈雪骅. 上策湖南上进篇钢铁启示录［J］. 新湘评论，2024（03）：12-13.

［5］罗琪舒. 钢铁企业"去杠杆"的路径选择与效果研究——以华菱钢铁为例［D］. 昆明：云南财经大学，2023.

［6］方大丰. "好焊工"的不老传说——记湖南华菱湘潭钢铁有限公司艾爱国［J］. 兵团工运，2023（01）：19-20.

［7］刘悦. 高负债钢铁企业去杠杆的路径及效果研究——以华菱钢铁为例［D］. 西安：西安外国语大学，2022.

［8］邓华丽，王班勇. 湖南华菱湘潭钢铁有限公司共建共享高质量发展［J］. 人民之友，2020（01）：78-79.

［9］刘青山. 国企湘军涉险滩［J］. 国企，2013（12）：62-66.

［10］湖南华菱涟源钢铁有限公司［J］. 发明与创新（综合科技），2013（08）：66.

［11］李正，温政安，丁效雷. 深化供给侧结构性改革推动企业高质量发展［J］. 中国煤炭工业，2024（03）：42-44.

［12］周子勋.从体制机制入手统筹扩大内需和深化供给侧结构性改革［N］.中国经济时报，2024-03-11（02）.

［13］种项谭.科学认识习近平经济思想理论体系［J］.河北青年管理干部学院学报，2024，36（02）：107-113.

［14］郑栅洁.深刻领会习近平经济思想以高质量发展全面推进中国式现代化建设［J］.中国经贸导刊，2024（02）：4-7.

［15］柳长青.中国共产党历史主动精神论析［J］.南昌大学学报（人文社会科学版），2024，55（01）：34-44.

［16］余京华，肖结红.中国共产党践行历史主动精神的理论自觉、历史自觉和实践自觉［J］.理论建设，2024，40（01）：80-88.

［17］沈晓明.一手抓解放思想一手抓贯彻落实　为实现"三高四新"美好蓝图而不懈奋斗［N］.湖南日报，2024-01-29（02）.

［18］宋静思，刘书文.推动制造业高端化、智能化、绿色化发展［N］.人民日报，2024-02-25（01）.

［19］王文泽.以智能制造作为新质生产力支撑引领现代化产业体系建设［J］.当代经济研究，2024（02）：105-115.

两岸一家亲，旺旺湘土情

——旺旺集团的湘台融合发展之路

陈　勇　陈雪恬

▶ **作者信息：**

陈勇，湖南大学外国语学院专任教师及马克思主义学院双聘思政课教师。研究方向：商务英语，跨文化沟通，商务文化，企业文化，思政教育。

陈雪恬，澳大利亚悉尼大学商学院金融与商业数据分析专业在读硕士研究生。

摘要：1992年旺旺集团在湖南成立湖南旺旺食品有限公司，开始在祖国大陆的投资之路。本着两岸一家亲的理念，旺旺集团从湖南出发，逐步走向全国，并一步一步走向世界。借助大陆市场的巨大潜力，经过30多年的发展，旺旺集团在大陆拥有100多家工厂，产品遍及全球60多个国家和地区，成为世界大型的米果产销商。旺旺集团不仅在经济上取得了显著成就，还积极融入当地社区，承担社会责任，坚持"一中"原则，反对"台独"，促进两岸文化交流。在新的时代，旺旺集团坚持技术革新，助推高质量发展，成为湘台融合发展的典范。

关键词：旺旺集团；湘台融合；高质量发展

理论政策：

1. 两岸融合发展

两岸融合发展是党的十八大以来以习近平同志为核心的党中央推进新时代两岸关系发展的重要战略举措。2018年2月28日国台办、国家发展改革委《关于促进两岸经济文化交流合作的若干措施》中强调，要"给予台资企业与大陆企业同等待遇，为台湾同胞在大陆学习、创业、就业、生活提供更多便利"[①]。2019年1月2日，习近平总书记在《告台湾同胞书》发表40周年纪念会上发表了《为实现民族伟大复兴推进祖国和平统一而共同奋斗》的重要讲话，习近平总书记指出：要"深化两岸融合发展，夯实和平统一基础"，"继续率先同台湾同胞分享大陆发展机遇，为台湾同胞台湾企业提供同等待遇"[②]。党的二十大报告指出，两岸同胞血脉相连，是血浓于水的一家人。我们始终尊重、关爱、造福台

---

① 中共中央台办、国务院台办. 关于印发《关于促进两岸经济文化交流合作的若干措施》的通知［EB/OL］. （2018-02-28）［2024-05-16］. http：//www. gwytb. gov. cn/wyly/201802/t20180228_ 11928139. htm.

② 习近平. 为实现民族伟大复兴推进祖国和平统一而共同奋斗——在《告台湾同胞书》发表40周年纪念会上的讲话（2019年1月2日）［N］. 人民日报, 2019-01-03（01）.

湾同胞，继续致力于促进两岸经济文化交流合作，深化两岸各领域融合发展，完善增进台湾同胞福祉的制度和政策，推动两岸共同弘扬中华文化，促进两岸同胞心灵契合。①

2. 高质量发展

党的十九届六中全会通过的《中共中央关于党的百年奋斗重大成就和历史经验的决议》强调，必须实现创新成为第一动力、协调成为内生特点、绿色成为普遍形态、开放成为必由之路、共享成为根本目的的高质量发展，推动经济发展质量变革、效率变革、动力变革。② 实现高质量发展是我国经济社会发展历史、实践和理论的统一，是开启全面建设社会主义现代化国家新征程、实现第二个百年奋斗目标的根本路径。党的二十大报告也明确指出，"高质量发展是全面建设社会主义现代化国家的首要任务。发展是党执政兴国的第一要务。没有坚实的物质技术基础，就不可能全面建成社会主义现代化强国"。这是高质量发展理论继党的十九大首次提出后历经五年实践检验的新判断和新成果。"要坚持以推动高质量发展为主题"是中国经济社会发展的历史必然和现实要求。③

（本案例得到了长沙市望城经济技术开发区管理委员会有关领导和旺旺集团相关部门负责人的大力支持，在此特表感谢。本案例仅供课堂教学用，不作为对企业发展绩效进行评价的依据。）

---

① 习近平. 高举中国特色社会主义伟大旗帜，为全面建设社会主义现代化国家而团结奋斗——在中国共产党第二十次全国代表大会上的报告[EB/OL]. （2022-10-16）[2024-04-08]. https：//www. gov. cn/xinwen/2022-10/25/content_ 5721685. htm.

② 中共中央关于党的百年奋斗重大成就和历史经验的决议[EB/OL]. （2021-11-16）[2024-04-08]. http：//www. qstheory. cn/yaowen/2021/11/16/c_ 1128070038. htm.

③ 习近平. 高举中国特色社会主义伟大旗帜，为全面建设社会主义现代化国家而团结奋斗——在中国共产党第二十次全国代表大会上的报告[EB/OL]. （2022-10-16）[2024-04-08]. https：//www. gov. cn/xinwen/2022-10/25/content_ 5721685. htm.

1992 年旺旺集团在湖南长沙成立了湖南旺旺食品有限公司，这是旺旺集团在大陆投资的第一家公司。之后，旺旺集团在湖南长沙望城区建立了湖南总厂，并在此投资了多个项目。经过 30 多年的发展，旺旺集团逐步发展壮大，产品行销全球，成为世界大型的米果产销商。旺旺集团 2023 财年上半年实现营收 112.748 亿元，实现净利 17.32 亿元，其年营收保持在 200 亿元以上水平，继续维持其米果行业的领先地位。①其成功的原因不仅仅在于产品质量和营销策略，更重要的是其对社区的融入和贡献。30 多年来，旺旺众多产品不仅陪伴着两岸一代又一代青少年成长，更见证、融入了两岸经济、文化交流的历史进程。随着两岸关系的不断发展和深化，越来越多的台资企业选择在大陆投资兴业，成为两岸经济融合发展的重要力量。本案例以旺旺集团在湖南的发展为切入点，通过对其发展历程的深入剖析，展现两岸融合发展的生动实践和显著成果。旺旺集团的成功经验不仅为两岸企业提供了有益的借鉴，也为推动两岸关系和平发展注入了新的动力。

一、近乡情更"切"，旺旺家乡意

1962 年，蔡衍明先生的父亲蔡阿仕先生与多位好友共同投资成立台湾宜兰食品工业股份有限公司，起初做洋菇、芦笋和鱼罐头。1976 年，蔡衍明先生从父亲手中接手了宜兰食品的经营权。尽管刚开始企业出现了经营困难，但在蔡衍明先生的带领和员工的努力打拼下，逐步找到正确方向，一步步兴旺起来。1979 年旺仔形象诞生，1983 年创立旺

---

① 中国旺旺 2023 财年上半年净利超 17 亿元[N]. 新京报，2023-11-28.

旺品牌，成功推出米果食品"旺旺仙贝"，使企业成为台湾的"米果大王"。然而台湾的市场需求终归是有限的，想要使企业更上一层楼，就必须拓展更加广阔的市场。蔡衍明先生把发展的目光投向了大陆。1989年，旺旺集团在大陆注册了"旺旺"商标。①（见图7-1）

图 7-1　旺旺集团"缘、自信、大团结"理念

（图片来源：旺旺集团官网）

1992年湖南华湘进出口集团了解到蔡衍明先生要来大陆建厂的信息，主动联系了他。被湖南的诚意打动后，抱着观光旅游的心情，蔡衍明先生到当时还少有台商的内陆城市长沙考察投资环境。湖南省政府热情接待了考察团，详细介绍了作为"鱼米之乡"的农业大省对食品投资的优势，真诚希望旺旺集团能来湖南投资兴业。以前从来没有想过到内陆设厂的蔡衍明先生，深切感受到了湖南省政府的热情和对外开放的迫切心情。考虑到湖南作为有名的"鱼米之乡"，其稻米产量十分充足，在长沙市郊区的望城县(今属长沙市望城区)设厂的话，可以有效地节省原材料的运输和加工成本。② 而为什么选择望城县，蔡衍明先生表示，"当年第一次了解到长沙有个望城县，就想到了'旺财'，与'旺旺'有

---

① 为什么中国只有一个旺旺？［EB/OL］.（2019-08-01）［2024-04-08］. https：//www. digitaling. com/articles/185450. html.

② 中共湖南省委台湾工作办公室、湖南省人民政府台湾事务办公室. 两岸同奏旺旺曲——旺旺集团在湖南的发展［EB/OL］.（2017-12-28）［2024-04-08］. http：// www. hnstb. gov. cn/xtjm/444. html.

缘，感觉很好，我相信缘分和运气。"旺旺集团决策层感觉到了天时地利人和，于是突破常规，决定跳过沿海，直接深入内陆省份，进军湖南，选湘江之滨的望城县作为旺旺集团在大陆发展的本部。"望城，好旺！"望城与旺旺集团都有一个'旺（望，谐音）'字，旺旺集团对在湖南兴业充满了希望。①

旺旺集团董事长蔡衍明先生曾说："台湾是生我养我的故乡，但湖南是我事业的故乡。"②1992年，旺旺集团第一家大陆工厂湖南旺旺食品有限公司落户长沙望城后，旺旺集团逐渐在大陆生根发芽，从三湘四水走向全国，成为我国家喻户晓的民族品牌。"旺旺在长沙的30年里，受到各级政府的大力支持与协助。"当时，坐落于望城的旺旺食品工厂大门口有条路叫"城百路"，是一条黄土路，人们通行十分不便。1994年恰逢望城县开始着手改造"雷锋大道"，"城百路"因与"雷锋大道"相交，又是通往长沙市区及各地的交通要道，时任湖南旺旺食品有限公司的总经理廖清圳先生立即向董事长蔡衍明先生报告，且最终与望城县时任县长龙双武协商并达成一致意见，决定将"城百路"以首个入驻且扎根于望城的企业命名，即为"旺旺路"（见图7-2）。③至此，一条象征着旺旺集团与望城永结同心的"旺旺路"便连贯望城的东西，四通八达。

在各级政府的关怀及大力支持下，旺旺集团的事业飞速发展，先后成立湖南旺旺、长沙旺旺、湖南大旺、湖南真旺等六家独立法人公司。湖南旺旺、长沙旺旺、湖南大旺三家子公司下设米果厂、饮料厂和包装

---

① "旺旺"兴旺在湖南——旺旺集团湖南发展壮大纪实［EB/OL］.（2010-09-07）［2024-04-08］. http：//www. taiwan. cn/local/hunan/dongtaixinwen/201009/t20100907_1517258. htm.

② 刘捷萍. 看好长沙，他们"沪洽周"上这样说［N］. 长沙晚报，2022-11-04.

③ "旺旺路"与"旺旺街"见证台企旺旺大陆发展之路［EB/OL］.（2021-09-28）［2024-04-08］. http：//www. taiwan. cn/xwzx/la/202109/t20210928_12381601. htm.

厂，现有旺旺、旺仔、浪味等系列产品，生产雪饼、仙贝、浪味仙、小小酥等多种休闲食品，旺仔牛奶、旺旺碎冰冰等多种饮品及配套塑料包材和纸箱，产品遍及全国，深得消费者好评。旺旺集团湖南总厂已发展成为"全国高新科技百强企业"，并获得卫生部颁发的"执行食品卫生先进企业"称号，在湖南也获得"市场公认名牌产品""优秀企业会员""全省优秀企业""利税大户"等称号。旺旺集团在湖南及全国的发展可谓如鱼得水，由一家单一的米果公司发展为多元化的食品及饮料公司。旺旺品牌有着广泛的知名度和美誉度，目前旺旺集团共投资设立了53家分公司，400余家营业所。旺旺的销售网络已延伸至内蒙古、新疆、西藏等地，遍及全国。旺旺自主研发上市的产品达百余种，旺旺雪饼、旺旺仙贝、旺仔牛奶等产品早已走进千家万户。旺旺集团正在不断拓展业务版图，努力开拓东南亚市场，积极响应"一带一路"倡议，追求更加多元化的产业合作，开展全球化布局，立志成为"综合消费食品王国"。①

图 7-2　旺旺湖南总厂大门前的旺旺路

（图片来源：中国台湾网）

---

① 旺旺集团介绍［EB/OL］.［2024-04-08］. https://www.want-want.com.

二、饮水也思"缘"，报得三春晖

在望城扎根后，湖南旺旺食品有限公司注重与当地社区的融合发展。在招聘方面，该公司优先考虑本地员工，为他们提供就业机会和技能培训。此外，湖南旺旺食品有限公司还积极参与各项公益事业，如教育资助、扶贫济困、抗震救灾、疫情防治等，得到了当地政府和居民的高度赞誉。

旺旺集团自1992年在湖南望城设立第一家工厂以来，在董事长蔡衍明先生的指示和带动下，一直热心参与公益活动。旺旺集团在庆祝投资大陆20周年之际在望城继续扩产增资，2013年投资湖南大旺乳饮新区项目，总投资金额约7亿元。该项目新建的乳饮料生产线采用世界最先进的自动化生产设备，原料运输、产品生产、成品储藏等均实现自动化，年产值达60亿元，成为集团最大的乳品生产基地和标杆工厂。工厂建成后，旺旺集团还和望城区政府、区体育局等单位联合举办了一场以"活力旺旺·公益望城"为主题的全民公益半程马拉松欢乐跑及亲子跑。活动现场还进行了公益义卖，所得收益全数捐给望城当地慈善机构，用以关爱留守儿童。

2001年大陆放宽台方办医资格，蔡衍明先生觉得对长沙有了很深的感情，决定在这里开一家医院。他的想法也很简单，希望打造一家"人们不害怕的医院"。[①] 2002年经国家卫生部、商务部批准，旺旺集团在湖南长沙投资建立起了一家现代化大型综合性医院——湖南旺旺医院（见图7-3）。旺旺医院不但是全国首家台湘合资医院，还是湖南首家通过JCI（Joint Commission International）国际医疗认证的三级综合医院。旺

---

① 旺旺医院，冲上热搜！［EB/OL］.（2023-05-13）［2024-04-08］. https：//business. sohu. com/a/675004116_ 121087917.

旺 IP 卡通形象与医院联系在一起，给病患及家属带来温馨与温暖。2008 年 5 月 12 日四川汶川地震发生后，旺旺集团第一时间慷慨捐赠资金物品，帮助很多家庭渡过了难关，报纸上刊登的小女孩喝旺仔牛奶的照片温暖着每一个关注灾区的人的心。2008 年旺旺医院免费接待了 51 名来湘救治的四川地震伤员。旺旺医院此前也曾经为 500 名白内障患者进行免费手术，为 100 名北京奥运会湖南志愿者免费体检、集中培训，为 2000 余名婴幼儿做了"结石宝宝"筛查。医院还参与社会重大突发事件的救治工作，承担长沙市大型公益活动医疗保障工作，为社会医疗应急作出了贡献。①

图 7-3　湖南旺旺医院

（图片来源：湖南旺旺医院官网）

2020 年新冠疫情暴发后，旺旺集团展现了"血浓于水"的同胞亲情，积极抗疫，截至 2023 年旺旺集团累计捐赠 3.62 亿元物资。旺旺集团不仅积极捐赠物资，还派出了多名医护人员支援一线。坚持开医院的蔡衍明先生说："开医院也不是为了赚钱啊。"所以在 2020 年初疫情汹涌时，湖南旺旺医院响应征召，派遣重症医学科、呼吸内科等 16 位医护人员支援武汉金银潭医院。2022 年 8 月 9 日，30 位旺旺医院医护组成的援琼医疗

①　认识旺旺　湖南旺旺医院简介［EB/OL］.［2024-04-08］. https：//www. wwhospital. com/rsww/index.

队集结完毕，出发支援海南。2022 年 9 月 7 日，2 位旺旺医院 PCR 实验室检验师前往四川，全力支援当地疫情防控，进行核酸检测工作。旺旺医院还主动申请，成为抗击疫情的定点医院，保持 24 小时接诊，院内包括 6 名台籍医生、3 名台湾管理人员在内的全体人员坚守岗位。① 专业的医生穿着可爱的带有旺仔医生形象图案的医生服，给予了患者莫大的安慰。不仅如此，旺旺集团还向全国各地捐赠除菌设备、除菌液、食品、饮料等物资。旺旺集团和旺旺医院还利用自身的优势，生产了大量水神消毒液，免费向周边老百姓、单位发放。

除了办医院，旺旺集团还多次深入社区，捐款捐物，支持慈善活动。2020 年 4 月 9 日上午，"集爱三湘·公益扶贫"旺旺集团长沙分公司捐赠仪式在湖南省残联举行，旺旺集团向湖南省残疾人福利基金会捐赠市场价值 300 万元的爱心物资，省残疾人福利基金会副理事长兼秘书长谢华柏，旺旺集团长沙分公司时任行销总监贺海麒，时任行政经理寻莉珍等出席捐赠仪式。捐赠仪式上，贺海麒代表旺旺集团长沙分公司向湖南省残疾人福利基金会捐赠价值 300 万元人民币的爱心物资，并慰问省贫困残疾人和困难群众。②（见图 7-4）

---

① 认识旺旺 湖南旺旺医院简介［EB/OL］.［2024 - 04 - 08］. https：//www. wwhospital. com/rsww/index.

② 湖南日报. 旺旺集团向省残疾人福利基金会捐赠 300 万元爱心物资［EB/OL］.（2020-04-09）［2024-04-29］. https：//m. voc. com. cn/xhn/news/202004/15454411. html.

图 7-4 旺旺集团长沙分公司向湖南省残疾人福利基金会捐赠爱心物资

（图片来源：湖南日报·新湖南客户端）

　　2023 年 12 月 12 日上午，湖南大旺食品有限公司长沙分公司联合湖南省朝阳公益基金会在长沙开福区东风路街道办举行"集爱三湘·传递温情"旺旺送温暖活动，旨在扎实做好元旦期间帮困送温暖工作，切实把党和政府与社会的关怀、温暖送到群众的心坎上。本次活动，湖南大旺食品有限公司长沙分公司捐赠 5714 箱食品，市场价值 49 万元人民币，惠及困难群众、志愿者、留守儿童达到 6000 人。①（见图 7-5）

---

　　① 湖南日报. 集爱三湘 传递温情［EB/OL］.（2023 - 12 - 12）［2024 - 04 - 29］. https：//www. hunantoday. cn/news/xhn/202312/19120740. html.

图 7-5 湖南大旺食品有限公司长沙分公司"集爱三湘·传递温情"活动

（图片来源：湖南日报·新湖南客户端）

旺旺人恪守"缘、自信、大团结"的经营理念，积极参与、协办当地各项社会公益事业及社会活动，资助当地教育事业、支援抗洪救灾、爱护关心孤儿寡老。旺旺集团 1997 年成立了"中国旺基金会"，专注于海峡两岸的各项公益慈善事业，积极从事社会福利事业、文教活动、急难救助等，在汶川地震、雅安地震和玉树地震等发生后，该基金会在第一时间向灾区捐款捐物。① 为回报旺旺集团大陆发源地湖南，服务当地老百姓，还成立了"中国旺基金会"湖南分会。旺旺集团到大陆 30 年来，不论是面对华东大水灾、非典疫情、汶川等地震灾害，还是助力扶贫攻坚，投资共同富裕、乡村振兴，以及抗击新冠疫情，都始终站在第一线，责无旁贷，积极参与各项救援工作与公益慈善活动，践行企业社会责任，无时无刻不在传递社会向上向善的力量。

---

① 旺旺集团董事长蔡衍明：期盼两岸人民生活更美好[EB/OL].（2017-09-29）[2024-04-29]. http：//www. taiwan. cn/local/yaowen/201709/t20170929_ 11848128. htm.

三、两岸一家亲，守护中华根

在旺旺集团的发展过程中，两岸一家亲的理念得到了充分体现。该公司不仅为当地经济发展作出了贡献，也促进了海峡两岸的文化交流。旺旺集团经常组织员工赴台湾参观学习，加深了两岸同胞之间的了解和友谊。同时，该公司还为两岸青年创业者提供支持和帮助，鼓励他们共同发展、共创未来。2022年旺旺集团在北京设立"旺谷实践基地"，并以此为平台致力于两岸和平与融合发展，不断举办各式各样的两岸民间交流活动，以"民间性、草根性、广泛性"为定位，充分发挥深化两岸交流、助推两岸融合发展、促进两岸民众心灵契合的积极作用。①

旺旺集团通过其产品的传播，将台湾的饮食文化、生活方式等介绍给大陆消费者，同时也将大陆的文化元素融入其产品中，实现了两岸文化的互动与交流。这种文化交流不仅丰富了大陆市场的文化内涵，也为台湾文化在大陆的传播提供了广阔的平台。自古以来，我国就是礼仪之邦，礼文化历史悠久。通过红色喜庆的包装，以及"你旺，我旺，大家旺"的品牌广告语，加上正确的营销策略，

图7-6　旺仔牛奶红色喜庆的包装
（图片来源："旺仔俱乐部"微博）

使旺旺产品成为老百姓节日送礼的标配。（见图7-6）

---

①　全国台企联常务副会长林天良：两岸好、台湾才会更好，台商台企在新时代十年蓬勃发展[EB/OL]. (2023-05-22)[2024-04-28]. http：//www. taiwan. cn/xwzx/la/202305/t20230522_ 12536247. htm.

旺旺心怀中华情，坚守民族团结观。2019年年初，旺旺以中国56个民族为灵感，推出56款印有身着不同民族风格服饰的旺仔牛奶罐（见图7-7），并以"惊喜旺盒"的盲盒形式发售。消费者可通过购买"惊喜旺盒"，随机获得民族罐、零食、周边等，集齐"最旺民族风"。在2019年年末，旺旺还联合歌手推出56个民族旺仔单曲

图7-7　旺仔牛奶民族罐

（图片来源：数英网）

《合而为一》，讲述亲情、友情和民族团结情。旺旺通过新包装和单曲诠释了中华民族团结的价值观，传达"56个民族合而为一，旺上加旺"的寓意。①

蔡衍明先生多年以来坚持一个中国原则和"九二共识"，为推动两岸关系和平发展、促进两岸交流合作作出了重要贡献。旺旺集团除了本业的食品产销之外，还跨足媒体、保险、医疗、餐饮、农业、房地产等产业。蔡衍明先生不仅是旺旺集团创办人，更是中国时报集团最大股东，亦是香港亚洲电视第三大股东、台湾中天电视的经营者，也是名副其实的传媒大亨。

台湾中时传媒2008年因为金融危机而陷入困境。作为一家创办50

---

① 旺仔掀起最旺民族风，56款民族罐等你来收集［EB/OL］.（2023-03-20）［2024-04-28］. https：//www. digitaling. com/projects/65967. html.

多年的媒体，中时传媒集团拥有多家知名媒体平台，一直代表着岛内的主流舆论，影响力深远。当时许多机构想要出手收购，关键时刻，蔡衍明先生站了出来，由上海直奔台北中时大楼总部。最终，蔡衍明先生以150亿新台币成功拿下中时传媒，使他的事业由休闲食品米果扩张到传媒领域。同年，蔡衍明先生创办了《旺报》，期望打造"理解大陆及两岸发展情况的最佳平台"，他对此毫不避讳："我办媒体的出发点，就是要设法化解台湾人对大陆的误解。"①

2020年，因台湾"通讯传播委员会"未批准中天新闻台换发卫星电视执照，自12月12日零时起，中天新闻有线电视被迫"关台"，后转做网络新闻。"关台"当晚，蔡衍明先生和员工站在一起哽咽道："我们做的事情，一定可以堂堂正正的走出去，我们是堂堂正正的中国人，也是堂堂正正的台湾人。"②在平面媒体式微的今天，创办报纸基本可以说是吃力不讨好，面对质疑，蔡衍明先生大方表示："我是把媒体当作公益事业来办，不是要来赚钱！"旺旺集团旗下的相关媒体平台也一直是亏损的状态，但是蔡衍明先生个人每年投资数亿元，始终不放弃，坚持传递"两岸一家亲"的政治立场。（见图7-8）

旺旺集团旗下媒体，多年来从不间断地报道全国两会、海峡论坛、两岸企业家峰会等一系列两岸重要交流活动。旺旺中时媒体集团还与北京日报报业集团合办两岸媒体人北京峰会，让更多台湾同胞认识真实的大陆，为两岸同胞搭起友谊桥梁。旺旺集团旗下中天亚洲台、中天综合台与湖南卫视、芒果TV合作，协助录制综艺节目《声生不息宝岛季》，

① 旺旺医院，冲上热搜！［EB/OL］.（2023-05-13）［2024-04-28］. https：//business. sohu. com/a/675004116＿121087917.

② 台湾新闻脸：蔡衍明的"中天"保卫战［EB/OL］.（2020-11-02）［2024-04-28］. https：//new. qq. com/rain/a/20201102A0FW9W00.

促进两岸流行音乐和文化交流，共同谱写两岸青年心中的华彩乐章。①

2008 年蔡衍明先生携"旺旺"在香港敲钟上市，上市的公司名称是"中国旺旺控股有限公司（股份代号：0151.HK）"。"因为有大陆这个伟大的市场，才成就了我旺旺的今天"，蔡衍明先生成功后不忘感恩。他强调"旺旺"就是要"旺台湾，旺我们中国人"。② 旺旺集团在大陆的成功，不仅仅体现

图 7-8 《旺报》上写着"台湾人就是中国人"

（图片来源：搜狐财经）

在经济效益上，更在于它对两岸文化交流的推动和促进。旺旺集团始终秉持着"缘、自信、大团结"的企业精神，致力于推动两岸人民的相互了解和友谊。它通过各种方式和渠道，加强两岸文化的交流和传播，维护了中华民族的根，为两岸关系的和平发展作出了积极的贡献。

四、融合向未来，共圆中国梦

在高质量发展的新时代，旺旺集团积极转型升级，致力于新质生产

---

① 全国台企联常务副会长林天良：两岸好、台湾才会更好，台商台企在新时代十年蓬勃发展[EB/OL].（2023-05-22）[2024-04-28]. http：//www. taiwan. cn/xwzx/la/202305/t20230522_ 12536247. htm.

② 旺旺热搜第一！创始人：我们就是要旺台湾，旺我们中国人[EB/OL].（2022-08-05）[2024-04-28]. https：//new. qq. com/rain/a/20220805A05YQI00.

力的提升，特别是在绿色环保节能和实现"双碳"目标方面，展现出了企业的高度责任感和使命感。旺旺集团紧跟国家发展战略，以"低碳""创新"为集团发展的重要方向，并结合国家"双碳"目标规划制定集团的减排目标，通过技术创新，加大绿色发展及数字化投入，获得显著成效，并积极践行企业的社会责任。

2023年旺旺集团旗下生产基地——湖南大旺食品有限公司顺利通过第三方认证公司德国莱茵 TüV 审核，获颁 AWS（国际可持续水管理）最高等级认证——白金级认证，成为国内食品行业首家获得 AWS 白金级认证的工厂，同时旺旺集团旗下工厂的企业标准《可持续水管理规程》连续两年获评企业标准"领跑者"，CDP（全球环境信息研究中心）水安全评级获评最高等级——领导级 A。①

旺旺集团高度重视水资源保护工作，将水资源保护纳入集团可持续发展长期目标中。旺旺集团对接联合国 2030 可持续发展目标——水资源（SDG-6），持续践行 AWS 标准，推动广州生产基地及湖南生产基地可持续水管理试点，并将管理成果拓展到整个集团。在内部推动水管理优化及节水技术创新，在外部与流域相关方及价值链就水资源"共管共治"进行合作，实践全流域、全价值链可持续水管理。截至 2023 年，旺旺集团水效累计提升 35%，节水量达 350 万吨/年，节省的水量相当于 1900 万人 1 天的生活用水量。相关技术创新获得专利 33 件，并在可持续水管理制度、可持续水平衡、优良的水质、重要水相关区域健康、安全的水环境卫生等方面取得重大成果。②

2023 年 3 月 19 日在北京举行的第七届中国工业大奖颁奖仪式上，旺

---

① 李杰明、张伟东，旺旺集团走绿色高效发展之路［N］．中国食品报，2023-04-28.

② 旺旺 ESG 实践行业领先，可持续水管理再获殊荣［EB/OL］．（2023-03-09）［2024-04-28］．http：//www. sh. chinanews. com. cn/gatq/2023-03-09/108872. shtml.

旺集团以"低碳节能及自动化技术的研究与应用"项目荣膺"中国工业大奖"，成为本届唯一获此殊荣的食品企业。（见图7-9）"中国工业大奖"是国务院批准设立的中国工业领域最高奖项，旨在表彰坚持科学发展观、走中国特色新型工业化道路，引导中国工业化的方向、道路和精神，代表工业发展的最高水平。大奖包括"中国工业大奖""中国工业大奖表彰奖"和"中国工业大奖提名奖"三个层次的奖项，由中国工业经济联合会联合13家全国性工业行业联合会共同举办，每两年评选一次。[1]

图7-9　旺旺集团获"中国工业大奖"

（图片来源：中国台湾网）

旺旺集团此次以"低碳节能及自动化技术的研究与应用"获得中国工业大奖，是在保证产品质量的前提下，推动技术创新及管理创新，实现企业高效运营及低碳减排。获奖项目共计申请专利212件，包括：可常温储运雪糕，全程无冷链储运，即冻即吃，可实现价值链减排156万吨/年；烧上机节能技术研究，实现米果核心设备低碳国产化替代；高温真空熬煮"零耗水"技术，可实现"高温真空浓缩工艺"节水实践。

---

[1]　助力国家"双碳"目标 旺旺集团荣膺中国工业大奖[EB/OL].（2023-03-20）[2024-04-28]. https：//www.vos.com.cn/taihai/2023-03/20/cms208812article.shtml.

除获得"中国工业大奖"殊荣外，2022 年度旺旺集团旗下工厂相继取得废弃物零填埋最高等级认证——三星级认证；中国食品行业第一家可持续水管理最高等级认证——AWS 白金级认证；TPM 二阶奖项——"持续优秀奖"。

旺旺集团结合技术创新及管理创新，形成旺旺特色标准管理体系（WSM），将成果最大化拓展至整个集团。2016 年以来，旺旺集团能源密度下降 23.7%（相当于年节标煤约 6.5 万吨）；水资源使用效率提升 39.3%（相当于年节水 380 万吨）。未来，旺旺集团将持续通过技术创新、加大绿色发展及数字化投入，深入低碳减排实践，推动可再生能源发展，全力助力国家"双碳"目标的达成。①

在新时代，旺旺集团还积极响应国家高质量发展的号召，不断推动企业转型升级。通过引进智能化生产设备，优化生产流程，提高产品质量和生产效率，旺旺集团实现了从传统制造业向智能制造的跨越。

湖南大旺食品有限公司乳饮新厂内的旺仔罐装牛奶线采用全球一流高速液态奶灌装设备，较普通生产线速度快 50%，容量控制精准。同时采用自动仓储系统并通过自动机械臂等现代物流转运手段，使原物料进厂从到生产车间生产到成品出货，实现闭环式全方位流线型自动作业。

旺旺集团湖南总厂以"长沙市智能制造试点企业"为起点，不断地顺势而为，主动突破。目前湖南大旺食品有限公司采用高效的利乐包生产线，单线产能为原来的 3.25 倍，且较普通生产线降低能耗近 20%。2019 年 8 月，旺旺集团湖南总厂成功申报清洁车间，以期节能、降耗、减污、增效，减少对环境的污染。2019 年 12 月该厂成功申报绿色工

① 数字化助力旺旺集团低碳转型［EB/OL］.（2024 - 03 - 15）［2024 - 04 - 28］. https：//www. cnfood. cn/article？id = 17684619863148134441.

厂，实现厂房集约化、原料无害化、生产洁净化、废物资源化和能源低碳化。2020 年 3 月该厂成功申报智能制造技改及两化融合管理体系贯标。

湖南总厂打造灵活、高效、先进的试点智能制造工厂，工厂运用一系列自动化控制系统，实现车间软硬件和智能装备的高度集成。湖南旺旺也不断地从"旺旺制造"向"旺旺智造"转变，迈出了产业升级新步伐。①（见图 7-10）

图 7-10　湖南长沙望城旺旺自动化智能工厂

（图片来源：《湖南日报》）

2023 年 7 月 14 日，湖南省委书记沈晓明围绕打造国家重要先进制造业高地，在长沙、株洲开展专题调研。他强调，要深入学习贯彻习近平总书记关于湖南工作重要讲话和指示批示精神，锚定高质量发展目标，强化创新驱动，推动强链补链，壮大产业集群，加快湖南先进制造业高质量发展，奋力把"三高四新"美好蓝图变为现实。沈晓明书记来到旺旺集团湖南总厂，详细了解生产工艺和产品销售等情况，并听取企

---

① "寻根回家再出发"——专访旺旺集团湖南总厂总厂长徐义桢［EB/OL］.（2021-07-15）［2024-04-28］. https：//www. hunantoday. cn/news/xhn/202107/15114037. html.

业负责人对加快发展先进制造业的意见建议。他指出要推动制造业高端化、智能化、绿色化发展，全面推动科技创新、产品创新、管理服务创新，不断提高企业核心竞争力和市场占有率。①

旺旺集团作为台资企业在大陆融合发展的典范，通过两岸融合发展、高质量发展、绿色环保节能和智能化生产等方式，为共圆中国梦、助力中国式现代化作出了积极贡献。未来，旺旺集团将继续秉持创新、协调、绿色、开放、共享的新发展理念，推动企业转型升级和可持续发展，为实现中华民族伟大复兴的中国梦贡献更多力量。

结　语

自 1992 年成立湖南旺旺，旺旺集团已在大陆发展了 30 余年，蔡衍明先生在庆祝活动上说，旺旺集团见证了两岸关系的风雨历程，也感受到融合发展带来的无限机遇，希望台湾年轻人勇敢西进大陆开创市场。②

本案例探讨旺旺集团在大陆，尤其是在湖南的发展，不仅在于揭示台湾企业在大陆的发展态势和两岸经济文化交流的深远影响，更在于通过对具体案例的分析，为两岸企业的发展提供有益的启示和借鉴。旺旺集团的成功经验告诉我们，只有顺应时代潮流、把握市场机遇、坚持创新发展，立足大陆，走向世界，才能在激烈的市场竞争中站稳脚跟，不断取得良好的经济效益和社会美誉。两岸企业应该加强合作、互利共赢，共同推动两岸经济文化交流向更深层次、更广领域发展。

李强总理 2024 年《政府工作报告》要求对台工作坚持一个中国原则

---

①　沈晓明：推动强链补链　壮大产业集群　加快湖南先进制造业高质量发展[EB/OL].（2023 - 07 - 15）[2024 - 04 - 28]. https：//www. hunan. gov. cn/hnszf/hnyw/sy/hnyw1/202307/t20230715_ 29402380. html.

②　蔡衍明：期盼台湾年轻人勇敢西进大陆开创市场[EB/OL].（2024 - 03 - 30）[2024 - 04 - 28]. https：//www. chinanews. com/gn/2024/03 - 29/10189462. shtml.

和"九二共识"，推动两岸关系和平发展、推进祖国统一进程。① 在具体工作方面，一要扩大两岸各领域交流合作，深化两岸融合发展；二要坚决打击"台独"分裂势力、遏制外部势力干涉，坚定支持岛内爱国统一力量，广泛团结台湾同胞，维护台海和平稳定。

只要我们坚持推进"以通促融、以惠促融、以情促融"，勇于探索海峡两岸融合发展新路，打造好台胞台企登陆的美好家园，帮助台胞台企获得更多发展机遇、更广发展空间，更好参与大陆高质量发展、融入新发展格局，我们就能团结广大爱国台胞，使两岸人民做到心灵的契合，共同推进祖国统一，同心共创中华民族复兴伟业。

展望未来，我们有理由对两岸经济文化交流的前景充满信心。经济的融合将为两岸带来更加繁荣的未来，而文化的交流则将为两岸民众搭建起一座心灵的桥梁，让彼此更加紧密地联系在一起。两岸关系的和平发展、融合发展已经成为不可逆转的历史潮流，任何力量都无法阻挡。在这样的历史大势面前，两岸应该顺应时势，携手并进，共同开创两岸经济、社会、文化交流的美好未来。

---

① 李强. 2024 年政府工作报告［EB/OL］.（2024 - 03 - 05）［2024 - 04 - 28］. https：//www. gov. cn/zhuanti/2024qglh/2024nzfgzbg/home_ 5. htm.

一、课前准备

学生提前阅读案例，并思考案例后的问题。教师提前在雨课堂、学习通等平台组织学生进行线上分组，发布课堂讨论议题。

二、适用对象

适用于形势与政策等思政课教师、本专科大学生；适用于形势与政策课程中关于两岸关系、经济合作、文化交流等主题的教学。

三、教学目标

◉**知识目标**：帮助学生及时了解和掌握我国对台政策和论述，了解台资企业在大陆的融合发展情况。

◉**能力目标**：培养学生从政治、经济、社会、历史、文化等角度分析两岸融合发展路径。

◉**情感目标**：培养学生中华民族共同体意识，坚定两岸一家亲理念，谋求两岸同胞心灵的契合，共创民族复兴伟业。

四、教学内容及要点分析

教学内容	要点分析	类型
近乡情更"切"，旺旺家乡意	关注旺旺集团创业历史、成长局限，以大陆为故乡的发展机遇，分析台企壮大的途径	人物故事 企业故事 市场的融合

教学内容	要点分析	类型
饮水也思"缘"，报得三春晖	分析旺旺集团如何融入当地社区，承担社会责任，回报社会，赢得群众的喜爱和信任	企业故事 企业文化 情感的融合
两岸一家亲，守护中华根	分析旺旺集团如何承担民族大义，传承中华文化，守护一个中国，为推进两岸和平统一作贡献	人物故事 企业故事 文化的融合
融合向未来，共圆中国梦	分析旺旺集团如何在新时代勇于创新，努力融入新发展格局，走低碳、绿色、智能的高质量发展之路，助推中国式现代化之路的实现，共创民族复兴伟业	企业故事 发展路径的融合

五、教学安排

在使用本案例进行教学时，建议教师先引导学生了解旺旺集团的背景和发展历程，然后围绕思考讨论题进行深入分析和讨论。通过引导学生分析旺旺集团的成功经验及其背后的政策导向和社会环境等因素，帮助学生深入理解两岸融合发展的内涵和意义。同时，教师还可以结合当前两岸形势和相关政策法规的变化，对案例进行延伸讨论和拓展思考，以增强学生的实践能力和综合素质。

在教学过程中，教师还可以邀请旺旺集团或其他台资企业的代表来到课堂，与学生分享他们的亲身经历和感受，让学生更加直观地了解台资企业在大陆的发展状况和所面临的挑战与机遇。此外，教师还可以组织学生开展实地考察或调研活动，让学生亲身感受旺旺集团或其他台资企业的生产线和企业文化魅力，进一步增强学生对两岸关系的认识和理解。通过观看两岸融合发展、旺旺集团融合发展的视频影像资料，具体感受融合发展的坚实基础、困难挑战、光明未来和努力方向。

建议教学课时分配：

1. 课程导入（15分钟）

通过观看补充材料里提供的有关海峡两岸融合发展、高质量发展的视频，了解相关理论政策，认识到融合发展的必要性和必然性。

2. 案例教学（60分钟）

案例正文共有四个部分，每个部分用时15分钟左右。这四个部分讲述了旺旺集团跨越30多年的创业、立业、坚守、发展的融合历程，通过阅读材料、观看有关旺旺集团发展的视频影像资料，形成具体的认识。完成每个部分的学习后，可以让学生谈谈感想；教师针对海峡两岸问题的复杂性进行指导，使学生充分认识到台资企业所面临的挑战与机遇。

3. 互动讨论（15分钟）

结合思考讨论题，形成总体认识，探讨旺旺集团融合发展的特点和启示。

（1）旺旺集团在湖南的成功实践对两岸经济文化交流合作有何启示？

（2）旺旺集团在湖南的发展过程中，如何融入当地文化并实现本土化？这对推动两岸经济文化交融有何积极作用？

（3）在面临绿色发展和社会责任挑战时，旺旺食品是如何应对和解决的？其经验对其他企业有何借鉴意义？

（4）旺旺集团在发展新质生产力上有什么作为？对促进高质量发展有什么贡献？

（5）从旺旺集团的成功经验出发，如何进一步深化两岸融合发展，促进祖国和平统一进程？

　　　　　两岸一家亲，旺旺湘土情——旺旺集团的湘台融合发展之路

六、补充材料及其他

（一）教学设备：黑板、粉笔、扬声器、电脑、投影仪等。

（二）两岸融合发展，旺旺集团视频影像资料：

1. 共同推动两岸关系和平发展 融合发展——习近平总书记致 2023 两岸企业家峰会 10 周年年会贺信引发热烈反响［EB/OL］. https：//news. cctv. com/2023/11/15/ARTINkLvz1JaXncnIalBHdWz231115. shtml.

2. 全面推进两岸经济在新格局中融合发展与高质量发展［EB/OL］. https：//www. bilibili. com/video/BV1n94y1G71f/.

3. 两岸经济同属中华民族经济，两岸经济融合发展将持续深化［EB/OL］. https：//www. bilibili. com/video/BV1Pv41147q8/？spm＿id＿from = 333. 788. recommend＿more＿video. 12.

4. 岳麓山论坛：深化合作，融合发展！共创产业合作辉煌，共享民族复兴荣光！［EB/OL］. https：//www. bilibili. com/video/BV11Q4y1D7u9/？spm＿id＿from = 333. 788. recommend＿more＿video. 3.

5. 第七届全国大学生讲思政课公开课：《两岸融合发展·青年挺膺担当》第一集 两岸融合促发展，台企落户谱新篇［EB/OL］. https：//www. bilibili. com/video/BV1A94y1G7zd/？spm＿id＿from = 333. 788. recommend＿more＿video. -1.

6. 雷倩. 两岸融合发展势不可挡［EB/OL］. https：//www. bilibili. com/video/BV1Bo4y177xX/.

7. 不只是卖萌，旺旺的科技有多强？［EB/OL］. https：//www. bilibili. com/video/BV14341147MG/.

8. 旺旺集团老板，在台湾办电视台宣传大陆，高喊我是堂堂正正中国人［EB/OL］. https：//tv. sohu. com/v/cGwvOTc2OTc3My8zNzI1OT

QwMDYuc2h0bWw＝. html.

9. 旺旺中国，大团结一定赢！［EB/OL］. https：//www. bilibili. com/
video/BV1ND4y127ot/.

10. 旺旺集团董事长蔡衍明：我从小接受的教育，我就是中国人［EB/
OL］. https：//www. bilibili. com/video/BV1rA4m1L7Wv/.

两岸一家亲，旺旺湘土情——旺旺集团的湘台融合发展之路

算力赋能 超算助力经济社会高质量发展的湖南实践

——基于国家超级计算长沙中心的案例分析

张　军　肖雅晴

▶ **作者信息：**

张军，湖南大学马克思主义学院副教授。研究方向：廉政治理方面的研究，包括廉政治理绩效评估、信息技术与廉政治理等。

肖雅晴，硕士研究生，湖南大学马克思主义学院。

摘要：在数字经济时代，算力已然成为新质生产力。目前，算力在经济转型升级、科技创新、新兴产业和智慧医疗等领域都得到了广泛的应用。湖南是中国超算技术的发源地，见证了我国超算从"追跑""并跑"到"领跑"的跨越式发展。作为湖南的算力底座和算力"蓄水池"，国家超级计算长沙中心在湖南计算产业迈入快车道的发展中扮演着重要角色。本案例主要阐述国家超级计算长沙中心在推动湖南经济转型升级、促进新兴产业发展和保障社会民生等方面发挥的突出作用，国家超级计算长沙中心是湖南经济社会高质量发展的"新引擎"。在聚焦湖南实现"三高四新"美好蓝图的过程中，国家超级计算长沙中心也迎来了前所未有的机遇。国家超级计算长沙中心应该抓住机遇，发挥算力优势和示范引领作用，在提升算力服务效率、优化算力资源配置和算力设施绿色低碳发展行动等方面持续发力，为湖南实现高质量发展注入源源不断的动力。

关键词：超算；算力；科技创新；产业变革；高质量发展

理论政策：

2020年9月16日至18日，习近平总书记在湖南考察，勉励湖南着力打造具有核心竞争力的科技创新高地，赋予湖南科技创新全新坐标和重大使命。①

2021年10月18日，习近平总书记在中共中央政治局第三十四次集体学习时强调，近年来，互联网、大数据、云计算、人工智能、区块链等技术加速创新，日益融入经济社会发展各领域全过程，数字经济发展速度之快、辐射范围之广、影响程度之深前所未有，正在成为重组全球要素资源、重塑全球经济结构、改变全球竞争格局的关键力量。要站在统筹中华民族伟大复兴战略全局和世界百年未有之大变局的高度，统筹

---

① 杜若原，何勇，王云娜，等.奋力谱写新时代中国特色社会主义湖南新篇章[N].人民日报，2020-09-20(01).

国内国际两个大局、发展安全两件大事，充分发挥海量数据和丰富应用场景优势，促进数字技术与实体经济深度融合，赋能传统产业转型升级，催生新产业新业态新模式，不断做强做优做大我国数字经济。①

2022 年 6 月 23 日，国务院印发的《关于加强数字政府建设的指导意见》明确提出，到 2035 年，我国整体协同、敏捷高效、智能精准、开放透明、公平普惠的数字政府基本建成。②

2024 年政府工作报告提出：大力推进现代化产业体系建设，加快发展新质生产力。深入推进数字经济创新发展，开展"人工智能+"行动，加快形成全国一体化算力体系。③

---

① 赵文涵. 习近平在中共中央政治局第三十四次集体学习时强调 把握数字经济发展趋势和规律 推动我国数字经济健康发展［EB/OL］. （2021-10-19）［2024-03-21］. http：//www. xinhuanet. com/politics/leaders/2021-10/19/c_ 1127973979. htm.

② 中华人民共和国中央人民政府. 国务院关于加强数字政府建设的指导意见［EB/OL］. （2022-06-23）［2024-03-25］. https：//www. gov. cn/zhengce/content/2022-06/23/content_ 5697299. htm.

③ 郑大海. 加快优化算力资源 释放新质生产力［N］. 中国工业报，2024-03-12（A8）.

在长沙河西大学城中有一条主干道，名曰麓山南路，不到六公里长，却装下了一届又一届学生风华正茂的青春，满载着"人间烟火气"。其中，有两栋造型别致、外观新潮的建筑给热闹非凡的麓山南路增添了几分"沉稳"和"低调"。这两栋建筑即国家超级计算长沙中心的"0"号天算台（见图8-1）、"1"号研发楼。一听这名字，便有高深莫测之感，实则寓意深刻。"0"和"1"正是二进制的两个基本符号。① 国家超级计算长沙中心于2010年坐落于此，从此成为湖南一张响当当的名片。它是如何成为湖南响当当的名片？又是如何挥斥方遒，智创未来的？这是本案例关注的核心内容。

图8-1　国家超级计算长沙中心形似数字"0"的主楼天算台

（图片来源：中央纪委国家监委网站）

翻开历史的画卷，中国超算（即超级计算机）的发展可谓是"雄关漫

---

① 廖远哲，龙源. 超级计算机的"超能力"探访国家超算长沙中心［EB/OL］.
（2022-09-26）［2024-03-21］. https：//www. ccdi. gov. cn/yaowenn/202209/t20220926
_ 220245. html.

道真如铁"。在技术落后和国外势力压制的条件下，中国第一台被命名为"银河"的每秒亿次巨型计算机历经五年的研制时间，于1983年在国防科技大学诞生，弥补了国内巨型计算机的空白。^① 自此，中国按下了超级计算机研制的快进键。作为中国超级计算机的发源地，湖南始终与国家战略发展同频共振。湖南省政府总投资7.2亿元建设国家超级计算长沙中心，以"天河一号"高性能计算机为计算设备的国家超级计算长沙中心于2010年11月28日在湖南大学正式奠基，由湖南大学运营管理，依托国防科技大学提供技术支撑。^② 在政府政策和强有力的技术支持下，国家超级计算长沙中心总算力处于国内领先地位，为千行百业贡献出了"超级力量"。

在数字化快速发展时期，国家超级计算长沙中心在激活数字经济潜能和加快数字社会建设等方面为社会经济发展提供了强有力的算力支撑，跑出了数字湖南建设的加速度。面对"算力时代"，国家超级计算长沙中心应进一步提升算力服务效率、优化算力资源配置和践行国家"双碳"目标，以此更好赋能湖南数字经济发展，让"湖南计算"这张新名片在中国愈加绚丽多彩，进而让全世界领略"中国速度"。

一、算力巨擘：国家超级计算长沙中心解密

1. 何谓国家超级计算？

在了解国家超级计算长沙中心之前，有必要对算力、超算、国家超级计算中心进行了解。算力，顾名思义是计算能力，代表数据中心的服

---

① 杨文荣. 历史上的12月22日：银河计算机研制成功 和谐号动车下线[EB/OL]. (2012-12-22)[2023-03-24]. http://www.xinhuanet.com/world/2012-12/22/c_114104855.htm.

② 中华人民共和国中央人民政府. 国家超级计算长沙中心奠基[EB/OL]. (2010-11-28)[2024-03-21]. https://www.gov.cn/jrzg/2010-11/28/content_1755302.htm.

务器对数据进行处理后实现结果输出的一种能力，主要包括通用算力、智能算力、超算算力以及边缘算力。当前，算力在多个领域获得了广泛应用，如数字政府、工业互联网、智慧医疗、远程教育和文化传媒等[①]。算力已经成为继热力、电力之后新的生产力。[②] 而超算是算力中比较高端的一种算力，其"超级"在于它的超级体量，以及由此带来的计算速度。这种算力主要用来处理一些非常重要的事情，比如核爆炸、模拟天气预报、聚变能源等，也可以用于人工智能领域。[③]

对于我们来说，"超算"听起来似乎"高高在上"，但是和我们的生活却息息相关。它有"算天""算地""算人"的"超能力"。"算天"即超级计算机可以将天气预报的范围缩小到公里、精确到小时，可以模拟出不同科学模型下宇宙的诞生演化等；"算地"即超级计算机已广泛应用于油气资源勘探、地质勘测、巨型工程建设等领域，有关单位曾通过国家超级计算长沙中心开展工程抗震安全研究，模拟计算时间从原本的500小时缩短为5小时；"算人"即超级计算机在医学、生物医药、基因测序等与人们生命健康密切相关的诸多领域也起着至关重要的作用。[④] 超级计算机已融入了我们生活的方方面面。

国家超级计算长沙中心对湖南数字经济的发展，乃至湖南经济社会高质量发展有着重要作用，有"全国第三家""中西部第一家国家超级计

① 郭倩. 算力经济：激活数据潜能 驱动数字化转型［N］. 经济参考报，2022-09-19（01）.

② 王震，吕骞. 工信部：我国算力核心产业规模超1.5万亿元 行业支柱作用愈发凸显［EB/OL］.（2022-09-19）［2024-03-21］. http：//finance. people. com. cn/n1/2022/0730/c1004-32490006. html.

③ 严翠. 湖南大学副校长、国家超算长沙中心主任李肯立：我国算力与先进国家差距将逐步缩小［EB/OL］.（2024-01-19）［2024-03-21］. https：//www. cs. com. cn/cj2020/202401/t20240119_ 6386118. html.

④ 廖远哲，龙源. 超级计算机的"超能力"探访国家超算长沙中心［EB/OL］.（2022-09-26）［2024-03-21］. https：//www. ccdi. gov. cn/yaowenn/202209/t20220926_ 220245. html.

算中心""湖南算力底座""长沙科技创新'名片'"之称。①

2. 国家超级计算长沙中心概览

国家超级计算长沙中心的成立乘上了时代发展的"春风",赶上了超算发展的"快车"。时间回到改革开放之初,在中央召开的一次重要会议上,邓小平同志将研制亿次巨型计算机的任务郑重交给位于长沙的国防科技大学,至此,中国超级计算机从长沙启动,朝世界进军。在国内技术落后和西方国家对我们采取技术封锁政策的条件下,我国的科研团队抱着不甘人后的信念,依靠自主创新,集智攻克了一个又一个技术难关。1983年12月,我国第一台每秒钟运算亿次的"银河"计算机在长沙研制成功,随后银河二号和银河三号巨型计算机相继在长沙问世。②中国在高性能计算领域跨入世界先进行列。而进入新世纪之后,一方面由于我国各项事业迅速发展,对超级计算机的运算速度和容量都有了更迫切的需求;另一方面美国在2007年11月研制出了世界首台千万亿次超级计算机,让国内的超算研究团队感受到了压力。在双重压力的情况下,我国首台千万亿次超级计算机系统"天河一号"也于2009年10月在长沙研制成功。同时为了更好地致力于超算发展和提升国家竞争力,国家超级计算中心应运而生。③ 在2010年10月,湖南省向科技部申请建设国家超级计算中心并获得批复,国家超级计算长沙中心即中西部第一家国家超级计算中心正式成立。2010年11月28日,以"天河一号"为

① 湖南大学国家超级计算长沙中心.中心概况[EB/OL].(2023-07-01)[2024-03-21].http://nscc.hnu.edu.cn/info/1058/1063.htm.

② 施泉江."银河-I":中国第一台亿次巨型计算机在湖南诞生[EB/OL].(2021-04-12)[2024-03-21].https://gxt.hunan.gov.cn/gxt/xxgk_71033/gzdt/rdjj/202104/t20210412_16464995.html.

③ 中国数字科技馆."天河"系列超级计算机(上)[EB/OL].(2022-06-22)[2024-03-21].https://www.cdstm.cn/videos/sounds/xkxzj/202002/t20200214_940466.html.

计算设备的国家超级计算长沙中心在湖南大学正式奠基。①（见图 8-2）

图 8-2　国家超级计算长沙中心奠基仪式

（图片来源：中央政府门户网站）

国家超级计算长沙中心自始至终不辱使命，在我国从"超算大国"迈向"超算强国"的过程中日益发挥着重要的作用。在 2010 年 11 月，"天河一号"在超级计算机世界 500 强排行榜第一次留下中国超算的名字，令世人瞩目。此后，我国乘势而上，"天河二号""神威·太湖之光"相继研制成功，并都曾位列超级计算机世界 500 强排行榜。② 2022 年 10 月 9 日，国家超级计算长沙中心"天河"新一代超级计算机系统运行启动仪式在湖南大学举行。③ 据介绍，新一代"天河"的综合算力是前一代的 150 倍，相当于百万台计算机的计算能力。从 2010 年"天河一

　　①　中华人民共和国中央人民政府. 国家超级计算长沙中心奠基［EB/OL］.（2010-11-28）［2024-03-21］. https：//www. gov. cn/jrzg/2010-11/28/content_ 1755302. htm.
　　②　廖远哲，龙源. 超级计算机的"超能力"探访国家超算长沙中心［EB/OL］.（2022-09-26）［2024-03-21］. https：//www. ccdi. gov. cn/yaowenn/202209/t20220926_ 220245. html.
　　③　湖南省科学技术厅. 国家超级计算长沙中心天河新一代超级计算机系统启动运行［EB/OL］.（2022-10-09）［2024-03-21］. https：//kjt. hunan. gov. cn/kjt/zxgz/cxpt/202210/t20221009_ 29048552. html.

号"在超级计算机世界 500 强排行榜第一次留下中国超算的名字，到如今新一代"天河"实现每秒 20 亿次高精度浮点数运算，国家超级计算长沙中心不仅为湖南在打造具有核心竞争力的科技创新高地、助力经济转型升级和社会发展方面提供有力支撑，也大幅度地提升了中国的算力水平，推动中国从"超算大国"向"超算强国"迈进。

二、算力助推创新：超算在湖南经济转型升级中的应用

1. 超算助推"湖南制造"走向"湖南智造"，壮大发展新动能

很多人都知道长沙有"网红城市""媒体艺术之都"等称号，但是对于长沙"工程机械之都"的称号却很少有人知晓。作为"工程机械之都"的长沙一直是中国工程机械行业的中心之一。长沙工程机械享誉全球，是全国重要制造业基地，是全球第三大工程机械产业集群，产业规模连续多年全国第一。[①] 在"2022 全球工程机械 50 强"中，坐落于长沙的三一重工、中联重科、铁建重工、山河智能和星邦智能全都上榜。由此，长沙成为全球第二座拥有 5 家"全球工程机械 50 强"企业的城市。[②] 但是前进和发展的道路并非平坦的康庄大道，而是充满了各种艰难险阻。在 2021 年湖南省统计局发布的《长沙工程机械产业链发展现状及对策建议》中提到：一方面，长沙工程机械产业自身配套能力落后，本地配套多为基础性、辅助性配套厂，技术基础较薄弱，生产智能化、自动化程度较低，难以适应市场的需求；另一方面，研发所需的软硬件设施对外依赖度高，特别是在数字仿真软件方面暂时缺少国产替代方案，自主研

---

① 唐璐. 蓝图磅礴 未来可期——"打造全球研发中心城市"的长沙愿景［EB/OL］. （2023-06-28）［2024-03-21］. https：//gxt. hunan. gov. cn/gxt/xxgk_ 71033/gzdt/rdjj/ 202306/t20230628_ 29385903. html.

② 夏子航. "工程机械之都"长沙："五朵金花"创新锻造大国重器［EB/OL］. （2023-04-21）［2024-03-21］. https：//company. cnstock. com/company/scp_ gsxw/ 202304/5049725. htm.

发能力有待进一步提高。①

而唯改革者进，唯创新者强，唯改革创新者胜。长沙工程机械行业并未因此而止步不前，而是抓住了国家政策的机遇和市场需求，实现了智能化改造。2022 年 1 月，国务院出台的《"十四五"数字经济发展规划》提出，要促进数字技术向经济社会和产业发展各领域广泛深入渗透，推进数字技术、应用场景和商业模式融合创新，形成以技术发展促进全要素生产率提升、以领域应用带动技术进步的发展格局。② 作为超级计算机的诞生地，湖南始终与国家战略"同向发力"。同年 6 月，湖南省人民政府办公厅颁布了《湖南省强化"三力"支撑规划(2022—2025 年)》，提出将算力作为经济社会发展的"三大支撑"之一，力争到 2025 年把湖南建设成为国际领先的算法创新中心。③ 长沙工程机械产业抓住了这一波算力红利，依托国家超级计算长沙中心，实现了产业转型升级。

算力是如何使用"超能力"实现长沙工程机械产业转型升级的呢？这其实是"双向奔赴"的结果。一方面，数字经济迅速崛起，而传统产业若要在数字经济发展的背景下拥有一席之地，则必须要改革创新。当今时代衡量产业核心技术水平和创新能力的重要标准之一即是否应用超

---

① 湖南省统计局. 长沙工程机械产业链发展现状及对策建议[EB/OL].（2021-09-30）[2024-03-21]. http：//tjj. hunan. gov. cn/hntj/tjfx/sxfx/zss/202109/t20210930_ 20691597. html.

② 国务院关于印发《"十四五"数字经济发展规划》[EB/OL].（2022-01-12）[2024-03-21]. https：//www. gov. cn/zhengce/content/200-01/12/content_ 5667817. htm.

③ 湖南省人民政府. 湖南省人民政府办公厅关于印发《湖南省强化"三力"支撑规划(2022—2025 年)》的通知[EB/OL].（2022-06-15）[2024-03-21]. https：//www. hunan. gov. cn/hnszf/szf/hnzb/ 18/2022/202211/szfbgtwj_ 98720_ 88_ 1qqcuhkgvehermh krrgnckumddvqssemgdhcscguemrbsvtvegft/202206/t20220615_ 26263248. html.

级计算技术以及对算力的需求规模和应用水平如何。① 当前，长沙不少工程机械产业借助算力实现了生产过程的自动化、智能化，提高了生产效率。如三一集团通过引入工业大数据、云计算、物联网等技术，降低了维护成本，提高了企业的竞争力；中联重科大力推进产业智能制造和企业全业务数字化转型，积极打造新数字经济产业板块，推动产业生态、形态、业态变革。② 在工程机械产业变革升级的过程中，国家超级计算长沙中心扮演着重要的角色。其一，国家超级计算长沙中心有"天河"系列超级计算机，底层芯片、互连架构、整机系统等都实现了自主研发，是湖南计算能力的具体表现。其二，国家超级计算长沙中心也是湖南整个计算产业链的重要支撑，有助于为长沙工程机械行业等传统行业转型升级提供重要动力。其三，国家超级计算长沙中心还是湖南计算生态的一个"蓄水池"，在相关应用生态搭建、软件推广和人才培养等方面发挥重要作用。另一方面，为了了解企业的创新需求，国家超级计算长沙中心会主动对接长沙及周边地区的重点企业，如三一重工、铁建重工、中联重科等，以此实现更加精准且个性化的算力服务。③ 在这场"双向奔赴"中，湖南传统工程机械产业朝着智能化、绿色化的方向迈进，"工程机械之都"这张名片也焕发了新的色彩。在 2024 年中央广播电视总台春节联欢晚会长沙分会场中，中联重科精彩亮相，向全世界展

① 陈志刚，汪净. 提升超级计算应用水平 推动湖南产业高质量创新发展[N]. 湖南日报，2022-10-09(05).

② 欧阳倩，李治，李大为，等. 喜新不厌旧———长沙打造先进制造业述评之一[EB/OL]. (2023-08-23)[2024-03-21]. https：//hn. rednet. cn/m/content/646742/67/12978893. html.

③ 杨斌，何青，甘红，等. 两会同期声｜看准了就抓紧干[EB/OL]. (2024-01-26)[2024-03-21]. https：//hn. rednet. cn/content/646845/60/13483367. html.

示了长沙工程机械高端化、智能化和绿色化的发展成果。① 同时这次亮相也让全世界知道长沙既有"网红城市"称号等软名片，也有"工程机械之都"和"智能制造之城"等硬名片。

2. 超算助推新兴产业发展，打造发展"新引擎"

算力不仅是传统产业转型升级的重要支点，也是新的经济增长点。② 在湖南"老三样"（工程机械、轨道交通装备、中小航空发动机及航空航天装备）逐步成长为三大世界级产业集群的同时，湖南"新三样"也已闪亮登场，并致力于成为湖南产业新名片，打造湖南发展"新引擎"。湖南"新三样"主要是指电子信息、新能源汽车、现代石化这三大产业。③ 在将湖南"新三样"打造成为万亿级产业集群的过程中，国家超级计算长沙中心作为湖南算力"蓄水池"将大有可为。在 2024 年 1 月，国家超级计算长沙中心公布的 2023—2024 年生态合作伙伴名单中，很大一部分企业都是信息技术应用领域的。这一举动有助于推动数字技术驱动生产方式和企业形态根本性变革，进而更好推动湖南省经济社会高质量发展。如湘江鲲鹏携手控股股东拓维信息入选国家超级计算长沙中心生态合作伙伴，聚焦 AI 芯片和技术创新应用等关键领域，推动技术成果转化，为湖南乃至全国数字经济高质量发展注入新动能。④ 同时国家超级计算长沙中心的算力还能够优化新能源汽车和现代石油化工等新

---

① 刘成坤."湘"当当的大国智造！中联重科央视春晚展重器风采［EB/OL］.（2024－02－10）［2024－03－21］. https：//www. hunantoday. cn/news/xhn/202402/19434058. html.

② 郭倩. 算力经济：激活数据潜能 驱动数字化转型［N］. 经济参考报，2022－09－19（01）.

③ 黄婷婷，余蓉，贺威. 瞄准产业"新三样" 打造湖南"新引擎"［N］. 湖南日报，2023－01－15（03）.

④ 湘江鲲鹏. 湘江鲲鹏入选国家超级计算长沙中心生态合作伙伴［EB/OL］.（2024－01－29）［2024－03－21］. https：//mp. weixin. qq. com/s/DYLfbv5h_orfxyuKHeoBLw.

兴产业的生产程序，提高生产效率。正如湖南省人大代表、国家超级计算机长沙中心副主任、湖南大学信息科学与工程学院副教授肖晟在接受记者采访时提道："依托超级计算机的算力，计算时间可以从以往的几个月压缩到几个小时，轻松比较成千上万种可能，实现效率更高、成本更低、精度更准的服务。"①

三、算力照亮生活：超算在湖南社会发展领域的应用

需求是创新的根本动力，产业创新最终是为了更好地满足对人们美好生活的需要。② 所以算力在助推产业创新的过程中也照亮着我们生活的各个角落。

1. 超算助力医疗健康领域，赋能智慧医疗新发展

身体不舒服，没时间上医院挂号，咋办？

医院排队两小时，看诊两分钟，咋办？

检查结果看不懂，想要咨询医生，咋办？

看病太贵，无钱医治，咋办？

以上看病难、看病繁、看病贵等问题仍是近几年比较突出的医疗问题，农村尤甚。为了进一步缓解此类现象，让百姓看得上病、看得起病和看得好病，国家和地方政府也采取了多项措施持续推进解决看病难、看病贵等问题。党的二十大报告提出："促进优质医疗资源扩容和区域均衡布局，坚持预防为主，加强重大慢性病健康管理，提高基层防病治病和健康管理能力。"③这一重要论述有助于进一步推动医疗体制改革，

---

① 黄婷婷，余蓉，贺威. 瞄准产业"新三样"打造湖南"新引擎"[N]. 湖南日报，2023-01-15(03).

② 陈宝明. 需求是创新的根本动力[N]. 光明日报，2019-01-03(16).

③ 习近平. 高举中国特色社会主义伟大旗帜 为全面建设社会主义现代化国家而团结奋斗：在中国共产党第二十次全国代表大会上的报告[M]. 北京：人民出版社，2022.

同时也对破解群众看病难问题提出了具体要求。湖南积极推动党的二十大报告落地见效，如依靠算力和智慧医疗等数字技术，缓解看病难等问题，大大提高了人民的获得感、安全感和幸福感。湘江新区卫健局2022年10月上线的"智医助理"能够帮助医生精准研判患者病情。在湘江新区基层医疗机构，医生输入患者病状体征，"智医助理"项目中的"人工智能辅助诊断系统"能够第一时间给出AI推荐诊断。同时"人工智能外呼系统"在基层医疗服务中也派上了大用场，它可同时向千余名社区居民呼叫并自动记录其回访信息，经签约医生分析后，再由家庭医生本人对确需人工联系的居民进行健康指导。此外，这款人工智能系统还能够依照居民健康情况及时且精准推送相关健康知识。湘江新区基层医疗机构通过数字技术赋能医疗，极大地提升了公共卫生工作效率，也能够切实解决居民看病难等问题。① 而"智慧医疗"的实施离不开国家超级计算长沙中心强大算力的支持。这也仅仅是国家超级计算长沙中心赋能医疗领域的冰山一角。

国家超级计算长沙中心研发的"骨质疏松智能医生"仅需四秒即可完成疏松检测，在4分钟内即可生成检测报告（见图8-3），这对于骨质疏松患者来说是一个极大的福利。同时国家超级计算长沙中心研发的ICU临床终点预测机器人能够在几秒钟内融合分析病患各项生理指标，预测其死亡概率和时间、住院时长等，并给出辅助诊疗建议。ICU临床终点预测机器人既能辅助医生实施抢救，精准诊疗，也有助于医疗资源得到更加合理的分配。这些研发的产品也已经推行到了多个省市的三甲和社区医院，能够进一步实现优质医疗资源共享和提高医疗效率，也能

---

① 唐璐. 基层智慧医疗让看病又快又准[N]. 湖南日报，2023-06-01（06）.

让患者少检查、少跑腿、更省钱。①

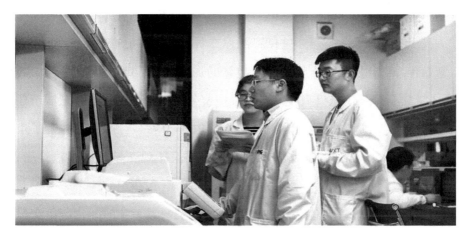

图 8-3 科研团队结合仪器测量和超算筛选结果

（图片来源：中央纪委国家监委网站）

2. 超算助力城市治理走向城市"智"理，提升"智"治水平

2020 年，习近平总书记赴浙江考察时指出："推进国家治理体系和治理能力现代化，必须抓好城市治理体系和治理能力现代化。"②城市治理事关人民群众的生活质量和幸福水平。《中共中央关于制定国民经济和社会发展第十四个五年规划和二○三五年远景目标的建议》提出要"提高城市治理水平"，彰显了提升城市治理水平的重要性和迫切性③。近年来，汽车已经成为"出行刚需"，与此同时，"停车难""停车贵"等现象层出不穷。2022 年 8 月，长沙智慧停车平台将全市停车场联成一

---

① 张盟，肖依诺，赵培霖，等. 数字湖南｜在国家超算中心实验室，记者体验了一把"骨质疏松智能医生"诊断［EB/OL］.（2022 - 01 - 14）［2024 - 03 - 21］. https：//moment. rednet. cn/pc/content/2022/01/14/10772909. html.

② 习近平在浙江考察时强调 统筹推进疫情防控和经济社会发展工作奋力实现今年经济社会发展目标任务［EB/OL］.（2020 - 04 - 01）［2024 - 03 - 21］. http：//jhsjk. people. cn/article/31657786.

③ 李明. 不断提高城市治理水平［EB/OL］.（2020 - 12 - 21）［2024 - 03 - 21］. http：//opinion. people. com. cn/n1/2020/1221/c1003-31972749. html.

体，"长沙易停车"正式上线运行，能够为市民提供查看附近停车路段、根据导航找车位、停车缴费和服务、订单查询等一站式停车服务，享受"入场无须领卡、离场无须扫码"的停车体验，有效破解了停车难题。① "智慧停车"能够运行背后离不开超算的加持，国家超级计算长沙中心联合搭建了建筑信息模型技术应用推广服务平台，支撑开展智慧城市建设，为智慧交通、智慧城管等提供24小时算力和平台服务，提升了市民出行的体验。② 而算力所发挥的作用不仅仅体现在城市停车治理中，还体现在其他领域中。在政务服务中，相信有不少群众对"部门一句话，群众跑断腿"深有体会。2022年9月，湖南省委全面深化改革委员会第十八次会议审议通过《湖南省深化"一网通办"打造"一件事一次办"升级版攻坚行动方案》，强调强化系统集成和数据共享等应用，推动更多政务服务事项"网上办、掌上办"，以此更好地满足群众便捷化的需求。③ 通过数字化赋能政务治理，从"群众跑断腿"到"最多跑一次"到"一次不用跑"，既提升了政府的办事效率和服务质量，也增强了人民群众的获得感。

四、超算新征程：算力赋能湖南高质量发展展望

1. 超算赋能湖南高质量发展有何机遇？

2020年9月，习近平总书记在湖南考察时，勉励湖南打造具有核

---

① 姜媚. 星城"智"变——城市更聪明、生活更美好、发展更强劲［EB/OL］.（2022-09-21）［2024-03-21］. https：//hn. rednet. cn/content/2022/09/21/11853516. html.

② 中央纪委国家监委网站. 超级计算机的"超能力"探访国家超算长沙中心［EB/OL］.（2022-09-26）［2024-03-21］. https：//www. ccdi. gov. cn/yaowenn/202209/t20220926_ 220245. html.

③ 王为薇. 湖南"一件事一次办"要升级了［EB/OL］.（2022-09-15）［2024-03-21］. http：//www. hunan. gov. cn/topic/yjsycb/zxbd_ 2/202209/t20220915_ 28851846. html.

心竞争力的科技创新高地。① 2023 年 6 月，省委书记沈晓明在互联网岳麓峰会开幕式致辞中表示要努力把长沙打造成为全球研发中心城市。② 将长沙打造成为全球研发中心城市不仅是科技创新高地建设的标志性项目，也是湖南发展新质生产力的重要支撑。这一重要举动不仅能够为发展计算科技和算力产业提供机遇，同时也有助于国家超级计算长沙中心进一步激活算力潜能，发挥算力优势，为湖南实现高质量发展夯实算力底座。一方面，2023 年 7 月，科技部正式批复，支持湖南大学国家超级计算长沙中心筹建国家新一代人工智能公共算力开放创新平台，这一平台建成后在人工智能原始创新和关键核心技术研发、培育壮大智能产业集群等方面发挥重要作用。③ 同时国家超级计算长沙中心作为"4+4科创工程"的重要组成部分，能够实现优质科创资源共享，汇聚各方力量解决"卡脖子"等问题，持续提高科研创新的速度、深度和广度。另一方面，把长沙打造成为全球研发中心城市的战略目标一经发布，便引起了国内外企业的强烈关注，国内外的许多研发中心落户长沙，这无疑给国家超级计算长沙中心带来了不少机遇。与此同时，长沙加大引进海外高端人才力度、持续完善服务保障体系。2023 年 11 月，湖南省人民政府出台了《长沙市全力建设全球研发中心城市人才政策十条》，精准聚焦研发机构及人才。④ 这一举措有助于国家超级计算长沙中心引进优秀人才，弥补人才队伍不足等问题。

① 杜若原，何勇，王云娜，等. 奋力谱写新时代中国特色社会主义湖南新篇章[N]. 人民日报，2020-09-20(01).
② 刘燕娟，孙敏坚，王晗，等. 2023 互联网岳麓峰会在长沙开幕[EB/OL].(2023-06-20)[2024-03-21]. https://www. hunan. gov. cn/hnszf/hnyw/sy/hnyw1/202306/t20230620_ 29379661. html.
③ 蒋鼎邦. 国家超级计算长沙中心获批筹建国家新一代人工智能公共算力开放创新平台[EB/OL]. (2023-07-03)[2024-03-21]. https://news. hnu. edu. cn/info/1102/39324. htm.
④ 唐璐. 研发之城 崛起的力量[N]. 湖南日报，2023-12-22(05).

2. 超算如何拥抱湖南高质量发展?

伴随着相关政策红利的不断释放,国家超级计算长沙中心迎来了很多机遇。在新的征程上,国家超级计算长沙中心如何抓住机遇为湖南高质量发展注入新动能?

第一,提升算力服务效率,为湖南经济高质量发展注入强劲推动力。在经济建设方面,算力已经成为社会经济高质量发展的新引擎。切实发挥超算系统研制、应用生态建设在算力产业发展过程中的创新引领作用,是提升算力支撑能力、加快促进数字经济发展的重要抓手。[①] 其一,国家超算长沙中心要进一步提高超算操作系统、调度系统、云资源池等基础软件的自主研发能力,打破国外芯片技术垄断;其二,要打破算力"资源孤岛"现象,则必须要建设全省算力网络,打造算力供需对接平台,进一步构建全国一体化算力网。作为湖南算力底座的国家超级计算长沙中心,应该要积极破解全省算力网络的关键技术瓶颈,加快建成特色鲜明、泛在高效、规模适度的算力支撑体系,提升我省先进算力和基础算力使用效率。[②] 其三,应加快应用需求转换,将经济社会发展的应用需求转变为可计算和可解的问题,充分发挥算力资源禀赋,为新型工业化夯实算力底座。[③]

第二,优化算力资源配置,为夯实湖南"数字底座"提供强大支撑力。一方面,国家超级计算长沙中心应统筹算力资源分配,实现算力资源在重点领域的动态按需分配;另一方面,国家超算长沙中心可以根据湖南经济发展需求优化算力资源分层布局,实现根据各层级需求快速且

---

① 廖湘科,李肯立. 打造算力高地 支撑现代化新湖南建设[N]. 湖南日报,2022-10-09(05).

② 廖湘科,李肯立. 打造算力高地 支撑现代化新湖南建设[N]. 湖南日报,2022-10-09(05).

③ 宋婧. 长沙超算中心:为新型工业化夯实算力"底座"[EB/OL].(2023-09-18)[2024-03-21]. https://www.cena.com.cn/industrynews/20230918/121483.html.

高效调度算力资源。① 国家超级计算长沙中心作为算力调度的先锋队，应该进一步推动湖南省算力试验网的软件调度平台建设，使跨区、跨池的算力调度更加便捷化和高效化。②

第三，加快算力设施绿色低碳发展行动，推动践行国家"双碳"战略。当前，算力已经融入到社会生产生活的方方面面，但是享受算力带来高价值驱动力的同时，也不能忽视算力背后的高能耗问题。为了解决这一问题，行业呼唤更节能更低碳的绿色算力。③ 国家超级计算长沙中心于 2022 年 10 月正式启动的"天河"新一代超级计算机系统数据存储能力不低于 20PB、峰值功耗不高于 8 兆瓦，这正是国家超级计算长沙中心积极践行国家"双碳"目标的重要遵循，也是湖南努力建成全国先进绿色算力枢纽和国际领先算法创新中心的生动缩影。④ 而在新的征程上，国家超级计算长沙中心也应进一步推动绿色数据中心建设，引导新型数据中心走高效、清洁、集约、循环的绿色发展道路，加大力度践行国家"双碳"目标。⑤

---

① 廖湘科，李肯立. 打造算力高地 支撑现代化新湖南建设[N]. 湖南日报，2022-10-09(05).

② 向星烁. 算力调度的先锋队——湖南大学信息科学与工程学院牵头国家重点研发项目超算互联网资源共享关键技术与湖南省算力试验网调度平台研发[EB/OL].(2023-12-21)[2024-03-21]. http：//csee. hnu. edu. cn/info/1060/12917. htm.

③ 中国信通院. 中国绿色算力发展研究报告（2023 年）[EB/OL]. (2023-08-01)[2024-03-21]. http：//www. caict. ac. cn/sytj/202308/t20230815_ 459828. htm.

④ 王诗颖，胡冲. 夯实算力"底座"湖南计算产业发展迈入快车道[EB/OL].(2022-12-19)[2024-03-21]. https：//gxt. hunan. gov. cn/xxgk_ 71033/gzdt/jxyw/202212/t20221219_ 29163828. html.

⑤ 湖南省人民政府. 湖南省算力支撑能力提升行动方案（2022—2025 年）[EB/OL]. https：//www. hunan. gov. cn/topic/2020hnjksc/jkscwzewm/202301/t20230110_ 29178819. html.

结 语

通过对国家超级计算长沙中心的剖析，本案例展示了超算技术在推动经济社会高质量发展中的重要作用。湖南省作为中国超算发展的重要基地，以国家超级计算长沙中心为依托，在数字经济、产业升级和社会治理等方面取得了显著成就。超算不仅提升了湖南的科技创新能力，还为推动"湖南制造"向"湖南智造"转型提供了强劲动力。在医疗健康、城市治理等社会发展领域，超算也展现出强大的应用潜力，为人民群众的生活质量提供了有力保障。

展望未来，国家超级计算长沙中心将继续发挥其在算力资源配置和技术创新中的核心作用。通过提升算力服务效率、优化资源配置和践行绿色低碳发展战略，国家超级计算长沙中心将更好地赋能湖南数字经济和社会发展。特别是在全球研发中心城市的建设目标下，国家超级计算长沙中心将迎来更多的市场机遇和发展空间，进一步激发算力潜能，推动湖南高质量发展。

总之，国家超级计算长沙中心的成功经验为其他地区提供了宝贵的借鉴，展现了超算技术在经济社会发展中的巨大潜力。随着科技的不断进步和应用场景的不断拓展，超算必将为实现中华民族伟大复兴的中国梦贡献更多智慧和力量。湖南省通过算力赋能，已然走出了一条科技创新引领高质量发展的光明之路，未来必将更加辉煌。

一、课前准备

（1）请学生提前收集阅读中央和湖南省相关政策报告资料，了解算力作为新时代数字经济核心资源的重要意义。

（2）请学生提前收集阅读相关资料，了解我国超算中心的发展历程、现状和未来发展趋势。

（3）请学生参考案例内容，结合自身专业和研究兴趣提前收集整理超算在助推经济和社会高质量发展方面的其他应用案例。

二、适用对象

（1）使用对象：从事形势与政策、习近平新时代中国特色社会主义思想概论课教学与研究的思想政治理论课教师。

（2）教学对象：所有专业，尤其适合信息技术和工程制造等相关的理工类专业本科生。

三、教学目标

（1）引导学生深刻理解算力作为新时代数字经济核心资源的重要意义。算力是贯彻创新、协调、绿色、发展和共享的新发展理念的助推器，是推动经济高质量发展的新引擎，关乎富强民主文明和谐美丽的社会主义现代化强国目标的实现。

（2）引导学生深入认识国家超级计算长沙中心在技术革新和产业升级中的作用和影响。通过富有地方特色的案例引导学生了解超算在湖南经济转型和社会发展领域中的重要作用和成就，进而让学生了解我国数字经济发展成果显著。

（3）激发学生对于科技创新的兴趣，培养学生创新思维和解决实际问题的能力。通过国家超级计算长沙中心这一案例，引导学生正确认识中国和世界发展大势，提升自主创新研究能力，增强科技强国和人才强国的使命感。

四、教学内容及要点分析

（1）算力赋能经济社会高质量发展：讲清楚国家超级计算长沙中心作为湖南的算力底座和"蓄水池"，在推动湖南经济转型升级、促进新兴产业发展方面发挥的重要作用。通过提供强大的算力支持，国家超级计算长沙中心助力湖南省优化产业结构，提升产业技术水平，推动传统产业数字化、智能化转型。同时，国家超算长沙中心通过算力赋能，加速了湖南省在新能源、智慧医疗、智慧城市等新兴领域的发展，促进了经济社会高质量发展。

（2）超算在科技创新中的作用：讲清楚超算作为数字经济时代的核心驱动力，对科技创新具有的重要推动作用。国家超级计算长沙中心依托超算技术，支持了一系列科研项目和技术创新活动，加速了科技成果的转化应用。超算技术在模拟仿真、大数据分析、人工智能等领域展现出强大的计算能力，为科研人员提供了高效的工具，推动了科技创新的深度和广度。通过超算技术的应用，国家超级计算长沙中心助力湖南省在新材料、生物医药、信息技术等领域取得了突破性进展，为经济转型升级提供了科技支撑。

（3）超算惠及社会民生：讲清楚超算技术在改善社会民生方面也发挥的积极作用。国家超级计算长沙中心利用超算技术，为智慧医疗、智慧教育、智慧交通等领域提供了技术支持。在医疗领域，超算技术通过对大规模医疗数据的高效处理和分析，为疾病诊断和治疗提供了精准的指导，提高了医疗服务的效率和质量。在教育领域，超算技术支持了在线教育平台的建设，使教育资源得到了更广泛的共享，促进了教育公平。在交通领域，超算技术的应用优化了交通管理系统，缓解了城市交通拥堵问题，提升了城市居民的出行体验。

（4）超算引领未来：讲清楚在数字经济快速发展的背景下，超算技术面临的新的挑战和机遇。一方面，随着数据量的爆炸式增长和计算需求的不断提升，超算技术需要不断突破自身的性能极限，提高计算效率和能效比。另一方面，超算技术的应用领域不断拓展，从科学研究延伸到经济建设和社会治理等多个方面，为超算技术的发展提供了广阔的空间。面对未来，国家超级计算长沙中心需要把握数字经济发展的趋势，加强技术创新和应用推广，不断提升超算技术在促进经济社会发展方面的作用。

五、教学安排

1. 教学导入（5分钟）

导入方式：播放国家超级计算长沙中心的介绍视频《数字中国进行时 | 近距离领略"天河"新一代超级计算机的"超能力"》，简要介绍超算技术在经济社会发展中的作用。

问题导入：让学生思考超算技术在日常生活中可能的应用场景，以及超算技术对未来社会发展的潜在影响。

2. 第1板块——算力巨擘：国家超级计算长沙中心解密（15分钟）

讨论问题：国家超级计算长沙中心如何成为算力巨擘？它在推动科技创新和经济发展中扮演了怎样的角色？

主要内容：通过案例内容介绍国家超级计算长沙中心的发展历程、主要成就，以及其在促进湖南省科技创新和经济发展中的作用，探讨超算技术如何成为新时代的重要生产力。

3. 第2板块——算力助推创新：超算在湖南经济转型升级中的应用（25分钟）

讨论问题：超算技术如何助推湖南经济的转型升级？有哪些具体案例可以说明这一点？

主要内容：通过案例中的具体内容分析超算技术在湖南省新能源、智慧制造等领域的应用，以及这些应用如何推动产业升级和经济结构优化，探讨超算技术在促进产业数字化、智能化转型中的关键作用。此部分也可以让学生补充介绍他们收集和了解到的一些其他案例内容。

4. 第3板块——算力照亮生活：超算在湖南社会发展领域的应用（25分钟）

讨论问题：超算技术在改善民生和促进社会发展方面有哪些应用？这些应用带来了哪些积极影响？

主要内容：通过案例中的具体内容介绍超算技术在湖南省智慧医疗、智慧教育、智慧城市等领域的应用案例，以及这些应用是如何提高公共服务效率、改善人民生活质量的。此部分也可以让学生补充介绍他们收集和了解到的一些其他案例内容。

5. 第4板块——超算新征程：算力赋能湖南高质量发展展望（20分钟）

讨论问题：展望未来，湖南省如何进一步发挥超算技术的优势，推动高质量发展？

主要内容：结合案例内容，展望未来超算技术的发展趋势，分析湖南省在利用超算技术推动高质量发展方面的机遇和挑战，探讨如何加强超算技术创新，促进经济社会可持续发展。此部分内容可以让学生从他们的专业角度分享超算技术在其他领域有哪些潜在的应用和发展前景？

六、补充材料及其他

1. 重磅推出！"4+4 科创工程"形象展示片《科创高地 湖南答卷》[EB/OL]. https：//new. qq. com/rain/a/20230928A0AK8100. html.

2. 天河再提速！"中国算力"数智创新："天河"新一代超算系统启动算力水平国际先进[EB/OL]. https：//www. mgtv. com/s/17678429. html.

3. 超级计算机"算"入我们的生活-湖南大学国家超级计算长沙中心[EB/OL]. http：//nscc. hnu. edu. cn/info/1003/2304. htm.

4. 数字中国进行时｜近距离领略"天河"新一代超级计算机的"超能力"[EB/OL]. https：//news. cctv. com/2023/04/03/ARTI3GNayFTFKcwCcYosROTZ230403. shtml.

"双创"激发文旅新质生产力

——长沙国潮名片"茶颜悦色"的都市传奇

▶ **作者信息：**

王乐，湖南大学马克思主义学院副教授。研究方向为马克思主义中国化。

郑玲，湖南大学马克思主义学院硕士研究生。

　　摘要：2013年新茶饮品牌"茶颜悦色"在长沙创立，短时间迅速发展，助推地方文旅经济的发展。"茶颜悦色"品牌成为长沙国潮名片的原因有三：第一，坚守高端品质，提升服务价值，打造品牌颜值；第二，以传统文化元素构筑品牌的文化内蕴，满足了新一代消费者对于文化认同感、民族同源感、历史归属感的深层心理需求；第三，营销模式上深耕本地市场，品牌定位与长沙城市形象深度捆绑。

　　关键词：茶颜悦色；新茶饮；长沙；国潮；都市

　　理论政策：

　　1. 党的十八大以来积极推动增强历史自觉、坚定文化自信，致力于中华优秀传统文化创造性转化、创新性发展。国潮品牌的兴起、国潮产品的出圈，是弘扬和发展中华优秀传统文化的生动案例，体现了当代中国人，特别是年轻一代的民族自信和文化认同。

　　2. 党的二十大报告指出："坚持以文塑旅、以旅彰文，推进文化和旅游深度融合发展。"文化是旅游的灵魂，旅游是文化的重要载体，实现旅游和文化深度融合，有助于推进旅游产业转型升级，提升文化的活力与影响力，更好满足新时代人民对美好生活的需要与向往。

　　3. 2024年3月5日，习近平在参加江苏代表团审议时强调因地制宜发展新质生产力。各地要坚持从实际出发，先立后破、因地制宜、分类指导，根据本地的资源禀赋、产业基础、科研条件等，有选择地推动新产业、新模式、新动能发展。

长沙作为国家公共文化服务体系示范区、国家公共文化服务标准化试点城市和示范地区、国家文化和旅游消费示范城市，曾连续多年被评为全国最幸福的城市。美好幸福生活的背后，是长沙大力落实以人民为中心的发展思想的生动实践，是长沙增进人民福祉、促进人民物质生活和精神文化生活共同富裕的孜孜以求。尤其是随着湖南省实施"强省会"战略，必将加快推进长沙群体共富、城乡共富、物质精神共富，向着"共同富裕先行区"的目标奋进。① 长沙在全世界是独特的存在，而作为长沙城市形象的代表，以茶饮形式呈现的"茶颜悦色"品牌在引起受众共鸣方面，似乎天然比其他形式载体更具优势。以美食为语言，以文化为连接，"茶颜悦色"超出了美食所具有的意义，不只是传递味蕾享受与异质体验，同时也传达着长沙这座城市的精神与文化特质。通过"茶颜悦色"品牌的发展与传播，长沙的城市文化与城市形象得到了更广泛的传播与异地再造，长沙的文旅经济也得到了快速提升。②

一、现象级城市品牌的诞生

茶颜悦色是湖南茶悦文化产业发展集团有限公司重点经营的新式茶饮品牌，由吕良创立于2013年，总部位于湖南省长沙市。茶颜悦色在制作茶饮时强调"中茶西做"，常规茶饮品种共有20余款，取名极具古

---

① 长沙市人民政府. 长沙：安居乐业 幸福加码 打造共同富裕先行区[EB/OL]. (2021-10-14)[2024-03-15]. http://www.changsha.gov.cn/szf/ztzl/2021csszwgkgzydztzl/wrsswshzwgk/msly/zwgkgzydxczx/gzdt/202110/t20211014_10271892.html.
② 彭傲，周孟杰. "茶颜悦色"对长沙城市形象传播的价值研究[J]. 北京文化创意，2023(04)：65-70.

风气息，如"栀晓""幽兰拿铁""蔓越阑珊""声声乌龙""筝筝纸鸢"等。^① 2013 年 12 月，第一家茶颜悦色正式在长沙开业。因其主打中国风和偏中式清新茶味，在众多茶饮品牌中掀起一股"小清新风"。茶颜在短时间内得到了大量的关注，吸引了全国各地消费者前去品尝，更有甚者，排队八个小时只是为了喝到一杯"茶颜悦色"的茶饮品，网友热情地呼吁茶颜悦色开到自己生活的城市。^②

一炮而红后，茶颜悦色并没有盲目向外省开拓市场，而是深耕长沙本土。它采用在长沙核心商区密集开店的经营策略，以广泛占领长沙市场为主要目标。2015 年 03 月 28 日，茶颜悦色品牌注册。2018 年 1 月，茶颜悦色获得数百万元天使轮投。在资本加持下，截至 2021 年 5 月茶颜悦色在长沙一共有 384 家门店，并且势头有增无减。2021 年 12 月，浏阳市春涧饮品有限公司成立。2023 年，茶颜悦色研发及生产基地一期项目落地长沙望城经开区，项目预计总投资 5.2 亿元，规划用地面积超 100 亩，将建设茶萃全自动生产线、茶叶产品自动化生产线及其配套、辅助生产设施，打造茶叶深加工技术、茶叶精加工技术的创新研发生产中心，并同步引入咖啡深加工的研发。项目预计 2025 年试投产，全面投产后产能将满足 5000 多家门店的核心技术原物料供应需求。^③

由于茶颜悦色目前只有直营模式，没有加盟店，所以除了湖南、武汉、重庆、南京、无锡外，其他地区没有茶颜悦色的店面，外地的消费者除非去当地旅游否则很难喝到一杯茶颜悦色，于是便催生了代购服务和黄牛倒卖现象。虽然茶颜悦色采取限购的方式抵制代购倒卖行为，但

---

① 常亮亮."茶颜悦色"营销策略优化研究［D］.咸阳：西北农林科技大学，2022.
② 常亮亮."茶颜悦色"营销策略优化研究［D］.咸阳：西北农林科技大学，2022.
③ 投资 5.2 亿元！茶颜悦色研发及生产基地在望城经开区开工［EB/OL］.（2023-09-08）［2024-03-15］. http：//www. wangcheng. gov. cn/xxgk_ 343/qzfxxgkml/qtzfxxgk _ 131516/gkmlgzdt/gkmuwcyw/202309/t20230908_ 11214338. html.

收效甚微，尤其是某一城市首店开业第一天，经常出现大批消费者拥挤在商场门口排队等候的情形。2020 年 12 月茶颜悦色武汉首家门店开业，站在队尾的顾客排队时长达 8 小时。2021 年 4 月，茶颜悦色快闪店首次登陆深圳便引发"超 6 万人排队，代购费炒到 500 元一杯"的盛况。2022 年 6 月，茶颜悦色进驻重庆，四家门店同时开业同时爆满，10 点正式开业，不到 8 点门店前已排起了长队。2022 年 8 月，南京茶颜悦色两家门店开业，消费者 4 点便开始排队，当地甚至出动了警方协助维持现场秩序。① 人民网也下场评论称："奶茶只是一种饮品，不要过度'神化'。面对网红品牌，消费者要保持理性，也需'量力而行'，才不会让商家跟黄牛牵着鼻子走。"②

城市中的网红企业不仅为城市带来了经济效益，也塑造了城市形象。"茶颜悦色"从诞生开始便一直深切关联着长沙这座城市，它的火爆出圈迅速成为长沙对外宣传的一张名片，为城市带来了巨大的流量，有力地推动了城市整体的发展，③ 奇迹般地书写了一部城市品牌诞生记。

二、何以领跑新茶饮新赛道？

茶颜悦色为新茶饮的代表品牌，曾获得"2023 年度茶饮十大品牌"等众多称号。跟市面上其他奶茶品牌相比，茶颜悦色从诞生之际起，其产品形式就较为新颖出圈，对高端品质的坚守、服务价值的提升和品牌颜值的打造等方面更是有执着的追求。

---

① 常亮亮."茶颜悦色"营销策略优化研究［D］. 咸阳：西北农林科技大学，2022.
② 黄牛代购 200 元 1 杯，知名奶茶店又冲上热搜！人民网评：奶茶只是一种饮品，不要过度"神化"［EB/OL］.（2022 – 08 – 19）［2024 – 03 – 01］. https：//www. 163. com/dy/article/HF3N8V900514987H. html.
③ 田也. 关系质量视角下网红企业品牌对城市品牌的影响研究［D］. 广州：广东外语外贸大学，2022.

首先是对茶饮品质的严格把控。新式茶饮的核心功能是饮用，茶颜悦色从诞生以来一直坚持对高端品质的追求。其饮品一般由各色坚果碎、淡奶油和各种鲜茶构成，消费者能体验到丰富多层的口感。绿茶系列中有抹茶葡提、风栖绿桂等种类，口感以清爽为主，解腻时可以喝；乌龙茶系列的声声乌龙是茶颜沫泡的招牌，它是一款乌龙入门茶，带有蜜桃香味，如果你走进门店能闻到蜜桃香味，就一定是在泡这个茶，它极具辨识度。乌龙茶底中还有一款辨识度极高的茶，茶味稍微偏重，有着浓厚的烟火气息，它是以大红袍为茶底的人间烟火。与它对应的是它的沫泡产品——烟火易冷，沫泡的茶味会稍微重一点，口感会有一点巧克力的味道。另外，乌龙茶还有一款常规奶茶——等等纸鸢，这款茶有着春天的气息。夏季限定的岭南佳荔，由于荔枝是季节性水果，为保证品质必须用荔枝原汁制成，因此只能作为夏季限定。红茶系列中的幽兰拿铁作为茶颜的招牌，可以说是红茶底的入门产品，属于口感偏甜的一种茶饮。三季虫是幽兰拿铁的升级版，茶底是福建的高山红茶，味较浓，比幽兰拿铁的茶底更明显，品茶之时又可以感受到茶本身的甘甜。这两款属于带奶油的忌廉款，而对应还有没带奶油的沫泡款即素颜锡兰、不知冬。红茶偏温性，冬日喝一杯热热的红茶非常养胃。除了这两款红茶底的奶茶，还有带有蔓越莓的蔓越阑珊，忌廉奶油版，酸甜味道。最后就是黑茶系列的两款奶茶，一个是带奶油的悠哉悠哉，一个是无奶油、有奶泡的浮生半日，两款茶最大的差异就是沫泡版茶底更浓，口感都是酸甜口感的话梅味，因为黑茶发酵较久，所以品尝该茶不会有涩味。①

其次是对服务提升的执着追求。茶颜悦色称呼消费者为"小主"，

---

① 茶颜悦色为什么这么火？究竟是什么味道？[EB/OL]. (2020-12-09)[2024-03-01]. https://mp.weixin.qq.com/s/Rq-50gTx2ilewbHd3fNrlw.

这一称呼虽是"蹭热度",但也能体现出顾客至上的理念。对"小主们"的体贴也不仅仅停留在热情服务上,更有相当力度的价格折扣。茶颜悦色还在其消费小票上承诺:只要您觉得口味有异,请果断行使"一杯鲜茶的永久求偿权",顾客可以随时随地进入任意一家门店要求免费重做。此举让消费者的权益得到了切实的保护。

最后是对品牌颜值的精心打造。茶颜悦色将中国风贯穿在饮品包装和周边产品(见图9-1)上,推出的产品迎合了喜欢中国风的消费者的心理。茶颜悦色的门店还会常备雨伞、创可贴、花露水、暖宝宝等物品,想顾客之所想,给出行在外者提供如家一般的便利和舒适。

茶颜悦色以其丰富的口感、新颖的体验和细致的服务,满足了消费者作为个体被看到、被尊重的需求,它不仅是提供产品,更是在展现和传达"认真为您服务"的态度和理念。茶颜悦色的成功是一个品牌的胜利,同时也标志着新茶饮这一新型服务业的兴盛,茶颜悦色以自身的发展为新茶饮闯出了一条新赛道。

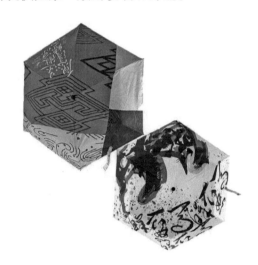

图 9-1　茶颜悦色周边产品:雨伞
(图片来源:茶颜悦色淘宝店铺)

三、"国潮名片"何以成就?

在茶颜悦色与其他茶饮店的价格对比中我们可以看到:喜茶的价格区间为16~37元,奈雪的茶为13~38元,沪上阿姨为8~32元,乐乐茶为15~34元,蜜雪冰城则为5~10元;茶颜悦色的区间基本为16~28

元，不过本地消费者可在"小主"节参加"充200送100"活动，相当于享受了六六折的价格优惠。考虑到茶颜悦色的外地游客消费群体的规模，从整体上看，茶颜悦色并不具备价格上的优势。那么，茶颜悦色是凭借何种优势占据赛道的领先位置呢？我们调查发现，中华优秀传统文化元素构成了茶颜悦色品牌文化内蕴，传统文化元素从茶颜悦色的商标设计到包装设计中得到全方位复现，满足了新一代消费者对于文化认同感、民族同源感、历史归属感的深层心理需求。

第一，茶颜悦色将传统色彩和名画元素全面融入产品包装、宣传海报乃至概念店的设计。传统色彩成为创意设计的核心素材。早在新石器晚期，黑色就已在陶器、服饰等生活领域中得到应用。到了秦汉时期，更是以黑色为尊。因此，我国的传统配色中常常可见黑红相配，冷暖平衡；而黑白相配就是中国古典哲学中所讲的阴阳调和。茶颜悦色的标志上就是手持团扇的仕女搭配赤色八角窗的背景，黑头发与白色仕女团扇形成强烈对比，标志设计醒目、辨识度高，且充分体现出品牌风格。[①]我国传统色彩观讲究"五方五色"，即赤黄青黑白五种颜色。茶颜悦色按照此观点，推出了"弗兰茶五彩系列"，该系列包含5种湖南本地茶叶：高桥银峰、岳阳黄茶、桑植白茶、石门红茶和安化黑茶，外包装也与五色相互对应。[②]

茶杯设计是茶颜品牌的一大亮点，其创意就来源于中国传统画作。茶颜悦色2018年推出的"古代名画系列"包装，将《千里江山图》《富春山居图》《韩熙载夜宴图》《瑞鹤图》等名画与其品牌属性相组合进行图片美化处理和再设计，来传递中华优秀传统文化的魅力。以《千里江山

---

① 谷书怡，张康夫."茶颜悦色"中国风包装设计图文创意的审美特征[J].设计，2023，36(01)：54-57.

② 刘一帆.中国传统文化元素在品牌设计中的商业价值——以"茶颜悦色"为例[J].鞋类工艺与设计，2023，3(18)：13-15.

图》为例，整个杯体以该画作的局部为背景时，选择了大面积的绿色和紫色相搭配，强调出天地之间的距离与空间之美。①（见图9-2）

【千里江山图】

图9-2　茶杯设计

（图片来源：茶颜悦色微信公众号）

第二，茶颜悦色推出了传统文字和书法为主题的系统设计。茶颜悦色采用"以字入画"的方式，根据字形特点、字义演变、地域文化等进行艺术化的重新设计，力求彰显中华悠久历史和独特神韵。如汉字"平"，有宁静、社会安定、公正的意思。茶颜悦色位于长沙市太平街的概念店"旧城·老口子"中，设计师将"平"字拆解，悬挂在天井上空，既起到了装饰狭长天井的作用，又使店面空间与其所在地理位置相呼应，同时展示汉字的结构魅力。②（见图9-3）

①　刘一帆. 中国传统文化元素在品牌设计中的商业价值——以"茶颜悦色"为例[J]. 鞋类工艺与设计，2023，3(18)：13-15.
②　江梅，李川，杨娟. 文化认同背景下中国元素在店面空间设计中的应用——以茶颜悦色概念店为例[J]. 湖南包装，2023，38(01)：99-101，125.

图 9-3　长沙市太平街的概念店"旧城·老口子"

（图片来源：茶颜悦色官方网站）

　　第三，茶颜悦色善用古典诗词契合空间意境。中国诗词中的自然意象通常象征各种含义，例如边塞诗中的风象征离愁与凄苦，烽火象征悲凉，山象征壮阔等。茶颜悦色塞外店以塞外自然地理风貌为灵感，结合边塞诗的意境进行空间设计，营造边塞诗中的空间场所，设计细节中将诗词意象表现出来，用铁艺雕刻的方式制成雕塑造景。设计者通过场景语言表现出诗人的家国情怀，同时引起消费者的文化共鸣。①

　　第四，茶颜悦色融合诗词歌赋、琴棋书画等多感官的设计，让古典意蕴在茶颜悦色中得到视觉、味觉、嗅觉、触觉、听觉上的全方位复现。茶颜悦色在品牌设计上突破了视觉或味觉的单一设计，达到了对多感官体验进行综合性再营造的层次。② 传统书画艺术元素的融入大幅提升了产品颜值，甜柔醇厚的口感愉悦着消费者的味蕾，印在杯子上的方言俚语展现着地域品牌的独有个性，"桃花源""泼墨"等概念店的情景呈现为来访者提供沉浸式体验。多感官、全方位的营造极力表达的是一

---

　　① 江梅，李川，杨娟. 文化认同背景下中国元素在店面空间设计中的应用——以茶颜悦色概念店为例[J]. 湖南包装，2023，38（01）：99-101，125.
　　② 刘一帆. 中国传统文化元素在品牌设计中的商业价值——以"茶颜悦色"为例[J]. 鞋类工艺与设计，2023，3（18）：13-15.

个品牌的文化内蕴，它让手握一杯奶茶的人不知不觉地深受感染，隐约感觉到自己就是中华优秀传统文化长河中一朵浪花、一涓溪流，是这条流淌了千万年河流的继承者、传递者、延续者。在此番心境中，消费的满足早已退居其次，取而代之的是内心强大的满足感、由衷的文化自信感、绵延不绝的民族认同感。

四、"城市代言"何以实现？

汉代长沙城从楚、秦时期的南方小城成为大汉王朝诸侯国的国都，历史地位实现了大跨越，城市基本格局与文化风貌也由此确立。汉代留给长沙的文化遗存灿若星河。定王台、贾谊故居是历代游学之人必去拜谒、吟咏的人文景观；马王堆、汉王陵则是全国游客感受汉代长沙的历史现场，这些遗址也理所当然成为长沙的历史名片。① 随着中部的崛起，长沙人的精神文化生活呈现丰富多样、大众多元的特征，人民群众对这座城市的认同感、归属感越来越强，长沙正在成为青春活力、绚丽时尚、宜居宜业的代名词。"夜间经济"示范区、文和友、马栏山等跻身为网红新名片。② 但如果问"Z世代"的年轻人，长沙出圈的是什么？茶颜悦色是不可或缺的一个！一杯小小的茶饮是如何成为一座城市的标识？品牌和城市之间是如何相互成就、最终实现深度融合的呢？

与大部分新茶饮"开疆拓土"的营销模式不同，茶颜悦色的市场营销模式定位于"只做直营店"，在长沙一城布局了300余家门店，形成了"五步一茶颜""十米一门店"的密集型格局，居于八角窗中的团扇仕女成为高辨识度的长沙街景。与此同时，茶颜品牌也成为长沙城市的专

---

① 中秋寻古｜汉风遗韵，书香照月！一起阅见楚汉名城的文化脉络[EB/OL].（2023-09-28）[2024-03-15]. http：//www. changsha. gov. cn/zfxxgk/fdzdgknr/zdmsxx/ggwhfw/whhdxx/zlhdyg/202309/t20230928_ 11237649. html.

② 长沙：精神文化生活富足绘就"幸福画卷"[EB/OL].（2022-10-17）[2024-03-15]. https：//baijiahao. baidu. com/s? id=1746393075697809753&wfr=spider&for=pc.

属标识。这一产品的"稀缺属性"吸引了外地人前往长沙喝一杯茶颜的"打卡"冲动，必须"到场"才能得到"共同经历"和"集体记忆"，"喝一杯奶茶"的简单行为便具有了社交意义和行为价值。

"到场打卡"使茶颜悦色成为自然景观、历史景观之外的体验分享式新型景观。"亲临者""到场者"通过行为、言说、分享、共有等一系列的方式将自身转化为长沙城市形象的重塑者和传播者。由于茶颜悦色本身的品牌保障和匠心独运的服务，加之"亲临""到场"激发的得偿所愿的情感释放，重塑和传播内容被涂抹上了喜悦和激情的色彩，因而对城市形象的维护大多是积极正面的，甚至还可能做了"滤镜""美颜"处理。① 朋友圈、抖音和小红书等社交平台的"发酵"吸引了更多的潜在旅客亲身前往，"打卡者""共享者"群体不断壮大。

茶颜悦色吸引了众多国潮爱好者、打卡热衷者来到长沙，除了品味国风奶茶，也能深入体验长沙的传统美食和艺术，如火宫殿、马王堆、湘绣、花鼓戏等，感受荆楚文化的地域之美和历史悠长。② 文化和审美的连接促使受众更加认同长沙作为文化之都的形象和价值，在对城市形象再造和传播的过程中，维护着长沙传统与青春、厚重与活力、端庄与热烈彼此融合的城市形象。

千年太平街，一部长沙史。步入太平老街，这里商铺林立、游人如织。2024 年龙年春节，湖南省新华书店首次与茶颜悦色联名，在太平老街开设"翻书阅岭"主题联名店。开业当天，不少市民和游客争相进店"打卡"，一杯奶茶，一本好书，为寒冷的冬天增添了一抹书香和暖意。新旧对话，沉浸式体验"读书三境界"。湖南省新华书店负责人介

---

① 彭傲，周孟杰."茶颜悦色"对长沙城市形象传播的价值研究[J]. 北京文化创意，2023(04)：65-70.

② 彭傲，周孟杰."茶颜悦色"对长沙城市形象传播的价值研究[J]. 北京文化创意，2023(04)：65-70.

绍，此次新华书店与茶颜悦色两大品牌联名，将湖湘精品图书、本土文创产品、文化休闲空间与茶颜悦色新潮时尚的元素相融合，让读者和游客体验在书店里走进时尚茶饮，从中式茶文化里走进阅读世界，在感受千年老街深厚历史文化的同时感悟阅读的魅力，展现长沙老街区的全新风采。①

茶颜悦色深耕一城的战略地位，带动了城市文旅业发展的同时，也成就了自身的都市传奇。它的品牌概念与长沙城市风貌互动交融，满足了消费者差异化、归属感的情感需求，从而让自己的门店化身为长沙地标，让自己的标志蝶变为长沙一张靓丽的名片。

结　语

进入新时代，消费者，特别是年轻群体，对于国潮品牌的认可度和青睐度大幅提升，茶颜悦色接下这波"流量"，② 在新茶饮的赛道上异军突起，其对于中华传统文化元素的应用和创新功不可没。茶颜悦色在传统文化元素的应用上并不是以商业为第一目标，而是将中国风格做出特色和创新，在保留传统韵味与结合时代审美之间做出适当取舍。茶颜悦色深入研究中国传统文化内涵和设计方法，展现视觉符号背后的民族文化；利用汉字诗词的形与意形成价值认同，重现古籍中的场所空间来提高艺术认同；使用中国古代建筑结构和材料展示民风习俗认同，将自然地理风貌元素微缩化表现地域认同。真正做到了用文化带动商业、发展商业，实现了传承文化与商业效益双丰收，以全新的品牌形象传播文化价值，并赋予其新的生命力。③

---

① 茶颜悦色又搞大事，这次是强强联合、梦幻联动［EB/OL］.（2023－09－28）［2024－03－15］. https：//mp. weixin. qq. com/s/0txuE9dlv7ZwL4NBc5p8Ww.

② 李婉清."茶颜悦色"品牌塑造策略案例研究［D］. 广州：华南理工大学，2021.

③ 刘一帆. 中国传统文化元素在品牌设计中的商业价值——以"茶颜悦色"为例［J］. 鞋类工艺与设计，2023，3(18)：13-15.

一、课前准备

(1) 请学生结合自身体验收集和整理"茶颜悦色"的发展历程。

(2) 请学生回顾习近平经济思想、习近平文化思想的主要内容。

二、适用对象

(1) "习近平新时代中国特色社会主义思想概论"课程

(2) "形势与政策"课程

三、教学目标

◉知识目标：通过解析中式茶饮品牌"茶颜悦色"成为长沙城市名片的密码，让同学们在对个案的具体分析中加深对中华优秀传统文化的"双创"、旅游和文化深度融合、因地制宜发展新质生产力等知识点的理解。

◉能力目标：激发学生关注和研究社会现象的兴趣，培养学生发现问题、分析问题和解决问题的能力，提升学生用理论剖析问题、从现象抽象为理论的能力。

◉价值目标：在理论联系实践的研究过程中，引导学生感知习近平经济思想、习近平文化思想的现实指导意义和理论魅力。

四、教学内容及要点分析

1. 简述现象级城市品牌的诞生

结合学生的课堂准备，梳理"茶颜悦色"从 2013 在长沙创办第一家门店到今天的发展历程，内容包括品牌创立、产品设计、门店类型、经营模式和市场反响等，让学生对于案例对象从诞生之始到蓬勃发展，从"一杯难求"到当前现状均具有较为完整的了解，为深入分析案例打下基础。

2. 探究"茶颜悦色"何以领跑新茶饮赛道

结合"创新"这一新发展理念和发展新动能，分析茶颜悦色"中西融合"的丰富口感体验和新颖清新的产品设计，凸显其对提升服务价值和打造品牌颜值的执着。茶颜悦色不仅是致力提供高品质的产品，更是在努力展现和传达"认真为您服务"的态度和理念，满足了消费者作为个体被看到、被尊重的需求，因而能推动中式新茶饮消费的崛起，并领跑新赛道。

3. 分析"茶颜悦色"如何成就"国潮品牌"

结合"中华优秀传统文化创造性转化、创新性发展"等知识点，分析茶颜悦色如何将传统文化艺术元素构成自身品牌底层内蕴。茶颜悦色从商标设计到宣传文案，从单品包装设计到概念店整体装潢，使古典意蕴在味觉、嗅觉、视觉、听觉、触觉上得以全方位复现，满足了新一代消费者对于文化认同感、民族同源感、历史归属感的深层心理需求。因而有效弥补了在价格竞争中的不利地位，并将品牌成功打造成为"国潮名片"。

4. 阐释"茶颜悦色"何以成为长沙"城市代言"

以推动服务业高质量发展为指导思想，深入理解"以文塑旅、以旅彰文，推进文化和旅游深度融合发展"的内涵要义，分析茶颜悦色深耕长沙市场的经营模式和"五步一茶颜"的营销布局，探讨它的品牌概念如何与长沙城市风貌契合交融。茶颜悦色满足了消费者差异化、归属感的情感需求，在带动城市文旅业发展的同时，也成就了自身的都市传奇，让自己的标志蝶变为长沙一张靓丽的名片。

五、教学安排

1. 导入（5分钟）

以茶颜悦色宣传片的片段视频作为教学导入，引出本专题的案例分析对象。

2. 第一环节　简述现象级城市品牌的诞生（20分钟）

【课堂讨论】组织学生推荐小组发言人，汇报"课前准备"的学习体会。

【主要内容】茶颜悦色的创立过程、常规产品、市场定位与开拓、营销模式、网红出圈等。

3. 第二环节　探究茶颜悦色何以领跑新茶饮赛道（20分钟）

【讨论问题】茶颜以一个品牌的成功带动了新茶饮这一新型服务业的兴起，其成功的秘诀是什么？

【解答思路】严格把控口感品质，执着追求于品牌的服务价值，精心打造品牌颜值等。

4. 第三环节　分析茶颜悦色如何成就"国潮品牌"（25分钟）

【讨论问题】对比其他新茶饮品牌，茶颜并不具备价格上的优势。那么，茶颜悦色是凭借何种优势占据赛道的领先位置呢？

【解答思路】将传统色彩和名画元素全面融入产品包装、宣传海报乃至概念店的设计中，推出了传统文字和书法为主题的系统设计，善用古典诗词契合空间意境，融合诗词歌赋、琴棋书画等多感官的设计等。

5. 第四环节　阐释茶颜悦色何以成为长沙"城市代言"（15分钟）

【讨论问题】一杯小小的茶饮是如何成为一座城市的标识？品牌和

城市之间是如何相互成就、最终实现深度融合的呢？

【解答思路】市场营销模式只有直营、没有加盟，主要精力放在了长沙市场，采用密集型开店的模式，在长沙基本实现了"十米一店"的布局；茶颜悦色以自己为载体让消费者领略到长沙古城的传统之美和青春活力的融合，实现长沙城市形象的再造与传播等。

6. 总结(5 分钟)

用文化带动商业、发展旅游、助力城市风貌的展现，为服务业新业态注入了新的生命力。

六、补充材料及其他

1. 朱松林，耿路遥. 符号视角下青年群体的社交性消费研究——以网红品牌"茶颜悦色"为例[J]. 传媒论坛，2023，6(02)：35-39.

2. 张钰媛. 基于水墨元素的现代包装设计研究——以茶颜悦色包装为例[J]. 美术教育研究，2023(18)：100-102.

3. 赵学凤. 网红茶饮品牌营销传播策略研究——以茶颜悦色为例[J]. 中国地市报人，2023(05)：51-53.

4. 杨璧全. 制造长沙：城市在传播中的"可见性"[J]. 青年记者，2023(08)：77-79.

5. 张天元. 茶颜悦色进京时机未到？[N]. 北京商报，2023-03-21(05).

6. 潘之琳，文卫民，陈妍伊. 国潮背景下文创品牌设计策略研究——以茶颜悦色为例[J]. 绿色包装，2023(06)：184-188.

7. 李丽娜，张警予. 新媒体时代品牌传播对城市形象的民间建构——以"茶颜悦色"为例[J]. 新媒体研究，2021，7(23)：99-102.

8. 王希，丰燕青. 新式茶饮市场火爆背后带来的思考——以"茶颜悦色"为例[J]. 国际公关，2021(12)：88-90.

9. 敬钰蕾，卿颖涵，赵奥奇. 新中式茶饮品牌新发展与传统文化赋能——基于"茶颜悦色"认知与消费的市场调研[J]. 经济研究导刊，2023(12)：58-63.

10. 董静怡. 走出长沙后茶颜悦色的新故事怎么讲？[N]. 21 世纪经济报道，2022-08-24(11).

文旅赋能新发展

——东信烟花舞世界

张存达　傅姣敏

▶ **作者信息：**

　　张存达，湖南大学马克思主义学院副教授。研究方向：马克思主义中国化研究、高校思政课教学研究。在中国社会科学出版社出版独著，在《思想理论教育导刊》等报刊上发表多篇核心论文。获批省思政"金课"示范课程，荣获省高校思政课教学大赛一等奖暨教学能手称号等。

　　傅姣敏，湖南大学马克思主义学院硕士研究生。

摘要：习近平总书记在 2023 年 12 月召开的中央经济工作会议上强调："重点支持科技创新和制造业发展"①。在全球化、科技快速发展的今天，制造业对于国家的长远发展和繁荣至关重要。没有强大的制造业，国家的富强、民族的振兴和人民的幸福都将难以实现。因此，推动制造业的高水平发展，提升其核心竞争力，是推动我国经济高质量发展的内在要求。本文以浏阳烟花产业的代表性企业——东信烟花为例，介绍其在整个烟花产业面临发展困境的情况下，积极抓住发展机遇，以新发展理念为指引，坚持创新驱动发展战略，坚持绿水青山就是金山银山的生态理念，获得了众多专利并研制出了无烟、无硫的环保烟花，还利用"烟花＋文旅"融合模式助推产业升级，以推动经济高质量发展。

关键词：习近平经济思想；形势与政策课；中国制造；东信烟花

理论政策：

习近平总书记在二十大报告中指出："高质量发展是全面建设社会主义现代化国家的首要任务。发展是党执政兴国的第一要务。没有坚实的物质技术基础，就不可能全面建成社会主义现代化强国。必须完整、准确、全面贯彻新发展理念，坚持社会主义市场经济改革方向，坚持高水平对外开放，加快构建以国内大循环为主体、国内国际双循环相互促进的新发展格局。我们要坚持以推动高质量发展为主题，把实施扩大内需战略同深化供给侧结构性改革有机结合起来，增强国内大循环内生动力和可靠性，提升国际循环质量和水平，加快建设现代化经济体系，着力提高全要素生产率，着力提升产业链供应链韧性和安全水平，着力推进城乡融合和区域协调发展，推动经济实现质的有效提升和量的合理增长。"②

---

① 习近平. 中央经济工作会议在北京举行［EB/OL］.（2023－12－13）［2024－04－19］. http：//jhsjk. people. cn/arlicle/40137591.

② 习近平. 高举中国特色社会主义伟大旗帜　为全面建设社会主义现代化国家而团结奋斗——在中国共产党第二十次全国代表大会上的报告［EB/OL］.（2022－10－25）［2024－04－19］. http：//jhsjk. people. cn/article/32551583.

火树银花映碧霄，流光溢彩乐逍遥。近年来，随着国家日益富强，人民生活更加富足，人们对美好生活的需求也日益增长。作为年味与节日象征之一的烟花再次焕发出绚丽的光彩。烟花的繁荣不仅有利于推动实体经济的发展，还有利于扩大中华文化的影响力，使其成为一种独特的文化符号。而在烟花品种中，最闻名的莫过于浏阳烟花。它源自千年古城浏阳，浏阳历史悠久，文化底蕴深厚。浏阳烟花的历史可追溯至唐朝，那时人们就已经开始使用草药和柘木制作烟花，用于庆祝节日、祭祀。到了宋朝，浏阳烟花的制作技艺得到了进一步的发展。明朝时期，浏阳烟花的制作技艺更是日益精湛。时至今日，浏阳烟花依然保持着其独特的魅力和优势，浏阳被誉为"中国花炮之乡"，占据着全国六成以上的市场份额。然而，随着禁燃令的实施以及企业品牌效应的不足等，浏阳烟花也面临着挑战和困境。尽管如此，以东信烟花为代表的浏阳烟花产业依然坚韧不拔，不断寻求创新与发展，努力将这份千年的文化传承下去，为世人带来无尽的欢乐与惊喜。

一、烟花易冷：浏阳烟花历经沉浮与彷徨

（一）"禁燃令"的政策管控

出于安全、环保和社会利益等多方面的考虑，1988 年，六届全国人大五次会议提出加强烟花爆竹的生产和燃放安全。2006 年，国务院出台了《烟花爆竹安全管理条例》，规定县级以上地方人民政府可以根据本行政区域的实际情况，确定限制或者禁止燃放烟花爆竹的时间、地点和种类。此后，各地政府开始制定燃放烟花爆竹的相关政策文件。再

后来，越来越多的城市加入了禁止燃放烟花爆竹的行列，公安部数据显示，2017年，全国共有444个城市禁止燃放烟花爆竹，764个城市限制燃放；2018年，全国803个县级以上城市禁止燃放烟花爆竹。随着越来越多的城市实施"禁燃令"，浏阳烟花产业面临的压力日益增大，管控的严格化使得原本的销售渠道更加受到限制，市场需求大幅下降。

（二）海外高端市场竞争力不足

目前，我国是全球最大的花炮生产、出口和消费国，花炮产量占到全球产量的90%，其中浏阳烟花的出口规模占全国总额近六成。据统计，2022年我国烟花、爆竹的出口量小幅增长，增至407596吨，同比增长26.2%。2023年中国烟花、爆竹出口量363586吨，同比下降10.8%。[①]（见图10-1）

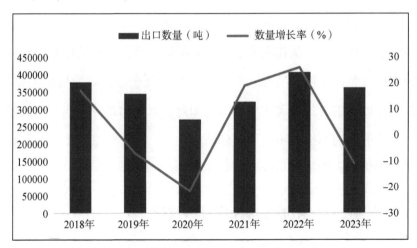

图10-1　2018—2023年中国烟花、爆竹出口数量统计图

（图片来源：中商产业研究院数据库）

我国虽然是国际市场中最大的烟花出口国，但海外高端市场竞争力

---

① 中商情报网. 2023年中国烟花、爆竹出口数据统计分析：出口量小幅下降 [EB/OL].（2024-02-21）[2024-04-19]. https：//www.163.com/dy/article/IRFD7GB80514810F.html.

明显不够，主要供给的还是大众类消费市场，在专业燃放领域，不及日本、意大利、西班牙这样研发能力更高、生产流程更安全规范、生产设备更完善的国家。① 2022年举办的卡塔尔世界杯，开幕式上绚烂的焰火表演惊艳全球亿万观众。浏阳当地企业却表示很遗憾："听说焰火表演用到的很多产品来自浏阳，但最终执行燃放的是欧洲团队。"业内专业人士也指出，浏阳花炮出口主要还是"走量"，在礼花弹、焰火表演等高端市场占有率较低。部分企业想在海外市场做自主品牌，但由于在渠道、技术上缺乏国际竞争力，往往也碰壁了②。

（三）企业品牌效应不足

习近平总书记在河南考察中铁工程装备集团时强调，"推动中国制造向中国创造转变、中国速度向中国质量转变、中国产品向中国品牌转变"③；在一汽集团研发总院进行考察时曾强调"实现技术自立自强，做强做大民族品牌"④，为加强品牌建设指明了前进方向、提供了根本遵循。但我国的烟花品牌并未获得国际市场广泛的认可。很多国外消费者可能只知道烟花来自中国，却无法具体说出品牌的名称，许多烟花企业更多承担的是"中间商赚差价"的角色，给欧美的经销商贴牌加工，并

---

① 夜间消费观察. 浏阳烟花：300亿的彷徨与突破［EB/OL］.（2023-03-22）［2024-03-25］. https：//baijiahao. baidu. com/s？id＝17610376578921 61987&wfr=spider&for=pc.

② 新华每日电讯. 从"卖产品"到"卖创意"，"烟花热"背后的产业之变［EB/OL］.（2023-01-28）［2024-03-25］. http：//hot. dzwww. com/w_ hF0E？ipage=7.

③ 习近平系列重要讲话数据库. 习近平总书记河南考察侧记［EB/OL］.（2014-05-12）［2024-03-25］. http：//jhsjk. people. cn/article/25004667.

④ 习近平系列重要讲话数据库. 习近平在吉林考察时强调坚持新发展理念涵入实施东北振兴战略 加快推动新时代吉林全面振兴全方位振兴［EB/OL］.（2020-07-24）［2024-03-25］. http：//jhsjk. people. cn/article/31797224.

没有在国际市场上打出品牌效应。① 这限制了我国烟花在国际市场上的竞争力和影响力。而在国内市场上，虽烟花品牌众多，但也存在着品牌的差异化特征不明显、缺乏独特性和辨识度等问题，导致消费者在选择烟花产品时，往往更看重价格而非品牌，进一步削弱了品牌效应。

（四）烟花产品同质化严重

许多行业发展成熟后不可避免地会出现产品同质化的问题。同其他行业一样，浏阳烟花目前也面临着产品同质化的问题。主要表现在产品的功能性能雷同、营销策略趋同等方面，例如燃放烟花的样式、色彩组合以及燃放效果等基本趋同，因此消费者在选择时难以区分不同产品之间的差异。又比如不同品牌的浏阳烟花采用相似的营销策略。产品的同质化无疑会加剧企业间的竞争。由于市场上的产品种类相差无几，为了生存，一些企业不得不采取低价策略来吸引消费者。更有甚者，为了降低成本不惜采用偷工减料、生产伪劣产品等不正当手段，这种行为不仅损害了消费者的权益，也对整个浏阳烟花产业的健康发展造成了极大的威胁。

二、再度绽放：重回世界烟花"造梦地"

（一）新思想科学指引

习近平总书记在二十大报告中强调：我们要坚持以推动高质量发展为主题，把实施扩大内需战略同深化供给侧结构性改革有机结合起来，增强国内大循环内生动力和可靠性，提升国际循环质量和水平，加快建设现代化经济体系；坚持把发展经济的着力点放在实体经济上，推进新

---

① 夜间消费观察. 浏阳烟花：300亿的彷徨与突破［EB/OL］.（2023-03-22）［2024-03-25］. https：//baijiahao. baidu. com/s？id=1761037657892161987&wfr=spider&for=pc.

型工业化,加快建设制造强国、质量强国、航天强国、交通强国、网络强国、数字中国,实施产业基础再造工程和重大技术装备攻关工程,支持专精特新企业发展,推动制造业高端化、智能化、绿色化发展;必须坚持科技是第一生产力、人才是第一资源、创新是第一动力,深入实施科教兴国战略、人才强国战略、创新驱动发展战略,开辟发展新领域新赛道,不断塑造发展新动能新优势。[①] 习近平经济思想为烟花产业突破传统发展困境提供了方向指引,为实现经济持续健康发展注入了强劲动力。

(二)新规定松绑放宽

"禁燃令"的松紧一直为大众所关注。2023 年全国人大常委会法工委在关于 2023 年备案审查工作情况的报告中指出,全面禁售、禁燃烟花爆竹的规定应当予以修改。该消息被外界视为"禁燃令"将面临松绑和放宽的信号。2023 年以来已有多地陆续公布春节期间烟花爆竹禁放通知,包括烟花全年禁放区域、烟花定点限时燃放区域、烟花零售点、烟花购买和燃放注意事项等。具体来看:2023 年 1 月 11 日,重庆市绕城高速公路以内区域(含绕城高速公路)禁止燃放烟花爆竹,各区县地方政府结合地区实际划定禁限放区域;1 月 12 日,西安市人民政府通告表示,长安区等限制燃放区在除夕和元宵节全天可以燃放烟花爆竹;1 月 16 日,杭州开始筹备组织新年烟花秀,适度扩大允许燃放烟花爆竹区域;1 月 18 日,郑州市有关烟花爆竹最新规定称,从春节到元宵节期间共有 7 天可燃放烟花爆竹。[②] 上海、辽宁、广州、济南等地也规定,在特定时间段、特定区域可以燃放烟花。

---

① 习近平. 中国共产党第二十次全国代表大会报告[M]. 北京:人民出版社,2022:28-30.
② "烟花刺客""加特林"被炒至百元 十年间烟花爆竹相关企业数量翻一番[N]. 第一财经日报,2023-01-20(A04).

在过去，由于"禁燃令"的限制，许多地区在特定时间和场合都禁止燃放烟花爆竹，这无疑压缩了烟花市场的空间。随着"禁燃令"的松绑，人们又能欣赏到烟花的绚烂，这将极大地刺激烟花市场的需求。浏阳烟花产业可以抓住这一机遇，加大研发力度，推出更多符合市场需求的新产品，满足消费者的多样化需求。

（三）新营商环境优化

生态环境的绿水青山是金山银山，营商环境的"绿水青山"，同样能孕育经济发展的"金山银山"。浏阳市作为 2023 高质量发展营商环境最佳县（市、区），其优质的营商环境早已享誉四海。

浏阳始终走在为民营企业创造良好环境的前列。为了方便市民、企业办事，浏阳市持续深化"放管服"改革，对企业提出的诉求坚持"三办四到位"，所谓"三办"就是一般事项 1 天内解决到位、复杂事项 1 周内解决到位、疑难事项 1 个月内解决到位。此外，浏阳还是湖南率先启动"最多跑一次"改革、深化湘赣边"跨省通办"、发放企业家"绿卡"、设立企业家接待日的地区。"无论企业大小、无论投资哪个领域，我们都会为大家搞好服务。一句话，'只要企业有想法，我们就去想办法！'"长沙市委常委、浏阳市委书记朱东铁曾表示，浏阳将为企业提供"诚心、用心、专心、精心、清心"为代表的心心相印"五心极服务"，让企业家在浏阳享有"极高"的尊崇礼遇、"极优"的政策支持、"极速"的办事效率、"极强"的法治保障、"极佳"的政企互动。[①] 营商环境没有最优只有更优。2023 年，在浏阳市委、市政府主要领导高位推动下，浏阳市牢牢牵住营商环境优化提升"头号工程"牛鼻子，围绕"五心极服务"，出台了《"营商环境提质年"打好优化发展环境持久仗工作方案》，部署

---

① 浏阳网.营商环境当先锋 229 ｜"只要企业有想法，我们就去想办法"［EB/OL］.（2023 - 11 - 23）［2024 - 02 - 25］. https：//lyrb. com. cn/content/646755/67/13290095. html.

126 项改革任务；浏阳市人大常委会开展"聚力营商、赢在浏阳"专项监督（见图 10-2），市政协开展营商环境专题协商；市纪委出台营商环境"负面清单"；市委政法委、市人民法院、检察院、公安局、司法局实施优化法治化营商环境"三项专项"行动；各乡镇（街道）、园区、市直单位开展营商环境创新示范案例创建。全市上下各级机关单位都在为共同推进营商环境的持续优化而奋斗。①

图 10-2 "聚力营商、赢在浏阳"专项监督会议现场

（图片来源：微信公众号 浏阳人大）

在浏阳，政府用心用情用力为民营企业办实事，企业的烦心事都能变成暖心事，共同绘就了一幅和谐共生的"营商生态"画卷。浏阳市以其优良的营商环境，为浏阳烟花产业的蓬勃发展注入了源源不断的动力与无限的发展机遇。

（四）民营经济展现新活力

习近平总书记曾在看望参加政协会议的民建工商联界委员时强调：

---

① 《湖南日报》特稿｜"全国五强"的浏阳答卷［EB/OL］.（2023-11-29）［2024-02-25］. https：//baijiahao. baidu. com/s？id=1783878665449298173&wfr=spider&for=pc.

"我们始终把民营企业和民营企业家当作自己人，在民营企业遇到困难的时候给予支持，在民营企业遇到困惑的时候给予指导。"①民营经济是非公有制经济的主要经济组织形式，是推进中国式现代化的生力军，是高质量发展的重要基础，是推动我国全面建成社会主义现代化强国、实现第二个百年奋斗目标的重要力量。迈上新征程，我国民营经济只能壮大，不能弱化，而且要走向更加广阔的舞台。因此，我们要加快营造市场化、法治化、国际化一流营商环境，优化民营经济发展环境，依法保护民营企业产权和企业家权益，全面构建亲清政商关系，促进民营经济做大做优做强。② 一直以来，浏阳高度重视民营经济发展、大力支持民营企业做大做强，打出一系列政策"组合拳"，通过补贴奖励、减税降费、融资支持、稳岗扩岗等政策帮扶，全方位赋能民营经济高质量发展。浏阳，是全省民营经济最发达、民营企业最集中的县级市之一。民营企业占全市企业总数的90%以上，为全市贡献了约90%的GDP、90%的就业和60%的税收……这一组数据表明民营经济已经当之无愧地成为浏阳现代化建设和高质量发展的重要生力军。从这些数据，也可以看出浏阳全力推进民营经济高质量发展的努力与成效。③

浏阳市一系列政策扶持，为浏阳烟花产业注入新的活力，使其得以在更广阔的舞台上展现其独特的魅力，推动浏阳烟花的"再绽放"。在党和政府的引领下，浏阳烟花正以其绚丽多彩的姿态，绽放出更加璀璨的光芒，成为推动浏阳经济发展的重要力量。

---

① 新华网. 习近平在看望参加政协会议的民建工商联界委员时强调　正确引导民营经济健康发展高质量发展[EB/OL]. （2023-03-06）[2024-03-22]. http：//www. qstheory. cn/yaowen/2023-03/06/c_ 1129417137. htm.

② 本书编写组. 习近平新时代中国特色社会主义思想概论[M]. 北京：高等教育出版社，人民出版社，2023：121.

③ 浏阳日报. 二十大光辉照耀在浏阳河上丨用心帮扶，让企业享有"极优"的政策支持[EB/OL]. （2023-09-05）[2024-02-25]. https：//lyrb. com. cn/content/646743/97/13019013. html.

(五)新爆款重塑信心

2024年春节期间，短视频平台上涌现出大量展示"加特林"烟花炫酷魅力的视频，瞬间引发了广大网友的热烈追捧，点赞量高达400多万。这股热潮迅速蔓延开来，使得"加特林烟花"这一话题在互联网上持续发酵，话题点击量直逼惊人的26.6亿。这些炫目的烟花视频不仅为网友们带来了一场场视觉盛宴(见图10-3)，更将浏阳烟花产业推向了大众，使其成为众人瞩目的焦点。① 借助这股网络热潮，"加特林"烟花以其独特的设计、震撼的视觉效果和卓越的品质，迅速占领了市场。消费者为之倾倒，纷纷争相购买，使得浏阳烟花工厂的订单量大幅攀升，价格也飞速上升。据相关资料显示，2023年春节湖南浏阳"加特林"烟花在短短一个月的时间内从单支市场价20元上涨到60元，到了外地某些城市甚至能卖到200元一支，直接涨了十倍；烟花厂2023年的出货量比往年减少15%—20%，但订单量却增长了10%—15%，更有从业者表示"近五年第一次有这么大的涨幅"。②

图 10-3 加特林烟花的燃放效果

(图片来源：《浏阳日报》抖音号)

---

① 夜间消费观察[EB/OL].(2023-03-22)[2024-03-22]. https://baijiahao. baidu. com/s? id=1761037657892161987&wfr=spider&for=pc.

② 每日经济新闻. 一支难求！春节爆款加特林，从20元卖到200元还断货，有商店要求消费满100元才能买[EB/OL].(2023-01-25)[2024-03-22]. https://baijiahao. baidu. com/s? id=1755962316307908253&wfr=spider&for=pc.

"加特林"的爆火不仅为工厂带来了丰厚的利润，也为浏阳烟花产业的复苏奠定了坚实的基础。更为重要的是，加特林烟花的成功为浏阳烟花产业带来了信心。它证明了浏阳烟花产业在创新和技术方面仍具有巨大的潜力，只要紧跟时代步伐，不断推陈出新，浏阳烟花产业就能够重新焕发生机，再次崛起。

三、双奥之花：东信烟花高质量发展耀舞世界

（一）绿色发展突破政策困境

全国各地"禁燃令"的相继颁布，对于烟花爆竹行业来说，无疑是一次空前的挑战。然而，东信烟花并未因此消沉，反而将此次挑战视作转型发展的黄金机遇，积极寻找新的突破点。如面对环保的号召，东信烟花展现出了坚定的决心，采取了一系列有力措施，旨在确保生产和燃放过程的环保、安全，为行业的可持续发展贡献自己的力量。首先，东信烟花在材料选择和生产工艺上精益求精。公司严格筛选烟花原材料，确保选用行业内的高质量产品，所选用的烟花药剂中无重金属物质、低硫，均达到高科技环保标准。同时，公司积极引进先进的生产工艺和设备，努力减少生产过程中的废气和废水排放，有效降低对环境的污染。其次，东信烟花在环保技术与产品的研发上投入了大量资源，在无烟环保烟火药产品技术研发、无硫发射药技术开发上取得了显著的成效。此外，公司成功研制出了可调节角度的小礼花发射装置和弧形发射装置以及"无纸片化"新工艺，使得烟花燃放后不再产生纸屑垃圾。东信烟花推出的芯片礼花弹，采用压缩空气取代火药，并用新型材料取代传统纸壳封口，不仅增强了产品的牢固性，还在烟花起爆时实现了充分燃尽，从而使烟花具有无纸屑、无残渣、无刺鼻味道、烟雾小的环保特色。除了烟花燃放领域，东信烟花还与高等院校合作，研发新型气态发射型烟

花，有效解决了升空类、组合类烟花及小型礼花弹在燃放时产生的烟雾和有害气体问题，为环保烟花的研发和生产开辟了新的道路。① 这些产品不仅满足了消费者对烟花美观和娱乐性的需求，更在环保方面取得了显著成就，赢得了市场的广泛认可。在烟花燃放方面，东信烟花同样注重环保，严格遵守国家和地方的环保法规，精心选择燃放地点，避免在人口密集区和环境敏感区域燃放烟花并通过优化燃放方案、精准控制燃放时间和数量等方式，有效减少了烟花燃放对环境的噪声和空气污染。

展望未来，东信烟花总经理钟娟坚定表示："未来 5 年，东信烟花还将继续加强环保型无烟发射药剂、安全环保特效亮珠配方、礼花弹机械化生产线、药物混配自动化生产线、新材料组合盆花自动化生产线，以及安全、环保城市烟花的研发应用。"

（二）自主创新引领产业新发展

东信烟花在企业创新理念的引领下，坚定地走上了自主创新的道路，以寻找突破和出路。东信烟花的创新绝不是简单的"换包装、换造型、换玩法"，而是注重在焰火燃放、安全性能等关键环节取得突破。习近平总书记在中共中央政治局第十一次集体学习时强调："科技创新能够催生新产业、新模式、新动能，是发展新质生产力的核心要素。必须加强科技创新，特别是原创性、颠覆性科技创新，加快实现高水平科技自立自强，打好关键核心技术攻坚战，使原创性、颠覆性科技创新成果竞相涌现，培育发展新质生产力的新动能。"②东信烟花早在 2002 年就与一些高校和科研机构的专家教授合作，集公司工程技术人员的智

---

① 经济日报. 东信夜放花千树[EB/OL]. （2022-02-24）[2024-03-25]. https：// baijiahao. baidu. com/s？id＝1725595087755510758&wfr＝spider&for＝pc.

② 习近平在中共中央政治局第十一次集体学习时强调 加快发展新质生产力 扎实推进高质量发展[EB/OL]. （2024-02-02）[2024-03-25]. http：//jhsjk. people. cn/ article/40171526.

慧，经过两年时间研发出大型音乐烟花燃放控制系统，这也是当时国内第一套拥有自主知识产权的点火系统，并申报了国家专利。① 近年来，东信烟花也一直走在行业创新的前列，先后承担并完成了"十一五"国家科技支撑计划重点项目、湖南省科技重大专项等各级各类项目10多个，研发新产品、新技术、新设备40余项。其中，东信烟花牵头研发应用的GX2006-A大型音乐烟花燃放控制系统，获得长沙市科技进步一等奖和湖南省科技进步三等奖；东信烟花牵头研制的烟火药自动混合机，获得第五届安全生产科技成果奖二等奖。目前，东信烟花是省级企业技术中心、烟花爆竹安全制造技术湖南省工程研究中心，被评为国家高新技术企业、湖南省"专精特新"小巨人企业，并被应急管理部认定为"安全科技支撑平台——烟花爆竹安全技术创新中心"，"机械化换人、自动化减人试点示范企业"。东信烟花目前拥有知识产权478项，其中各类型专利64项，登记版权作品414项（含软件著作权1项、美术作品297项、图形作品10项、摄影作品106项），其中2023年，公司共登记版权44项。东信烟花于2014年成立的东信烟花集团有限公司研究院是国内规模大、科研设施全的烟花爆竹企业科研检测平台，充分满足当前国家对烟花原材料安全环保把控、产品设备创新研发、安全生产和烟花燃放编排设计等全方位要求。

东信烟花不仅注重技术创新，还注重文化创新。东信烟花在国家级非物质文化遗产项目（浏阳花炮制作技艺）代表性传承人钟自奇董事长的带领下，深入挖掘烟花与中国传统文化的内在联系，对中华优秀传统文化进行创造性转化、创新性发展，将传统文化元素巧妙地融入烟花产品中，推出的烟花产品不仅具有绝佳的视觉效果，还蕴含着丰富的文化

---

① 龚彬波，姚岳峰. 奥运会上的另一枚金牌——浏阳市东信烟花集团有限公司奥运焰火燃放背后的故事[J]. 花炮科技与市场，2008(03)：2-4.

内涵。比如，有些产品的设计灵感就来源于中国传统的吉祥图案，通过烟花的绽放，传递出吉祥、喜庆、团圆等美好的祝愿。此外东信烟花集团有限公司研究院还专门招聘视觉设计专业的文化创意人才，其中有 5 名高级工艺美术师，专门针对产品造型、效果进行持续创新①。

在烟花产业这片广阔天地里，东信烟花坚持以自主创新为引领，勇攀科技高峰，通过深度融合创意设计、数字技术和媒体艺术，不断刷新焰火表演的视觉盛宴。正是这种敢于突破、敢于创新的精神，让东信烟花在激烈的市场竞争中脱颖而出，成为烟花产业的佼佼者。

（三）九大盛典成就知名品牌

品牌，是企业乃至国家竞争力的重要体现。为了解决品牌效应不足的问题，公司积极寻求策略与方案，巧妙地借助九次大型焰火燃放的盛典活动，以震撼人心的视觉效果和独特的文化内涵，极大地提升了品牌知名度，有效应对了当前的困境，为未来的发展注入了新的活力。

东信烟花先后承担了 2008 年北京奥运会和残奥会开闭幕式、2009 年国庆 60 周年天安门庆典、2010 年广州亚运会、2010 年上海世博会、2012 年长沙中博会、2014 年北京 APEC 峰会、2018 年柬埔寨双赢政策二十周年暨双赢纪念碑落成庆典、2019 年庆祝中华人民共和国成立 70 周年大会、2021 年庆祝中国共产党成立 100 周年文艺演出《伟大征程》、2022 年北京冬奥会和冬残奥会开闭幕式（见图 10-4）等九大盛典的焰火燃放，且每场烟花燃放都取得圆满成功，受到了党和国家领导人、众多外国元首和国内外观众的广泛赞誉，用烟花向世界展示了国家形象，为国家赢得了荣誉。② 东信烟花是行业内唯一的"双奥焰火燃放企业"，具

---

① 龚彬波，姚岳峰. 奥运会上的另一枚金牌——浏阳市东信烟花集团有限公司奥运焰火燃放背后的故事[J]. 花炮科技与市场，2008（03）：2-4.

② 东信烟花公司简介[EB/OL]. [2024-02-22]. http：//www. dancingfireworks. com. cn/m/a/jituanjieshao/.

有强大的文化传播力和行业影响力，拥有甲级焰火燃放资质，有先进的焰火燃放技术和丰富的重大焰火燃放经验，荣获国家文旅部、北京2022年冬奥会和冬残奥会开闭幕式服务保障指挥部、文艺演出焰火燃放指挥部等部门的特别嘉奖。

图 10-4　2022 年 2 月 20 日晚，东信烟花的迎客松烟花在鸟巢上方精彩绽放

（图片来源：腾讯）

　　九大烟花盛典的承办，不仅是对东信烟花雄厚实力的最佳诠释，更是对其精湛专业水平的极高赞誉。每一场烟花表演，都宛若精心绘制的画卷，在浩瀚的夜空中绽放出绚丽夺目的光芒，其美妙绝伦的视觉效果令人为之震撼、为之赞叹。这些璀璨夺目的烟花盛宴，无疑为东信烟花赢得了如潮般的赞誉与口碑，使其在烟花行业的璀璨星空中熠熠生辉，成为家喻户晓的知名品牌，成功塑造了其独特的品牌魅力，并收获了显著的品牌效应。

　　如今，每当人们谈及烟花表演，东信烟花的名字总是自然而然地浮现在脑海。这种强大的品牌效应不仅强化了东信烟花在市场上的竞争优势，更为其带来了源源不断的商业合作机遇。无论是盛大的活动庆典，还是个性化的私人定制，东信烟花都已成为众多客户心中的首选品牌，其知名度与影响力得到了前所未有的提升，为其未来的长足发展奠定了基础。

（四）产品优化拓展市场

当前，烟花产业中依然存在着通过低价策略来争夺市场份额的现象。然而，这种策略带来的利益往往只是短暂的，无法为企业的长远发展提供有力支撑。鉴于此，东信烟花决定调整策略，通过优化产品结构，实施产品差异化发展策略，进而提升产品的市场竞争力。在调整产品结构的过程中，东信烟花充分利用了公司在烟花制造领域的丰富经验和技术积累，结合市场需求和消费者喜好，在单品烟花领域首创推出一体成型模压烟花、纸管精品烟花以及专业燃放类烟花等多个类别。具体来说，他们推出了如"今宵如此美丽""常青树""孔雀开屏""迎客松"等为国家级大型焰火所研发的精品以及特效造型烟花产品，还研发出一系列具有独特设计和创新技术的烟花产品，如3D架子烟花·梦幻花环和3D架子烟花·梦幻风车等运用架子烟花和机械动能结合的一系列符合市场趋势的新型产品。除了传统意义上的单品烟花外，东信烟花还推出了一系列独具匠心的烟花套餐，以满足大型烟花燃放的需求。这些套餐不仅种类丰富，而且各具特色，其中就包括了紫花金椰、彩色旋风以及锦尾彩落叶等。其中，紫花金椰烟花以它独特的紫色花朵和金色的椰叶设计，在夜空中绽放时如同盛开的金椰花，既华丽又典雅（见图10-5）；彩色旋风烟花以其旋转升空的特性，释放出五彩斑斓的光芒，仿佛为夜空带来了一股炫酷的旋风；而锦尾彩落叶烟花则以其犹如落叶飘洒般的锦尾效果，为大型焰火表演增添了一抹诗意的浪漫。这些烟花套餐不仅设计精巧，燃放效果震撼，而且安全性能也得到了严格的保障，是各类大型焰火活动的理想选择。

图 10-5 紫金花椰的燃放效果

（图片来源：东信烟花官网）

四、烟花文旅：“文化赋能”烟花产业焕发全新活力

（一）文化引领，踏上传统工艺与文化产业融合发展新路

时任长沙市委常委、浏阳市委书记朱东铁强调，要坚持以习近平新时代中国特色社会主义思想为指导，进一步做好“烟花+”文创，以文创赋能，促进浏阳烟花产业的转型升级，着力打造以浏阳为中心的全球创意烟花基地。作为创意设计生产者和服务者的东信烟花秉承“文化为魂，创意为美，技术赋能”的理念，深入挖掘烟花文化的生命力和创造力。[①] 东信烟花集团有限公司董事长钟自奇也曾表示：“烟花并不是简单的升起、燃烧、落下，它其实是科技与艺术的融合。”

近年来，东信烟花在推进传统工艺与文化产业融合方面取得了显著的成果。2023 年，东信烟花集团有限公司接连迎来了一系列喜讯，这些喜讯凸显了其在文化产业领域的卓越成就。11 月，公司荣获国家级

---

① 浏阳市融媒体中心. 牢记嘱托 奋勇争先 | 浏阳：文化赋能，烟花产业焕发新活力[EB/OL].（2024-04-01）[2024-04-01]. https：//lyrb. com. cn/content/646848/83/13690685. html.

非物质文化遗产生产性保护示范基地的推荐资格，这是对其在传承与保护非遗文化方面所做的努力的肯定。同年6月，公司董事长钟自奇与总经理钟娟参与录制的《非遗里的中国（湖南篇）》在央视综合频道黄金时段播出，进一步提升了浏阳烟花的文化影响力。（见图10-6）2024年3月，东信烟花荣登新一批国家文化产业示范基地拟命名名单，对于东信烟花而言，跻身"国家示范"也意味着全新的起点，意味着东信烟花成功地将烟花产业从单纯的工业产品属性中解放出来，其蕴含的文化内涵和艺术价值得到了广泛的认同和赞誉，也彰显了烟花产业在文化传承与创新中的重要地位。

图10-6 钟自奇（左）向主持人和嘉宾介绍浏阳花炮制作技艺

（图片来源：澎湃新闻客户端）

东信烟花作为浏阳烟花的龙头企业，它的发展也为浏阳烟花产业的发展提供了新思路。浏阳烟花产业，这个曾以传统烟花产品制造为主导的行业，如今正在经历一场深刻的变革，浏阳整个烟花产业在被重新定义，它不再仅仅局限于传统烟花产品的制造，而是逐步迈向了"微笑曲线"的两端，展现出了更为广阔的发展前景。在"微笑曲线"的前端，浏阳烟花产业致力于科研设计的创新，通过引入先进的科技手段和设计理念，烟花产品在视觉效果上，在安全性、环保性等方面都得以显著提升。而在"微笑曲线"的后端，浏阳烟花产业正在从单纯的工业产品制造向文化创意产业延伸,通过打造文旅IP(知识产权),将传统烟花工艺与现代文化创意相结合。这种从前端到后端的全面升级,为浏阳烟花产业的可持续发展注入了新的活力。

(二)沉浸式焰火,打造持续火爆出圈的"文旅IP"

顺应从工业到文化产业这一发展趋势,浏阳大力支持烟花产业文旅融合发展,打造了"相约浏阳河,周末看焰火"活动。在天空剧院、浏阳河城区段、长兴湖公园等地,推出周末焰火秀,让游客感受"一河诗画,满城烟花"的魅力。2024年3月9日,东信烟花携手浏阳天空剧院开展2024年第三场周末焰火秀,1000架无人机,用声、光、电的艺术,创意展现"一生种一树,一世一繁花"的主题。(见图10-7)据统计,2023年浏阳开展创意焰火活动49场,其中周末焰火燃放33场,累计吸引游客逾300万人次,其中境外游客逾万人次。每场焰火活动平均吸引超3万名游客,其中来自浏阳之外的游客占比95.06%,拉动文旅消费逾2000万元,并辐射带动乡村旅游和餐饮住宿业的发展。周末焰

图10-7 2024年3月9日,植树节音乐焰火晚会在天空剧院精彩上演

(图片来源:东信烟花微信公众号)

火的举办,提升浏阳城市形象的同时,也为浏阳经济发展提速、花炮与文旅产业融合增添了强劲动能。如今,周末去浏阳看焰火已成为不少年

轻人的浪漫首选。周末焰火,是浏阳推动烟花文旅融合的生动实践,而天空剧院正是浏阳大力推动"烟花+文旅"融合发展的成果。

浏阳通过举办一系列沉浸式的焰火秀和文化节活动,成功展示了其在烟花产业和文化旅游方面的独特魅力。这些活动不仅吸引了大量的观众和游客,也带动了相关产业的发展,为浏阳带来了显著的经济效益和影响力。党的二十大报告强调繁荣发展文化事业和文化产业的重要性,并提到实施国家文化数字化战略,健全现代公共文化服务体系,创新实施文化惠民工程。浏阳的成功实践,正是对二十大报告精神的积极响应和生动诠释。通过数字化手段,浏阳成功地将传统烟花文化与现代科技相结合,打造了一系列具有创新性和吸引力的文化产品。具体来说,浏阳通过优化数字文化产业的发展环境,筑牢文化产业数字化转型的基础,推进烟花文旅产业数字化、网络化、智能化、集群化的发展。同时,浏阳还积极推动跨界融合和合作创新,丰富了文化产品的供给,满足了人民群众日益增长的精神文化需求。未来,浏阳将会继续深化在烟花产业和文化旅游方面的创新实践,进一步挖掘和传承优秀传统文化,同时积极拥抱数字化时代,推动文化产业的高质量发展。

结 语

在深入探索浏阳烟花的兴衰沉浮中,我们见证了以东信烟花为代表的浏阳烟花的华丽转身。"禁燃令"的松绑,让东信烟花迈出创新步伐;从品牌效应的欠缺中崛起,铸就了如今享誉全国的知名品牌;从产品同质化的困境中突围,不断优化产品结构,展现差异化魅力;从高端市场竞争力不足到自主创新能力的大幅提升,浏阳烟花在挑战与机遇的交织中,始终保持着探索的精神。展望未来,我们有理由相信,浏阳烟花将继续在高质量发展的道路上不断前行,以更加绚烂的姿态照亮世界,续写浏阳烟花产业辉煌的新篇章!

一、课前准备

请学生提前收集阅读相关资料，了解浏阳烟花的发展历程。

二、适用对象

适用于各个专业的本专科生，尤其适用于经济、思政等专业的学生。

三、教学目标

●**知识目标**：通过分析浏阳烟花产业转型升级的过程，使学生及时了解和掌握国内外经济、科技等领域的重大发展和变化，增强对国内外形势的认识和理解；通过分析东信烟花困境下的应对措施，增强学生对创新驱动发展战略、生态文明建设、供给侧结构性改革等知识的理解。

●**能力目标**：对浏阳烟花产业转型升级过程中面临的困境与相关企业采取的积极措施进行分析，以强化学生的问题意识，增强学生分析、解决问题的能力。

●**情感目标**：通过教学，使学生感受到习近平经济思想的力量，认识到中国经济大船要想乘风破浪、持续前行，必须要增强自主创新能力。

四、教学内容及要点分析

（1）讲清楚创新是引领发展的第一动力，高质量发展的实质是创新驱动和引领的发展。为了解决市场竞争力不足的问题，浏阳烟花的代表性企业——东信烟花，在面对行业发展困境时坚持以习近平经济思想为指引，坚持创新驱动发展，与众多高校和科研机构的专家教授合作，设立研究院，研发新产品、新技术、新设备。

（2）讲清楚生态环境是人类社会生存最为基础的条件，生态文明建设是关系中华民族永续发展的根本大计。面对国内"禁燃令"，东信烟花积极响应党和政府的环保号召，采取了一系列有力措施，确保生产和燃放过程的环保安全，为行业的可持续发展贡献自己的力量。

（3）讲清楚我国社会主义市场经济体制的优越性。浏阳市政府坚持社会主义市场经济体制，充分发挥市场在资源配置中的决定性作用，激发各类市场主体活力，为经济高质量发展提供体制保障，为民营企业发展提供了良好的营商环境。

（4）讲清楚产品和服务是供给侧的直接体现，是满足需求的前提和基础，推进供给侧结构性改革必须着力提高产品和服务质量。东信烟花在面临行业烟花产品同质化严重的情况下，积极推出差异化产品战略，既在单品烟花领域推出包括模压烟花、机械烟花以及精品烟花等在内的多个类别，也在大型焰火燃放领域推出包括紫花金椰、彩色旋风在内的多个套餐。

五、教学安排

1. 教学导入（5 分钟）

导入方式：以冬奥会开幕式浏阳烟花精彩绽放的片段视频作为教学导入，引出本课的教学主题，再向学生简要介绍浏阳烟花的历史以及当前浏阳烟花的地位。

2. 第一板块——烟花易冷：浏阳烟花历经沉浮与彷徨（15 分钟）

讨论问题：虽然浏阳烟花历史悠久，但是在发展过程中也面临了许多困境。请学生阅读案例第一部分的内容并思考：浏阳烟花在发展历程中面临了哪些困境？

主要内容：浏阳烟花在发展过程中面临的主要困境，包括"禁燃令"的实施、海外高端市场竞争力不足、企业品牌效应不足、烟花产品同质化严重。

3. 第二板块——再度绽放：重回世界烟花"造梦地"（25 分钟）

讨论问题：浏阳烟花在突破发展困境的过程中迎来了哪些机遇？为什么近些年"禁燃令"出现松绑的现象？

主要内容：思想是行动的先导，习近平经济思想与生态文明思想为浏阳烟花在突破发展困境中提供了思想指引。此外，浏阳市政府大力支持民营企业发展，为浏阳烟花提供良好的营商环境。

4. 第三板块——双奥之花：东信烟花高质量发展耀舞世界（30 分钟）

讨论问题：作为浏阳烟花产业的代表性企业——东信烟花，是否突破了发展困境？如果是，请说说它是如何突破发展困境的？

主要内容：通过案例内容分析东信为突破发展困境采取的积极措施。

①针对全国各地相继推进的"禁燃令"，东信烟花积极响应党和政府的环保号召，确保生产和燃放过程的环保安全，谋求绿色发展以突破政策困境。

②针对海外高端市场竞争力不足的问题，东信烟花积极转变发展方式，以创新理念为指引，坚定地走上了自主创新的道路，以寻找突破和出路。

③针对烟花产业品牌效应不足的问题，东信公司积极寻求策略与方案，巧妙地借助九次大型烟花燃放的盛典活动，以震撼人心的视觉效果

和独特的文化内涵，极大地提升了自身的品牌知名度。

④针对烟花产品同质化严重问题，东信烟花通过优化产品结构，实施产品差异化发展策略，进而提升产品的市场竞争力。

5. 第四板块——烟花文旅："文化赋能"烟花产业焕发全新活力（15分钟）

讨论问题：近些年来东信烟花取得了哪些成就？

主要内容：列举从工业到文化产业的转变以及文旅IP的打造中，东信烟花取得的一系列成就。

六、补充材料及其他

1. 烟花之乡云哥. 冬奥会迎客松烟花试放版，云哥的视角［EB/OL］. https：//www. bilibili. com/video/BV1b34y117r1/？spm ＿ id ＿ from ＝ autoNext&vd＿ source＝4aea59f6d97d7951d1dc76fb5874a598.

2. 2024年第三场浏阳周末焰火视频资料［EB/OL］. https：//www. bilibili. com/video/BV1Nw4m1o7yf/？spm＿ id＿ from＝333. 337. search-card. all. click&vd＿ source＝4aea59f6d97d7951d1dc76fb5874a598.

3. 第十五届中国（浏阳）国际花炮节开幕式焰火视频资料［EB/OL］. https：//www. douyin. com/user/MS4wLjABAAAAvuGCl396E7POr4UMick xlXVW2i2D8UDs1BeSfi0yXUA？modal＿ id＝7297243428612541706.

文化与科技融合

——马栏山"小山头"跑出新时代加速度

徐　雷　李玮羿

▶ **作者信息：**

徐雷，湖南大学历史学博士，马克思主义理论博士后。湖南工业职业技术学院马克思主义学院教授、副院长，湖南省"大思政课"建设创新中心执行主任。研究方向：马克思主义与中华优秀传统文化。主持完成国家级、省部级课题 18 项，CSSCI 源刊发表论文 10 篇；专著被北京大学、清华大学图书馆收藏；担任教育部人文社科研究项目结题鉴定专家，湖南省高校思政教学团队、省级思政"金课"负责人；曾赴英国剑桥大学、加拿大圣力嘉学院等高校学习考察。

李玮羿，湖南工业职业技术学院马克思主义学院讲师，研究方向：思想政治教育、国际政治。

摘要："不数字，无未来"，随着数字化转型的不断深入，传统媒体亟待转型升级。位于中国湖南省长沙市的马栏山视频文创产业园就是在这一背景下应运而生。作为国家级新媒体产业发展的重要基地，自成立之初马栏山视频文创产业园便承载着推动文化产业创新发展的重任，旨在打造一个集创意、制作、分发于一体的全媒体产业链。园区的成立与发展得益于国家对文化创新与科技融合战略的政策支持，以及长沙市政府为响应这一政策而制定的一系列优惠措施和扶持策略。当前，园区已成功吸引众多头部企业和创业团队入驻，形成了强大的产业聚集效应。通过整合资源，促进跨界合作，马栏山视频文创产业园不仅成为助推区域内经济高质量发展的加速器，还在全国范围内树立起新媒体产业发展的标杆，展现了新时代下的创新速度与活力。

关键词：新时代；文化产业；文创产业园；高质量发展

理论政策：

1. 文化产业

中共中央办公厅 国务院办公厅印发的《"十四五"文化发展规划》中明确指出："十四五"时期是我国在全面建成小康社会基础上开启全面建设社会主义现代化国家新征程的第一个五年，也是推进社会主义文化强国建设、创造光耀时代光耀世界的中华文化的关键时期。进入新发展阶段，统筹推进"五位一体"总体布局、协调推进"四个全面"战略布局，文化是重要内容，必须把文化建设放在全局工作的突出位置，更加自觉地用文化引领风尚、教育人民、服务社会、推动发展。贯彻新发展理念，构建新发展格局，推动高质量发展，文化是重要支点，必须进一步发展壮大文化产业，强化文化赋能，充分发挥文化在激活发展动能、提升发展品质、促进经济结构优化升级中的作用①。

2. 高质量发展

习近平总书记 2020 年 9 月 16 日至 18 日在湖南考察时作出重要指示：推动经济高质量发展，既要深刻认识贯彻新发展理念、构建新发展格局对推动地方高质量发展的原则要求，又要准确把握本地区在服务和融入新发展格局中的比较优势，走出一条符合本地实际的高质量发展之路②。2024 年 3 月 18 日至 21 日，习近平总书记再次考察湖南时强调：湖南要牢牢把握自身在构建新发展格局中的战略定位，坚持稳中求进工作总基调，坚持高质量发展不动摇，坚持改革创新、求真务实，在打造国家重要先进制造业高地、具有核心竞争力的科技创新高地、内陆地区改革开放高地上持续用力，在推动中部地区崛起和长江经济带发展中奋勇争先，奋力谱写中国式现代化湖南篇章③。

---

① 中共中央办公厅 国务院办公厅印发《"十四五"文化发展规划》[EB/OL].（2022-08-17）[2024-03-23]. https：//www. ccps. gov. cn/xtt/202208/t20220817_154716. shtml.

② 习近平总书记关于经济社会高质量发展重要论述摘编[EB/OL].（2023-09-08）[2024-03-23]. https：//m. voc. com. cn/xhn/news/202309/18662531. html.

③ 习近平在湖南考察时强调 坚持改革创新求真务实 奋力谱写中国式现代化湖南篇章 蔡奇陪同考察[EB/OL].（2024-04-29）[2024-03-23]. http：//paper. people. com. cn/rmzk/html/2024-04/29/content_ 26056160. htm.

长沙是一座历史悠久、文化底蕴深厚的城市，近年来在文创产业方面展现出勃勃生机。在这座城市，马栏山视频文创产业园以其独特的魅力和实力，成为长沙文创产业发展的一面独特旗帜。在这里，无数文创企业如雨后春笋般涌现，它们充分利用长沙丰富的文化资源和创意灵感，打造出一批又一批具有鲜明时代特征和地方特色的文创产品。这一繁荣景象的背后离不开相关企业抢抓国家文化产业发展政策机遇，以及省、市两级政府在产业发展政策上的鼎力支持与精准引导，并最终形成了政府主导、企业主体、市场运作、社会参与的文创产业格局。由此，长沙这座历史悠久且文化底蕴深厚的城市迎来了文创产业的春天，长沙马栏山视频文创产业园更是其中的佼佼者。

一、政策春风吹满地，文创种子初孕育

（一）深厚文化沃土孕育文创种子

湖南，这片古老而又充满活力的土地，以其深厚的文化底蕴为长沙马栏山视频文创产业园的发展注入了强大的底气。在这里，文化底蕴不仅根植于每一寸土地，更是流淌在每个湖南人的血脉之中，成为推动文创产业发展的不竭动力。从鸡叫城遗址到马王堆汉墓，湖南的考古发现不断刷新着人们对中华文明起源和发展的认识。这些考古成果不仅证明了湖南在人类文明史上的重要地位，更为湖南文创产业的发展提供了丰富的历史素材和创作灵感。三千年悠悠历史，荡漾于三湘四水间，屈原的辞，贾谊的赋，带有韵味的诗篇，垒起了湖湘文化厚重的根基。长沙，作为湖南的省会城市，承载着这些文化精髓，其历史与现代的交融

为文创产业的发展提供了独特的视角和广阔的舞台。

马栏山并没有真正的山，只有浏阳河第八道湾在此流淌而过形成的一个大大的"V"字，这也是象征着胜利与希望的"V"。相传马栏山曾经是三国时期关羽征战养马的地方，历史故事为这片土地增添了一份传奇色彩，也为文创产业的发展提供了无尽的想象空间。长沙马栏山视频文创产业园正是在这样一片文化底蕴深厚的土地上孕育而生。

（二）政策引领培育产业春风

自 2006 年以来，国家相继出台了多项针对文化产业的指导性和规划性政策，确立了文化产业的发展战略和方向。这些政策包括《国家"十一五"时期文化发展规划纲要》《文化标准化中长期发展规划（2007—2020)》《文化产业振兴规划》《关于加强文化产业园区基地管理、促进文化产业健康发展的通知》以及《国家级文化产业示范园区管理办法（试行)》《国务院关于推进文化创意和设计服务业与相关产业融合发展的若干意见》等。① 这一时期的政策具备全局性和导向性特征，在一系列政策的推动下，中国的文化产业迅速发展，其中文化产业园区的建设成为发展的重点和亮点。

早在 20 世纪 80 年代，湖南省委、省政府就作出了"发展文化经济，建设文化大省"的战略决策。从 1993 年开始，在财力比较紧张的情况下在长沙投入大量资金先后建成了新闻出版大厦、毛泽东文学院、省社科活动中心、湖南大剧院、湖南广播电视中心、湖南新闻大厦等 12 项重点工程。② 2009 年始，湖南围绕"文化强省"总目标把文化产业作为全省经济发展的重要支柱性产业来推动，作为重要的战略性新兴产业来培育，

---

① 王金会. 文化政策驱动下的中国文化产业关键性问题［J］. 深圳大学学报（人文社会科学版），2024，41（01）：44-54.

② 刘银田，张定新，魏修军. 湖南文化产业调研启示与思考［J］. 山东经济战略研究，2019(06)：4-11.

先后推出《湖南省人民政府关于加快文化创意产业发展的意见》等多项政策措施，多元化引导社会资本投入文化领域，在政策许可范围内开展混合所有制文化企业试点，积极鼓励社会资本参与对外出版、网络出版等产业，允许以控股形式参与省属国有影视制作机构、文艺院团的改制经营，通过多力并举，全面激发文化企业创造力、竞争力，拓宽文化产业发展空间。① 正是依托政策的引领和硬件设施的完善才出现了引人注目的"湖南出版现象"和"湖南电视现象"乃至"湖南文化现象"。而随着湖南广播电视台新址落成于马栏山（见图 11-1），马栏山一带迅速成为电视、视频、音频制作及相关文化创意产业的重要聚集地，这里迅速涌现出众多专注于电视、视频、音频制作以及文化创意产业的关联企业。

图 11-1　湖南广电中心

（图片来源：《湖南日报·华声在线》，庄大立摄）

---

① 刘银田，张定新，魏修军. 湖南文化产业调研启示与思考[J]. 山东经济战略研究，2019（06）：4-11.

二、抢抓机遇乘势上，产业高地雏形现

马栏山视频文创产业园的诞生是国家政策环境和产业发展大势所趋。在这里，无数文创企业如雨后春笋般涌现，他们充分利用长沙丰富的文化资源和创意灵感，打造出一批又一批具有鲜明时代特征和地方特色的文创产品。以其独特的魅力和实力，成为长沙文创产业发展的一面旗帜。

（一）文化产业崛起：国家战略调整与湖南创新发展新征程

2011 年后，国家对文化产业的发展进行了战略性调整。政策层面，文化产业发展被提升为国民经济支柱产业，并提出对文化体制进行深化改革。2011 年 3 月，"十二五"规划中提出要使文化产业成为国民经济的支柱性产业，增强其整体实力和竞争力。同年 10 月，党的十七届六中全会通过了《中共中央关于深化文化体制改革推动社会主义文化大发展大繁荣若干重大问题的决定》。2012 年 2 月，文化部发布了《"十二五"时期文化产业倍增计划》。在国家层面的文化产业政策推动下，地方政府也出台了大量的文件，以刺激和推进文化产业的发展。[①] 随着文化产业改革的不断深入以及产业深度发展的实际需求，客观上要求改变文化产业原有发展模式，将其发展转移到更加科学的发展道路上。因此，加强科技创新的引领作用，提倡文化创意，发展创新型文化产业，并结合地方文化资源和特色，推动文化产业的转型升级，逐渐成为文化产业转型的重要内容。2017 年 10 月，党的十九大报告中提出："文化兴国运兴，文化强民族强。没有高度的文化自信，没有文化的繁荣兴

---

① 王金会. 文化政策驱动下的中国文化产业关键性问题[J]. 深圳大学学报（人文社会科学版），2024，41（01）：44-54.

盛，就没有中华民族伟大复兴。"①随着全球产业格局的重大调整，推动新一代信息技术与我国各领域的深度融合，形成新的生产方式、产业形态、商业模式和生活方式，培育新的经济增长点，是我国未来一段时期的重大任务。国家对文化产业的发展提出了全新的定位：培育新型文化业态。对标新征程，加快湖南文化创新体系建设，一份时代的考卷，就这样摆在了湖南的面前。自此，湖南便锚定了文化新业态以互联网为基础生产力，以"文化+科技"为主要呈现形式，以期培育新的经济增长点的同时让文创产业成为湖南转变经济发展方式、推动经济高质量发展的"新引擎"。②

（二）"城中村"初蜕变：致力成为国内一流文化创意高地

曾经马栏山所在的那个"V"字形的河湾地带，遍布着凌乱且令人震惊的违章建筑，由于邻近南湖等大型市场，村民们曾搭建了超过100万平方米的临时仓库，导致这里变成了长沙的"菜篮子"，也成了著名的城中村。大量违章建筑的搭建导致火灾频发、环境卫生恶劣、交通管理混乱，那时马栏山已然成为长沙城市的一个污点，加上开福区原本计划拆除该区域以规划房地产建设。（见图11-2）

到了2015年，长沙市政府坚决采取果断行动，实施被称为"史上最大规模的拆违"行动，一举清理出超过4300亩的土地。在市中心区域的这片河景宝地，吸引了无数房地产开发商和投资者的目光。据相关部门估计，如果当时选择开发房地产项目，该区域能够建设600万至800万平

---

① 习近平：决胜全面建成小康社会 夺取新时代中国特色社会主义伟大胜利——在中国共产党第十九次全国代表大会上的报告[EB/OL].（2017-10-27）[2024-02-04].https://www.gov.cn/zhuanti/2017-10/27/content_5234876.htm.

② 王林生."十四五"时期文化新业态发展的战略语境、历史机遇与行动路线[EB/OL].（2021-08-24）[2024-03-27].https://www.ccps.gov.cn/bkjd/xzglgg/xgglgg2021_8/202108/t20210824_150259.shtml.

图 11-2　湖南广电中心

（图片来源：《湖南日报·华声在线》）

方米的住宅和商业设施，土地出让的潜在收益可能超过 500 亿元。与此同时，广电湘军势如破竹的兴起使当时湖南广电中心附近汇集了超过 1000个专门从事电视、视频和音频制作与生产的企业和工作室。在那些致力于文化创意产业的专业人士眼中，马栏山已然成为该行业的优选。

　　湖南省政府为实现推动文化繁荣兴盛、增强文化创新创造力这个目标，2016 年 10 月 13 日，时任省委书记杜家毫在省委常委会上首次提出了"北有中关村、南有马栏山"的发展战略：比创新，我们可能比不过深圳；比总部经济，我们比不过北京；比金融，我们也比不过上海。但发展文创产业，我们有底气有优势、有信心有能力。[①] 于是湖南省委、长沙市委高瞻远瞩，果断提出"不做房产做文产"，突出"文化+科技"相融合，聚焦方兴未艾的数字视频内容生产、版权交易等，将马栏山打造成为全国一流的文创内容基地、数字制作基地和版权交易基地。[②]

---

　　① 易禹琳."马栏山"迎风生长的"中国 V 谷"［EB/OL］.（2019-08-06）［2024-03-26］. https：//hunan. voc. com. cn/article/201908/201908060634163690. html.

　　② 张颐佳. 中国"V 谷"，动能澎湃［EB/OL］.（2022-03-26）［2024-03-27］. https：//m. voc. com. cn/rmt/article/3669024. html.

省委和市委的远见卓识改变了马栏山的命运。机遇稍纵即逝，因此省市迅速出台了一系列文件支持产业园的建设发展，长沙马栏山视频文创产业园于2017年12月20日正式挂牌(图11-3)。2018年6月26日，国家广播电视总局批准设立中国(长沙)马栏山视频文创产业园，它也成为全国首个国家级广播电视产业园。[①] 2018年10月13日，湖南省政府与国家广播电视总局签署了部省合作协议共建园区。2019年6月，国家广电总局与湖南省政府在北京签订了三项部省合作协议。正是这种迅速决策、立即执行、高效服务的精神，使得产业园区在短短7个月内建成，也成功盘活了国有闲置资产，马栏山视频文创产业园如今可为140家企业提供办公空间。爱奇艺、西瓜视频、银河酷娱等455家企业项目注册落户。越来越多的视频文创人才从"北上广深"涌向马栏山。

图11-3　马栏山视频文创产业园效果图

(图片来源：财经头条)

三、矢志创新永不息，创意高峰终形成

马栏山视频文创产业园在短短的几年时间里成功吸引了超过4000

---

　① 易禹琳. "马栏山"迎风生长的"中国Ｖ谷"[EB/OL]. (2019-08-06)[2024-03-26]. https：//hunan. voc. com. cn/article/201908/201908060634163690. html.

家视频文创产业链的上下游企业，迅速成长为中部地区文化创意产业的一座"高峰"。以数字视频创意作为引领，以数字视频金融服务、版权服务和软件研发等为支柱，马栏山从零起步，稳扎稳打，开创了一条融合"文化+科技"的特色发展道路，成为湖南实施"强省会"战略的重要支撑平台。

（一）成为湖南锚定"三高四新"美好蓝图的文化引擎与创新高地

马栏山视频文创产业园这片充满活力的土地，始终走在时代的前沿，以其前瞻性的视野和灵活应变的能力，在适应国家政策、服务湖南"三高四新"美好蓝图方面展现出了不凡的魅力。产业园区深知，紧紧跟随国家文创产业政策的脚步，是确保自身发展方向与国家战略高度契合的关键。因此它始终保持着对国家政策的高度敏感，第一时间捕捉政策变化，并据此灵活调整自身的发展战略。同时，马栏山视频文创产业园与地方政府之间建立了紧密的合作关系，双方携手共进，实现政策资源的最大化利用。这种深度的合作不仅为产业园区的发展注入了强大的动力，更在无形中为园区筑起了一道坚实的屏障，使其在复杂多变的市场环境中能够稳健前行。而这种政策对接与战略调整模式，也被证明是行之有效的，为其他产业园区提供了宝贵的借鉴经验。

产业的发展总是与时代的步伐紧密相连，特别是在文化产业这一领域，追求高质量的发展已经成为必然趋势。这一点在《中华人民共和国国民经济和社会发展第十四个五年规划和2035年远景目标纲要》中得到了清晰的体现。该规划明确提出了实施文化产业数字化战略的目标，强调了加速培育和发展新型文化企业、创新的文化业态以及新兴的消费模式的重要性。同时，规划还着重强调了加强数字创意、网络视听、数字出版、数字娱乐以及线上演出等产业的发展。在党的二十大报告中，习近平总书记对"推进文化自信自强，铸就社会主义文化新辉煌"作出重要部署，要求"繁荣发展文化事业和文化产业"，① 深刻阐明了文化在建设社会主义现代化强国中的重要地位与作用，湖南文化产业着力聚焦高质量发展目标，围绕拓展产品创新力，厚植产业品牌力，提升区域文化传播力，全力打造文化产业新高地。马栏山视频文创产业园正是在此背景下成为迈向高质量发展的典范。为实现此目标，马栏山遵循"三大原则"：首先，坚持将文化与科技的深度融合作为发展的核心路径；其次，以文化创意作为核心，以视频制作为主导产业；最后，利用高新技术在视频领域的多场景应用，加速推进文化产业数字化战略的执行。这一策略不仅优化了园区内的产业生态，丰富了内容创作的形式，革新了传播方式，拓宽了消费者的体验途径，还优化了其对外拓展的方式。

马栏山视频文创产业园的成长与繁荣，离不开政府政策的强有力支撑。湖南省委、省政府将马栏山视频文创产业园作为部省共建的重点工作推进，2021年8月，湖南省人民政府办公厅发布了《进一步支持马栏山视频文创产业园发展若干政策》，该政策从鼓励技术创新、降低企业运营成本、加大人才支持等八个方面为产业园区提供了实质性的支持，以加速打造具有国际影响力和核心竞争力的"中国V谷"，为将马栏山视频文创产业园建设成为具有"全球影响力的数字视频产业链基地和媒体融合新地标"奠定了坚实的基础。在政策的有力支撑下，产业园区内的重大产业项目稳步推进，产业空间承载能力不断提升。园区还首创了全国视频文创产业的第一个行业指数——马栏山指数，这也是全国视听产业的第一个行业指数，每年在马栏山发布，主要任务是对我国视听产品生产、传播、消费发展态势进行数字画像，以指数的形式进行趋势分析，系统化、多维度呈现中国视频文创行业整体态势。② 在国家及省市

① 徐国宝. 扎实推进文化事业和文化产业繁荣发展［EB/OL］.（2023-12-19）［2024-03-27］. https：//m. gmw. cn/baijia/2023-02/07/36350407. html.

② 2021"马栏山指数"发布［EB/OL］.（2021-12-22）［2024-03-27］. http：//gbdsj. hunan. gov. cn/gbdsj/xxgk/gzdt/sjxx/202112/t20211222_21321309. html.

政策的引导与支持下，马栏山视频文创产业园不断从创新、产业升级及人才培养等方面发力，助推产业园区加速发展。

（二）成为文化与科技融合的创新典范

作为全省最新兴的省级产业园区，马栏山视频文创产业园汇聚了新理念、新技术、新业态和新经济，创新的火花在此不断迸发。产业园区始终遵循"文化+科技"的特色发展道路，以创新为驱动力，持续推动数字文化产业与先进制造业、现代服务业的深度融合，打造了一系列带有"马栏山原创IP"印记的数字化应用场景。众多"专精特新"的中小型文创企业如同春笋般在浏阳河畔迅速成长。① 园区以科技创新为核心优势，塑造了其产业的独特高地。通过打造视频产业的云计算平台、与华为合作的音视频创新中心，以及5G技术在视频领域的多场景应用研究实验室等机构，为入驻的企业提供了一系列坚实的基础设施和服务。这些战略布局使园区在数字化转型的浪潮中占据了有利位置，并在多个关键领域实现了显著的发展和进步。

马栏山视频文创产业园恪守"文化+科技"的发展模式，吸引了众多在内容创作和技术革新方面具有强大实力的文化科技企业，逐渐打造了一个以高端视频技术为核心，涵盖内容制作、储存、传播、交易等完整链条的数字文化产业生态系统。近些年来，马栏山的企业荣获了200多个国家级和省部级奖项，"时空凝结技术""人工智能手语播报系统"等一系列创新技术在全省乃至全国范围内创下多项第一，显示出强劲的创新动力。②

在马栏山，众多文创企业受到科技的赋能而不断突破产品边界。例

---

① "文化+科技"，生生不息涌新潮［EB/OL］.（2022－03－20）［2024－03－27］. https：//m. voc. com. cn/xhn/news/202403/19622812. html.

② 马栏山何以又来"千里马"？［EB/OL］.（2023－12－19）［2024－03－27］. https：// new. qq. com/rain/a/20231219A0AAUJ00.

如，湖南知了青年文化有限公司自 2018 年入驻产业园区以来，创作出了《了不起的匠人》《江湖菜馆》《登场了！敦煌》等一系列点击量过亿次的 IP 产品。这些视频素材成为珍贵的文化资产。然而，如何储存这些资产曾经是个难题。以往依靠硬盘储存不仅不便于调取，还容易丢失。现在，依托马栏山产业云平台，不仅可以有效存储大量拍摄素材，还可以与湖南博物院、湖南图书馆等多家文化单位联合建立马栏山文化数字化创新中心，持续优化和完善数字化采集及文化 IP 传播的解决方案，进而推动文化创意、文化遗产和旅游的融合发展。① 马栏山视频文创产业园始终秉承着"文化与科技深度融合"的发展战略，不仅巩固了其在传统产业领域的领先地位，也使其在新兴领域也处于领先地位。产业园区孕育了《声生不息》《乘风破浪》《披荆斩棘》等一系列广受欢迎的原创 IP。同时，园区还孵化了 XR 虚拟影棚、AI 手语播报、5G 智慧电台、中国 V 链等一系列前沿的文化科技项目，展现了产业园在文化科技创新方面的雄厚实力。

（三）成为创意人才的聚集高地与活力源泉

2020 年习近平总书记在马栏山视频文创产业园考察时强调"文化产业是一个朝阳产业。现在文化和技术深入结合，文化产业快速发展，从业人员也在不断增长，这既是一个迅速发展的产业，也是一个巨大的人才蓄水池"②。马栏山视频文创产业园深谙人才是推动产业园区发展的核心动力，因此产业园区始终秉承以人为本的理念，致力于构建一个充满活力的人才"蓄水池"。产业园区已经聚集了近 5 万名产业人才，这些人才的平均年龄不到 30 岁，其中青年创客的比例占到了近 90%。在

---

① 马栏山，快马如何再加鞭［EB/OL］.（2023-07-28）［2024-03-27］. https://baijiahao. baidu. com/s? id=1772651915225385927&wfr=spider&for=pc.

② 习近平谈文创产业：守正创新，坚持正确导向［EB/OL］.（2020-09-18）［2024-08-05］. https://m. gmw. cn/baijia/2020-09/18/34199116. html.

学历构成上，拥有大专及本科学历的人才占比超过90%，而研究生及以上学历的人才约占12%，他们的专业分布在文化传媒、经济管理、计算机、法律等多个领域，形成了一个巨大的人才库。为了吸引并留住这些宝贵的人才，园区采取了一系列措施解决他们的住房生活、职称评定、子女就学等实际问题。园区打出了一套政策引才、合作育才、平台聚才、配套留才的"组合拳"，建立了8家研发机构和20多个创新创业服务平台，并获评为"中国创新创业典型示范基地"。2020年12月，马栏山视频文创示范数据湖暨产学研用基地落成，并同时成立了产学研用基地。该项目不仅为庞大的数据提供了一个集中存储和处理的平台，也意味着产业园区将与湖南师范大学、湖南大学、中南大学以及国防科技大学等多所知名高校展开紧密的合作。这些合作项目的开展将吸引超过100位博士生长期驻扎在马栏山，并在此设立博士后流动站和工作基地。他们将致力于人工智能、大数据、区块链、物联网、5G等前沿技术的研究与开发，推动产学研用的深度融合。这种合作模式不仅构建了一个完整的创新生态链，还极大地激发了马栏山作为人才高地的巨大潜力。

（四）成为文化创新的典范与中国故事的传播者

马栏山视频文创产业园孕育了一部部文化精品，其中电影《学爸》便是代表作之一。这部影片不仅是产业园区首部本土孵化的大片，更是全国各大院线中热映的佳作。这部电影的制作公司湖南银河酷娱便是在马栏山视频文创产业园成长起来的代表企业之一。《学爸》的故事紧扣中国教育的现实，深入探讨了"幼升小"背后的家长竞争以及这一现象带给家庭的深刻影响。主创团队选择了更为贴近生活和人心的剧本，摒弃了高大上的元素，转而聚焦于那些与普通人生活紧密相连的主题，如学区房、"鸡娃"等。这样的转变，使得《学爸》在更大范围、更深层次上引发了观众的共鸣。

银河酷娱深知，讲好中国故事，传播中国声音，就是要讲述老百姓的故事，传递家门口的中国声音。《学爸》的成功，正是这一理念的最佳诠释。电影一经上映便以近6亿元的票房成绩，成为2023年暑期档的一匹黑马，证明了中国好故事的力量。银河酷娱始终坚持"导向金不换"的理念，对节目进行精心筛选。他们舍弃了部分综艺节目，转而投资制作了一系列弘扬优秀传统文化、传播正能量的影视作品。①《胡同》便是其中的佼佼者，其讲述了三代女性居委会主任与胡同街坊共同创造美好生活的故事。该剧首播后，收视率一路领先，稳居同期剧目榜首。②

　　在马栏山视频文创产业园，像《学爸》《胡同》这样的作品不断涌现，电视剧《理想照耀中国》《百炼成钢》《底线》，纪录片《中国》《闪耀吧！中华文明》《守护解放西》，综艺节目《舞蹈风暴》《声生不息》等一大批精品力作，都是这个园区文化的缩影。这些作品不仅展现了中国故事的多样性，也传递了中国文化的独特魅力，让世界看到了一个真实、立体、全面的中国。马栏山视频文创产业园不仅是企业梦想的发源地，更是产业的聚集地。每一部成功的作品代表的都是马栏山文化力量的成功，更是中国故事在世界舞台上的魅力展示。

结　语

　　2020年9月17日下午，习近平总书记考察调研长沙马栏山视频文创产业园，并作出重要指示，为产业园区发展指明了新方位，赋予了新

---

　　①　打造影视行业"精简主义"，银河酷娱如何展示向上生长力？[EB/OL].（2023-06-21）[2024-03-27]. http：//k. sina. com. cn/article_ 2368187283_ 8d27ab9302701hkj2. html.

　　②　牢记总书记嘱托，奋力实现'三高四新'美好蓝图[EB/OL].（2023-09-16）[2024-03-29]. https：//baijiahao. baidu. com/s? id=1777153326053183017&wfr=spider&for=pc.

使命。这几年，马栏山视频文创产业园已然成为文化湘军的一面旗帜，这不仅是一段关于城市发展与文化创新的传奇，更是国家政策与地方文化优势共同塑造的辉煌成果。在这里，我们见证了一个产业园区如何从无到有，从弱到强，并成为文化创意产业的标杆。这一切，得益于国家对文化产业的高度重视和战略部署，得益于地方政府的精准施策和有力支持，更得益于长沙深厚的文化底蕴和创新精神。马栏山视频文创产业园的成功，是文化自信的体现，也是文化力量的展现。它不仅推动了地方经济的发展，更提升了城市的文化软实力。在这里，无数文创企业和人才得到了滋养和成长，他们的作品和创意走向了全国乃至世界，让更多人了解和感受到了中国文化的魅力和活力。马栏山视频文创产业园的故事，是长沙乃至中国文化产业发展的缩影。这为湖南乃至全国的文创产业发展提供了宝贵经验，也为长沙乃至湖南的经济转型升级和文化繁荣注入了新的活力。2024 年全国两会结束不到一周，习近平总书记再赴湖南考察，并在长沙主持召开新时代推动中部地区崛起座谈会。2024 年 3 月 21 日，习近平总书记在听取湖南省委和省政府工作汇报时，提出两道"融合命题"：一是探索文化和科技融合的有效机制，加快发展新型文化业态，形成更多新的文化产业增长点；二是推进文化和旅游深度融合，守护好三湘大地的青山绿水、蓝天净土，把自然风光和人文风情转化为旅游业的持久魅力。① 习近平总书记再次为马栏山视频文创产业园的发展指明了方向，那就是紧紧扭住"文化和科技融合"这条主线不断培育和发展新质生产力，为中部地区加快崛起赋能。

---

① 习近平在湖南考察时强调 坚持改革创新求真务实 奋力谱写中国式现代化湖南篇章 蔡奇陪同考察[EB/OL].（2024-03-22）[2024-03-23]. http://paper. people. com. cn/rmrb/html/2024-03/22/nw. D110000renmrb_ 20240322_ 1-01. htm.

一、课前准备

（1）资料收集和整理：搜集关于马栏山视频文创产业园的基本资料，如产业园区规模、发展历程、主导产业和企业案例等。

（2）获取相关政策文件：如国家"十四五"规划、党的二十大报告、2024 年《政府工作报告》和地方政策支持文件等相关资料。

（3）准备案例分析的多媒体教学材料，比如 PPT、视频资料。

（4）教材准备：准备形势与政策教科书相关章节内容，以便与案例相结合进行深入讨论。

（5）学生预习安排：要求学生提前阅读有关马栏山视频文创产业园的基础信息和相关国家政策。

（6）提供讨论问题，激发学生思考。

二、适用对象

本案例适用于形势与政策等思政课教师；本专科大学生

三、教学目标

◉**知识目标**：帮助学生了解长沙马栏山视频文创产业园如何成为国家级新媒体产业发展的典范，以及其成功的关键因素；使学生认识到地方政府在响应国家战略、制定扶持政策、引导产业发展中的积极作用，并理解国家文化产业发展政策的核心内容及其对地方经济转型的推动作用。

◉**能力目标**：培养学生对产业发展趋势的洞察力，以及对产业发展模式的创新思维和批判性思考能力；让学生自主用所学知识探究文化与科技融合在推动文化创意产业发展中的重要性，以及如何通过创新实现文化产业转型升级助推地方经济实现高质量发展。

◉**情感目标**：激发学生对文化产业的兴趣和参与未来文化产业发展的热情，同时培养他们的文化自信和国际视野。

四、教学内容及要点分析

1. 发展背景与历程

(1)要点：马栏山视频文创产业园的成立背景，它在长沙乃至湖南省文化产业中的地位。

(2)深入分析：探讨产业园区成立之初的市场环境、政策背景及其发展历程中的关键转折点。

(3)探究与思考：地方政府在产业园区成立与发展过程中的角色是推动者还是监管者？其影响力如何界定？

2. 国家和省市政策运用

(1)要点：国家政策如"十四五规划"是如何对文化产业发展进行支持的；省市政策如何具体指导马栏山的发展。

(2)深入分析：分析"北有中关村，南有马栏山"战略构想的具体含义及其实施效果。

(3)探究与思考：特定政策是否真正起到了预期的促进作用？政策效果明显还是不明显，为什么？

3. 挖掘文化优势助推转型

(1)要点：马栏山如何结合长沙和湖南的地方文化资源，创造出具有区域特色的文化产品。

(2)深入分析：讨论产业园区内企业如何通过创新手段将湖南文化

转化为经济增长点，实现产业升级。

（3）探究与思考：地方特色文化如何转化为新质生产力助推经济高质量发展。

4. 经济社会转型效应

（1）要点：马栏山对于长沙乃至湖南省经济转型的影响，包括产业结构调整、就业情况改善等。

（2）深入分析：研究产业园区对周边地区经济的带动作用及其在全球经济中的竞争力。

（3）探究与思考：文创产业的发展模式是否会导致资源过度集中？对其他产业的挤出效应是否存在？

五、教学安排

1. 引入环节（5分钟）

介绍马栏山视频文创产业园及其在文化产业中的重要性。提出探讨主题和目标，引起学生兴趣。

2. 发展背景与历程（10分钟）

（1）讲解内容：展示产业园区成立的时间线，阐述其成立背景及地位。

（2）互动提问：引导学生讨论产业园区成立初衷和关键转折点。

（3）探究与思考：地方政府角色讨论——推动者还是监管者？

3. 国家和省市政策运用（20分钟）

（1）要点解读：解析国家重点政策对文化产业发展的支持，及省市政策对产业园区发展的指导。

（2）案例剖析：深入分析"北有中关村、南有马栏山"战略的实施效果。

（3）分组讨论：特定政策的效果及原因。

4. 挖掘文化优势助推转型（25分钟）

（1）实例展示：展示如何结合地方文化资源创造特色产品。

（2）深度讨论：企业如何将湖南文化转化为经济增长点。

（3）问题探讨：地方特色文化如何转化为新质生产力助推经济高质量发展。

5. 经济社会转型效应（20分钟）

（1）数据分析：提供数据支持，分析产业园区对经济转型的影响。

（2）互动探讨：讨论产业园区的经济带动作用和产业竞争力。

（3）观点碰撞：讨论资源集中和挤出效应的问题。

6. 未来展望与挑战（15分钟）

（1）前景预测：探讨产业园区面临的未来挑战。

（2）策略制定：分小组模拟产业园区管理者，制定应对策略。

（3）发展方向讨论：关于是规模扩张还是内涵提升的讨论。

7. 综合讨论与反思总结（15分钟）

（1）小组分享：分享讨论结果和策略建议。

（2）教师点评：教师根据学生表现进行点评，串联讨论点。

（3）反思引导：引导学生思考本次案例分析的收获。

8. 结语（5分钟）

9. 教学后续

（1）分发反馈问卷，收集学生反馈，优化教学方法和内容。

（2）布置拓展阅读材料，鼓励学生关注马栏山及相关产业动态。

六、补充材料及其他

1. 潘紫微. 新时代视角下我国文化产业品牌战略实施策略研究

[C]//山西省中大教育研究院. 第五届产业经济与企业发展研讨会论文集——营销传播篇. 珠海：珠海科技学院，2023：2.

2. 王彤悦. 我国数字文化产业政策梳理与分析[J]. 产业创新研究，2023(21)：78-80.

3. 龚翔荣，赵佳丽. 关于政策工具对我国文化产业发展引导作用的研究(1992—2022)[J]. 北京文化创意，2023(05)：4-13.